생활경제와 소비트렌드

생활경제와 소비트렌드

김정숙 · 유두련 · 김정희 · 박명숙 지음

교문사

머리말

과학기술의 발전과 함께 첨단통신기술의 급속한 발달로 인공지능, 사물인터넷, 빅데이터 기술 등이 경제사회 전반에 융합되면서 시장환경과 소비환경이 급속도로 변하고 있다. 인공지능을 활용한 데이터의 분석과 활용으로 인간의 삶에 새로운 가치가 창출되고 있으며, 드론, 가사로봇, 3D 프린터, 스마트홈 등 신기술을 활용한 제품과 서비스가 증가하고 있다. 이러한 변화 속에서 소비자는 일상생활에 필요한 재화와 서비스를 구매하고 사용하는 소비주체로서 소비자주권 실현을 위한 소비자 역할과 책임뿐만 아니라 합리적인 소비문화를 조성하고 발전시켜 나가는 행동 주체로서의 역할과 책임을 수행해야 한다.

이 책은 소비자가 바람직한 소비가치관을 가지고 급격하게 변화하는 시장환경과 소비환경에서 책임 있는 소비자의사결정을 함으로써 주체적으로 생애를 설계하고 소비자문제를 해결할 수 있는 소비자역량을 강화하는 데 주안점을 두고 저술되었으며, 총 3부 8장으로 구성되었다. 1부 '제4차 산업혁명시대의 소비'는 현대사회에서의 소비자 개념과 역할 및 책임에 대한 내용과 도래하는 제4차 산업혁명시대의 시장환경과 소비환경의 변화와 소비트렌드 현상에 대한 내용으로 구성되었고, 2부 '경제생활설계와 소비자신용'은 생애주기 동안 안정된 경제생활을 영위할 수 있는 경제생활설계와 금융자산관리에 대한 내용과 신용사회에서의 소비자신용관리와 신용회복지원제도에 대한 내용으로 구성되었으며, 3부 '소비자의사결정과 문제해결'은 욕구충족과 제한된 자원과의 관계에서 균형 있는 의사결정을 하는 방법과 소비자정보의 활용에 대한 내용과 소비자와 사업자의 거래관계에서 발생하게 되는 소비자문제를 효율적으로 해결할 수 있는 기관과 제도에 대한 내용으로 구성되었다.

이 책은 4인의 공동저서로 1, 2장은 김정희 교수, 3, 4장은 유두련 교수, 6, 7장은 박명숙 교수, 5, 8장은 김정숙 교수가 집필하였다. 소비자학 분야에 관심 있는 학생들의 교양 교재로, 소비자학을 전공하는 학생들의 전공 교재로 활용할 수 있으며, 소비자전문상담사 국가자격증 시험이나 가정과 중등교사 신규임용후보자 경쟁시험을 준비하는 사람들과 현대 사회에서 현명하게 합리적 소비생활을 영위하고자 하는 사람들의 참고서적으로 활용될 수 있기를 기대한다. 기초 지식이 없는 사람도 이해할 수 있도록 생활 속에서 직면하게 되는 소비자학 전반에 대한 내용들을 중심으로 쉽게 기술하였으며, 소비자가 알아야 할 상식이나 최근의 이슈들을 '생각해보기'로 제시하였다. 또, 각 장마다 학습동기를 유발하고 방향을 설정하기 위해 서두에 '학습목표'를 제시하고 마지막에는 내용 이해를 돕고 실생활에 적용할 수 있는 능력을 개발하기 위해 '활동과제'를 제시하였다.

이 책을 접하는 모든 분들의 건설적인 비평과 좋은 의견이 있기를 바란다. 끝으로 이 책이 나오기까지 각별한 관심과 애정을 쏟아주신 교문사의 류제동 사장님과 편집부 여러분께 깊이 감사드린다.

2017년 8월

저자 일동

PART 1

제4차 산업혁명시대의 소비

CHAPTER 1

현대사회에서의 소비자

CHAPTER 1

현대사회에서의 소비자

학습목표

1. 현대사회에서 소비자의 개념과 그 역할을 알 수 있다.
2. 소비자의 권리와 책무를 알고 주권을 행사할 수 있다.

세계화와 정보화로 인해 시장환경과 소비환경이 큰 변화를 겪고 있는 현대사회에서는 소비의 개념과 소비자의 개념이 과거와는 상당히 다르게 정립되고 있다. 이러한 환경의 변화는 소비자의 개념뿐만 아니라 소비자의 생활양식, 의식, 가치관, 행동에 이르기까지 영향을 미침으로써 새로운 소비문화를 형성하고 있다. 또한 소비자의 권리와 책무는 소비자 자신뿐만 아니라 사회 질서와 국가 경제, 국민의 복지에도 영향을 미치는 것으로 시장환경 변화에 따른 소비자의 권리와 책무에 대한 새로운 진단과 소비자의 역할이 필요하다.

따라서 이 장에서는 현대사회에서 소비자의 개념이 어떠하며 과거와는 어떻게 달라졌는지 그에 따른 소비자의 역할은 무엇인지 살펴보고자 한다. 또한 소비자의 권리와 책무에 대하여 파악해보고 정당한 소비자주권을 행사할 수 있는 방안을 살펴보고자 한다.

1. 소비자의 개념과 역할

1.1 소비자의 개념

모든 인간은 기본적인 욕구충족과 보다 질 높은 생활을 영위하기 위해 수많은 재화와 서비스를 필요로 한다. 이처럼 인간이 살아가면서 필요로 하는 여러 가지 재화와 서비스를 시장을 통하여 구매하고 사용하는 활동을 소비활동이라고 하며, 그러한 활동을 하는 주체를 소비자라고 한다. 우리나라 소비자기본법(2007. 3. 27 시행)제 2조에서는 '소비자란 사업자가 제공하는 물품 또는 용역(시설물 포함)을 소비생활을 위하여 사용(또는 이용)하는 자, 또는 생산 활동을 위하여 사용하는 자로서 대통령령이 정하는 자를 말한다.'고 규정하고 있다. 대통령령이 명시하는 바는 생산 활동을 하는 사업자일지라도 사무용품 구입 등 최종소비를 목적으로 구입하는 경우나 영세 농업 및 어업활동을 위해 구입하여 사용하는 경우에는 소비자로 간주한다는 것이다. 이런 의미에서 볼 때 모든 인간은 소비자라고 할 수 있다. 또한 개인뿐만 아니라 가계, 학교, 정부와 같은 조직도 포함된다. 따라서 성별, 연령, 지역, 문화를 막론하고 모든 지구인이 소비자이며 전 생애를 통해 소비자로서 활동을 수행한다고 볼 수 있다.

현대사회는 소비사회로 규정된다. 현대 소비사회에서 나타나는 소비행동은 단순히 물질적인 소비를 벗어나 인간생활을 형성하는 사회적인 이미지나 상징 등과 같은 비물질적인 요소를 포함하게 되며, 사용상의 효용 가치와 더불어 상징적 가치를 중요시하게 되었다. 소비자의 소비행위는 넓은 의미로 볼 때 문화의 관점에서 평가되고 이해된다. 소비자의 소비행위는 한 사회의 문화적 가치관, 제도, 규범들의 영향을 받아서 나타나는 사회문화적 행위로 인식되며, 사회 전체의 소비현상은 한 사회의 소비문화를 형성하게 되는 것이다(천경희 외 3인, 2010). 따라서 소비자는 한 사회의 소비문화의 영향을 받으며 소비행위를 하는 동시에 그 사회의 소비문화를 변화시키고 발전시켜 나가는 행동의 주체가 되기도 한다.

1.2 현대사회에서의 새로운 소비자의 개념

시장환경과 소비환경은 늘 변화하고 발전해 오고 있지만 21세기에 접어들면서 부터 그 변화와 발전의 속도는 과거와 비교되지 않을 만큼 빨라지고 있다. 오늘날의 정치, 경제, 사회 등 모든 분야는 매우 복잡해지고 다양한 변화를 겪고 있으며 소비자를 둘러싸고 있는 이 모든 환경 변화에 영향을 받는 소비자들 또한 과거와는 다른 특징을 나타내고 있다. 현대 소비사회의 특성과 새로운 소비자의 개념에 대하여 알아보자.

1) 현대 소비사회의 특성

소비는 우리 삶의 일상적인 많은 부분을 차지하고 있으며 특히 현대사회는 엄청난 기술의 개발과 그로 인한 소비환경의 변화와 성장, 글로벌화 등으로 급속한 발전을 하고 있다. 국내외의 경기회복 지연에 따라 경기불황에 따른 가격 대비 성능을 중시하는 경향이 나타났고 고령화 등 인구구조학적 문제와 기술의 발달, 소비자들의 능동적이고 적극적인 움직임까지 이 모든 것들이 현대 소비사회의 변화를 이끌어가고 있다. 현대사회에서의 소비는 단순한 물질적 소비뿐만 아니라 비물질적 요소, 즉 사회적인 이미지나 상징까지 포함하게 되었으며 효용 이상의 정신적, 심리적 측면까지 소비의 대상이 되고 있다. 따라서 과거에 비해 현대 소비사회는 기업과 소비자 모두 빠른 속도의 변화에 부응하고 대처해야 하며 소비자로서의 권리와 책무를 동시에 지켜나가는 새로운 소비문화 구축이 필요하다.

현대사회의 모습을 사람과 사물을 포함한 모든 것이 네트워크로 연결된 초연결사회로 표현하기도 한다(김기옥 외 3인, 2015). 디지털 기술에 근거한 인터넷과 모바일 네트워크 기술이 비약적으로 발전하면서 초연결성이 가능해진 것이다. 특히 초연결사회에서는 컴퓨터나 휴대전화 같은 종래의 정보화기기뿐만 아니라 우리 주변의 모든 사물이 네트워크로 연결될 수 있는 환경을 갖추어 나가고 있다.

초연결성은 이미 일반화된 사람 간의 연결성인 IoP(Internet of People)에 추가하여 사물 간의 통신이 이루어지는 네트워크 환경으로서 IoT(Internet of Things)까지 가능해지고 있다. 이러한 초연결사회는 사물 간의 연결 자체에 중요한 의미를 부여하기보다는 연결된 사물을 바탕으로 인간의 삶이 어떻게, 어디로 변화될 것인가에 더 큰 의미를 둔다.

소비문화적 관점에서 항상 지적되어온 소비사회의 문제들은 강화된 물질주의로 볼 수 있는 소비주의, 과시소비, 과소비, 모방소비 등 여러 가지를 들 수 있다. 사회경제적 관점에서 살펴보면 환경문제, 빈부격차 문제, 삶의 불만족 문제 등이 있다.

소비문화적 관점의 문제들은 소비자교육을 통해 소비자들의 인식을 변화시키고 새로운 소비트렌드의 영향으로 소비자들의 합리적 행태가 나타나면서 개선이 되기도 한다. 특히, 윤리적 소비에 대한 관심이 높아지고 실천에 옮기는 소비자들이 늘어나는 것은 현대 소비사회의 문제들을 해결할 수 있는 하나의 방법이 되고 있다. 그럼에도 불구하고 전 세계적인 정치 · 경제 · 사회적 특성과 우리나라의 환경이 복합적으로 작용하여 오랫동안 이어져 온 소비사회의 문제들은 여전히 해결되지 못하고 있는 실정이다. 특히 장기간 지속되는 경제적 침체현상과 저조한 청년취업률, 청년세대의 여러 고통들이 현대 소비사회에서도 드러나고 있다. 게다가 제4차 산업혁명의 물결은 몰려오고 있으나 아직 대비는 미흡하다.

이러한 소비트렌드의 변화에 대해서는 다음 장에서 더 상세히 알아보기로 한다.

2) 프로슈머의 개념

사회가 점점 다원화되고 복잡해지면서 소비자들의 욕구와 구매행태 또한 다양해지고 있다. 끊임없이 변화하는 소비환경과 그 속에서 점점 진화하는 소비자들은 과거에 비해 똑똑하고 현명해지고 있다. 오늘날 소비자들은 생산 공급자가 일방적으로 기획한 제품을 구입하는데 그치지 않고 스스로가 상품 제작에 직 · 간접적으로 참여하기 시작했다. 직접 아이디어를 갖고 상품 제작에까지 참여하여 자신들의 기호나 취향에 맞는 제품을 기업이 만들어 내도록 하고 있다. 즉, 소비자와 생산자의 경계가 점차 허물어지고 있는 것이다.

프로슈머(prosumer)라는 용어는 미래학자 앨빈 토플러가 《제3의 물결》에서 생산자(producer)와 소비자(consumer)를 합성하여 사용한 것으로, 소비는 물론 제품개발과 유통과정에도 직접 참여하는 생산적 소비자를 뜻한다. 그는 또 다른 저서 《부의 미래》에서 '개인 또는 집단들이 스스로 생산하면서 소비하는 행위를 프로슈밍(prosuming)'이라고 명시하면서 프로슈머의 생산력은 전체 화폐 경제가 의존하는 상당한 부분이 된다고 하였다. 이러한 프로슈머들은 제품생산과 판매에도 직접 관여하여 해당 제품의 생산 단계부터 유통에 이르기까지 소비자로서의 권리를 행사한다. 시장에서 제품을 선택하여 소비하는 수동적인 소비자가 아니라 자신의 필요와 취향에 맞는 상품을 스스로 창조해나가는 적극적이고 능동적인 소비자의 개념과 유사하다.

프로슈머의 등장은 이미 오래 전부터 나타나기 시작했으나 근래 기업과 시장의 환경변화와 더불어 더 다양한 형태로 활동하고 있으며 학계에서도 프로슈머에 대한 새로운 개념 정립과 분류 등에 관심을 보이고 있다. 프로슈머의 활동영역이 넓어지고 양적 · 질적인 성장이 진행되면서 학자들은 프로슈머의 다양한 유형을 제시하고 있다. 그 중 몇 가지를 살펴보면 다음과 같다.

먼저 김용준 · 옥경영(2004)은 주부를 중심으로 디지털소비자, 정보 생산자, 정보 공유자로 분류하였고 김민주 · 이형탁(2007)은 프로슈머를 개인의 숙련도와 경제활동의 무대가 어디인가에 따라 수동적 프로슈머, 준전문가 프로슈머, 활동가적 프로슈머, 전문가적 프로슈머 등 4개의 유형으로 분류하였다.

또한 백혜란 · 이기춘(2009)은 활동가적 소비자, 전문가적 생산소비자, 간여적 생산소비자(providing+consumer), 판매자적 생산소비자라는 유형으로 구분하였다. 이 중 간여적(干與的) 생산소비자는 구매하고자 하는 제품을 디자인하거나 고객 맞춤화(customization)를 하는 데 도움을 주는 소비자를 말한다. 한편, 디지털 시대의 프로슈머를 시장정보의 확산자 및 전문가로서의 메이븐, 정보와 의견 발신자로서의 디지털 오피니언 리더, 혁신적 상품의 초기 수용자로서의 얼리 어답터 등으로 분류하기도 한다(백혜란 · 이기춘, 2009).

위에서 본 바와 같이 여러 유형들의 프로슈머가 등장하고 있지만 공통적인 것은 디지털 시대를 맞이하여 그 종류는 더 다양해지고 프로슈머들의 역할 또한 광범위해지면서 전문화되고 있다는 점이다. 기업에서도 프로슈머 마케팅을 활발히 전개하고 있는데, 이는 곧 소비자 참여 마케팅으로 광범위한 산업에서 나타나고 있다. 정보통신기술의 발달로 정보의 생산과 공유가 점점 더 쉬워지면서 앞으로 소비자 참여의 범위는 단순히 개인과 기업의 차원에서 사회와 국가 차원의 공공적 범위까지 확대되어 갈 것이다. 이렇게 각 분야에서 소비자의 정보 공유와 참여로 경제문제에 대한 최종적인 의사결정권한을 소비자가 갖게 되는 소비자주권의 실현에 보다 한 걸음 더 가까이 다가서게 되는 것이다(김기옥 외 3인, 2012).

3) 프로슈머의 종류

프로슈머의 종류는 다양하게 나타나고 사라지는데 비교적 오랫동안 지속되고 있는 신조어들을 예로 들어보면 에코슈머(eco-sumer), 스마트슈머(smart-sumer), 소셜슈머(social-sumer), 큐레이슈머(cura-sumer), 모디슈머(modi-sumer), 트라이슈머(try-sumer) 등이 있다. 제품 '속'을 들여다보는 소비자를 지칭하는 인사이드 뷰어(inside viewer)는 똑똑하다(smart)와 소비자(consumer)의 합성어로 '똑똑한 소비자'라는 의미의 스마슈머(smasumer)라고 부르기도 한다. 한편, 확인(check)과 소비자(consumer)를 결합한 단어로, 구매하고자 하는 상품에 유해물질이 포함되어 있는지 여부를 살피는 체크슈머(checksumer)도 있다. 또 깐깐하게 원산지까지 따져가며 제품이나 음식 메뉴를 선택하는 퍼슈머(pursumer: pursue+consumer)라는 단어도 생겼다. 화장품 성분을 공부하는 소비자가 늘면서 소비자(consumer)에 기술자(engineer)를 결합한 컨슈니어(consuneer)라는 신조어도 탄생했다. 제품에 대한 지식·이해도가 전문가 수준으로 높은 소비자를 뜻한다.

뿐만 아니라 얼리 어답터(early adopter: 혁신적 상품의 초기 수용자), 디지털 오피니언 리더(digital opinion leader: 정보와 의견 발신자), 메이븐(maven: 시장 정보의 확산자 및 전문가) 등도 디지털시대의 프로슈머 범주에 속한다. 나아가 소셜미디어와 사물인터넷 플랫폼은 모든 사람들을 프로슈머로 변모시킬 수 있는 가능성을 높이고 있다.

프로슈머

- 공급자(Producer)와 소비자(Consumer)를 합성한 용어
- 소비는 물론 제품 생산과 판매에도 직접 관여하는 제품의 생산단계부터 유통에 이르기까지 능동적으로 관여하는 소비자

새로운 프로슈머

- 직접 필요한 제품을 가공하거나 해결하며 비용을 절감하는 동시에 개성을 추구하는 알뜰 소비자

그림 1-1 프로슈머 vs. 새로운 프로슈머 개념

자료: 김광석·김수경·박경진(2016). 소비패턴의 11가지 변화. Samjong INSIGHT. 삼정KPMG 경제연구원.

생각해보기 1-1

소비자주권이 만든 트라이슈머 뜬다… "광고도 못 믿겠다"

맛집 파워블로그 대체… 제품 직접 써본 뒤 팩트 전달

최근 소비자들의 트렌드에 맞춰 다양한 합성어가 등장하고 있다. 트라이슈머(trysumer)는 시도하다는 뜻의 'try'와 소비자인 'consumer'의 합성어다. 트라이슈머는 광고나 판매를 권하는 직원 등에 의존하지 않고 스스로 제품을 판단하고 경험해보고 구매를 결정하는 소비 세력 혹은 집단을 말한다. 요즘처럼 새로운 제품들이 우후죽순 등장하는 마당에, 제품의 안전성에 대한 불안함에 사용을 꺼리는 사람들에게 트라이슈머는 한줄기 빛과 같은 소비 계층이다. 트라이슈머는 제품을 미리 사용해보고 후기를 작성하거나 상담을 통해서 제품 구매를 고민하는 사람에게 해결책을 제시하기도 한다.

기업 내에서도 트라이슈머의 필요성이 더욱 커지고 있다. 대기업보다는 고객들로부터 신뢰감을 주는 것이 가장 큰 과제인 신생 기업에게 트라이슈머는 없어서는 안 될 존재다. 기업은 '체험단', '서포터즈' 등의 형태로 제품을 미리 사용해보고 효과를 입증해줄 사람이 필요하기 때문. 다수 기업은 트라이슈머를 공략하기 위해 육아 용품이나 전자제품 체험존을 만들거나, 화장품 샘플을 배부하는 등 여러 노력을 기울이고 있다.

네티즌들은 "요즘 맛집이라고 인터넷에 올라오는 음식점들도 믿을 수가 없어 아예 맛집을 검색하지 않는다.", "요새 하도 신박한 광고가 판을 쳐 주변에 직접 새 화장품 등을 써본 친구에게 물어보고 구입한다.", "화장품은 가게에 방문하지 않아도 밖에서 그냥 샘플을 나눠 주더라.", "마트 시식코너도 비슷한 건가?", "광고든 후기든 직접 써봐야 나에게 맞는지 아닌지를 아는 건데 체험단 같은 장치로 사용해볼 수 있는 건 좋은 것 같다." 등 다양한 반응을 보였다.

자료: 시빅뉴스(박영경, 2017.5.29.)

최근에 새롭게 등장한 것으로는 1인 가구 형태로 살면서 개인의 생활 패턴에 따라 상품과 서비스를 소비하는 싱글슈머(single-sumer)와 이미지나 동영상 등을 소통의 도구로 선호하는 스트리밍 쇼퍼(streaming shopper)가 있다. 놀이 혹은 펀(fun)을 원하는 소비자들을 가리켜 플레이슈머(play-sumer)라고 일컫는다. 이 현상은 건강, 음식, 패션, 집, 그리고 직장에 이르기까지 다양한 분야에서 나타나고 있다. '놀이문화'에 대한 시각이 더욱 긍정적으로 바뀌고 있고, 다양한 방법들이 IT 기술의 발전을 통해 가능해지면서 향후 플레이슈머의 증가는 지속될 것으로 보인다.

또한 가짜(fake)와 소비자(consumer)가 합쳐진 신조어로 페이크슈머(fake-sumer)가 있다. 시간과 비용이 많이 드는 진짜 대신 대체재를 소비해 최소 비용으로 최대의 만족감을 누리려는 사람들을 일컫는 말이며 페이크슈머에게 무엇보다 중요한 것은 '가치 있는 가짜'이다. 이들은 현실적인 여건을 고려한 가장 나은 선택에 높은 가치를 부여하고 소비를 결정한다. 보통 주머니 사정이 여의치 않고 시간적 여유가 부족한 20대가 페이크슈머인 경우가 많은데, 이들은 한정된 예산과 시간 안에 최대의 소비 효율을 얻기 위해 노력한다. 가성비를 꼼꼼히 따져보고, 다양한 기회비용을 가늠해보면서 제품이나 경험을 소비하는 것으로 단순히 제품 구매를 넘어 연애, 인간관계, 꿈까지 가짜로 소비한다. 페이크슈머의 등장은 가성비를 우선시 하는 소비 트렌드를 잘 반영해주는 것으로 많은 소비자들이 이제 브랜드보다는 가성비, 소유보다는 가치를 추구하는 경향을 반영한 신조어라고 할 수 있다. 브랜드 없는 브랜드를 표방한 '노브랜드'의 인기나 PB(Private Brand)제품의 약진이 이런 흐름을 잘 보여주고 있다. 페이크슈머들이 선택하는 것으로는 대표적으로 방구석 캠핑, 가상연애 시뮬레이션 게임, 가상여행, 대체 브랜드 구입, 셀프 또는 스몰 웨딩 등 다양한 종류가 있다. 최근에 이들이 확산되는 이유는 가성비를 따지는 소비문화와 관련이 있으며, 브랜드가 곧 품질이라는 공식이 깨졌고, 타인의 시선보다는 개인의 만족을 중시하는 풍조가 영향을 미친 것으로 보인다(기획재정부, 2016). 가짜라는 단어가 부정적인 이미지를 주지만 짝퉁의 의미가 아니라 대체재의 의미이므로 경제불황 등의 사회경제적 환경이 개선될 때까지 당분간 이어질 것으로 예상되며, 한편으로는 바람직한 소비문화의 형성에 일조할 것으로 기대할 수 있다.

한편, 환경과 에너지 문제와 관련하여 신기후 체제의 새로운 비즈니스로 떠오른 에너지 프로슈머(energy prosumer)가 새롭게 등장했는데, 에너지 프로슈머란 기술 발전으로 전기 소비자가 생산자의 역할을 하는 것을 말한다. 지금까지 전력산업의 구조는 생산과 소비가 분리된 모습으로 소비자는 대부분 생산된 전력을 공급받아 사용하는 수동적 입장을 취해왔다. 하지만 최근 분산전원의 발전 단가가 하락하면서 소비자가 능동적으로 에너지 생산에 참여하고 소비, 판매까지 관여할 수 있는 에너지 프로슈머 사업이 주목받고 있는데 소비자가 스스로 전력을 생산하고 저장하고 소비하는 것을 의미한다. 더 나아가서는 자신이 소비한 후에 남는 잉여전력을 커뮤니티에서 거래하는 것도 가능한 커뮤니티 내 자가소비(P2P거래)로도 그 범위를 확장시킬 수 있다. 이러한 에너지 프로슈머의 등장은 산업통상자원부가 2030년까지 계획하고 있는 '기후변화 대응과 에너지신산업 전략'에 따라 나타나게 되었으며 2017년부터 단독주택, 아파트, 빌딩 등에서 소규모 전력을 생산하여 팔 수 있게 되었다(KESCO, 2016). 이러한 제도적 기반을 바탕으로 우리나라는 2030년까지 에너지 프로슈머 사업을 전국으로 확산시키려고 한다. 다만, 이것이 활성화되기 위해서는 실효성과 전기안전 문제가 해결되어야 할 것이다.

1.3 소비자의 역할

현대사회에서는 소비자가 단순히 재화와 서비스를 구입 · 사용하는 소비 주체로서의 역할을 벗어나 시장경제를 올바르게 이끌어 가기 위한 다양한 역할이 요구되고 있다. 미래의 소비사회에서는 새로운 소비자의 역할이 필요하겠지만 여기에서는 기본적인 소비자의 역할을 살펴보기로 한다(채정숙 외 5인, 2013).

첫째, 소비자는 획득자로서의 역할을 수행하게 되는데 어떠한 원천으로부터 어떻게 얼마나 많은 소득을 획득할 것인가 하는 문제를 해결해야 한다.

둘째, 소비자는 배분자로서의 역할을 수행하게 되는데 획득한 자원을 어떠한 목표로 어떻게 효율적으로 배분할 것인가 하는 문제를 풀어나가야 한다.

셋째, 소비자는 구매행동자로서의 역할을 담당하게 되는데 어떤 재화와 서비스를 어디서 얼마나 어떤 방법으로 구매할 것이며, 가장 좋은 대안을 어떻게 선택할 것인지를 결정할 수 있어야 한다.

넷째, 소비자는 사용자로서의 역할을 하고 있는데 구매한 재화와 서비스를 어떻게 하면 가장 효율적으로 안전하게 사용할 것인가의 문제를 해결해야 한다.

다섯째, 소비자는 처분자로서의 역할을 수행하게 되는데 본래의 사용목적이 다한 제품을 처분하는 과정에서 자원의 효용가치를 최대한 살려 재활용하는 방법을 추구하고 환경오염을 최소화하며 지속가능한 소비로 이어질 수 있도록 책임 있는 행동을 해야 한다.

여섯째, 소비자는 기업과 정부에 대한 영향자로서의 역할을 하고 있는데, 소비자의 구매의사결정이 기업의 생산활동에 영향을 미치며 또한 정부의 경제정책 수립에도 영향력을 발휘할 수 있게 한다.

일곱째, 소비자는 민주시민으로서의 역할도 수행해야 하는데 건전한 소비가치관과 책임의식을 가지고 윤리적 소비를 실천하며, 단체행동을 통해 바람직한 소비문화를 형성하고 이끌어 갈 수 있어야 한다.

이상과 같이 소비자는 소비생활을 영위함에 있어서 개인의 만족 증대와 권익 추구를 위한 개인적 합리성의 관점에서만 소비자행동을 할 것이 아니라, 자신의 소비자행동이 사회적으로도 조화롭고 바람직한 영향을 미칠 수 있도록 책임 있는 소비자행동을 할 수 있어야 할 것이다.

2. 소비자의 권리와 책무

2.1 소비자의 권리

1) 소비자권리의 역사와 내용

소비자권리는 미국에서 1962년 3월 15일 케네디(John F. Kennedy) 대통령이 의회에 보낸 '소비자의 이익 보호에 관한 특별교서'에서 언급된 것이 최초이다. 케네디 대통령은 이 특별교서에서 "소비자는 국민경제에 있어 최대의 집단이며 모든 공적 · 사적인 경제적 판단에 영향을 주고받으며 국민경제에 있어 총지출의 2/3는 소비자에 의해 행해지므로 연방정부는 전 국민의 최고 대변자라는 입장에서 소비자의 요구와 그 이익의 증진을 위해 항상 배려해야 할 의무를 져야 한다."라고 발표하면서 소비자의 4대 권리를 선언하였다. 그 당시 소비자의 권리는 안전에 대한 권리, 정보를 제공받을 권리, 선택의 권리, 의견을 반영시킬 권리 등 4대 권리였다. 이후 1975년 포드(Gerald R. Ford) 대통령에 의해 '교육받을 권리'가 추가되었고 1994년 클린턴(William J. Clinton) 대통령에 의해 '서비스를 제공받을 권리'가 더 추가되었다.

한편, 일본에서는 5대 권리, 즉 소비자의 생명 및 건강을 침해당하지 않을 권리, 적정한 표시를 행하게 할 권리, 부당한 거래조건에 강제당하지 않을 권리, 부당하게 입은 피해로부터 공정하고 신속한 구제를 받을 권리, 정보를 신속하게 제공받을 권리 등을 보장하고 있다.

우리나라는 1980년에 「소비자보호법」이 제정되었으며, 제정 당시에는 소비자 등의 역할만 제시되었고 소비자의 권리는 규정하지 않았다. 1986년 「소비자보호법」이 개정되면서 소비자의 기본적 권리 7가지가 제시되었고 그 후 2001년 개정되면서 여덟 번째 권리가 추가되어 8대 권리로 규정되었다. 2007년에는 「소비자보호법」이 「소비자기본법」으로 전면 개정, 시행되었다. 「소비자기본법」 제2장 제4조에서 규정하고 있는 8대 소비자권리는 다음과 같다.

① 물품 또는 용역(이하 "물품 등"이라 한다)으로 인한 생명 · 신체 또는 재산에 대한 위해로부터 보호받을 권리
② 물품 등을 선택함에 있어서 필요한 지식 및 정보를 제공받을 권리
③ 물품 등을 사용함에 있어서 거래상대방 · 구입장소 · 가격 및 거래조건 등을 자유로이 선택할 권리
④ 소비생활에 영향을 주는 국가 및 지방자치단체의 정책과 사업자의 사업활동 등에 대하여 의견을 반영시킬 권리
⑤ 물품 등의 사용으로 인하여 입은 피해에 대하여 신속 · 공정한 절차에 따라 적절한 보상을 받을 권리
⑥ 합리적인 소비생활을 위하여 필요한 교육을 받을 권리
⑦ 소비자 스스로의 권익을 증진하기 위하여 단체를 조직하고 이를 통하여 활동할 수 있는 권리
⑧ 안전하고 쾌적한 소비생활 환경에서 소비할 권리

위 권리에 대한 부연설명은 다음과 같다.

①번은 안전할 권리라고 할 수 있는데 소비자의 모든 생활에서 안전이 최우선되어야 하는 필요성을 반영한 권리라고 볼 수 있다.

②번은 알 권리로 정보를 제공받을 권리라고도 하며 오늘날과 같이 고도화된 경제사회에서는 소비자들이 자신이 원하는 상품이나 서비스를 올바르게 구매하여 욕구를 만족시키기 위해서는 이들에 대한 정확한 지식과 정보가 필요하기 때문이다.

③번은 선택할 권리로 모든 소비자, 즉 소비자주권을 가진 소비자는 자신이 원하는 상품이나 서비스를 스스로 선택할 권리가 있다.

④번 의견을 반영할 권리는 소비자의 적극적인 참여와 대응의 중요성을 반영하고

있다.

⑤번 피해보상을 받을 권리는 모든 권리 중 가장 실질적인 권리라고 할 수 있으며 소비자는 상품 및 서비스의 사용 또는 이용하는 과정에서 입은 피해에 대하여 신속하고 공정한 절차에 따라 적절한 보상을 받을 권리가 있다.

⑥번 교육을 받을 권리는 알 권리와 함께 소비자가 스스로 지식과 정보를 갖추고 소비자 능력을 함양할 수 있도록 정부, 공공기관, 학교 등을 통해 소비자교육을 받을 권리가 있다는 것을 의미한다.

⑦번 단체조직 및 활동의 권리는 소비자문제를 해결함에 있어서 소비자 스스로의 권리와 의무를 다하여야 하며 소비자는 자신들의 경제적·사회적 지위향상과 권익보호를 위해 단체를 조직하고 이를 통해 활동할 수 있는 권리를 보장받는 것이다.

⑧번 안전하고 쾌적한 소비생활 환경에서 소비할 권리는 오늘날 가장 중요한 주제가 되고 있는 '지속가능한 소비'와 관련이 있으며 환경문제에 관한 소비자의식의 제고 및 소비의 환경 건전성을 의미한다.

문재인 정부가 집권하면서 후보 시절부터 소비자권익에 대한 요구와 기대가 이어지고 있으나 아직 구체적으로 제시된 정책은 없는 실정이다. 아래 기사와 같이 여러 가지 계획은 포함되어 있으나 실제로 언제 어떻게 집행될지는 미지수이다. 이러한 분위기에 대해 소비자연맹 등 14개 단체에서는 소비자정책 컨트롤 타워 설치를 요구하고 나섰다. 최근(2017.7.25) 정부가 발표한 '새 정부 경제정책방향'에는 집단소송제를

생각해보기 1-2

문재인 당선, 소비자들 기대 만발 기업들 초긴장

소비자정책 독립기구, 집단소송제 등 공약 실현 주목

더불어민주당 문재인 후보가 19대 대통령으로 당선되면서 소비자권리가 강화될 전망이다. 소비자의 문제를 잘 해결해야 경제 성장도 할 수 있으며, 소비자의권리를 강화해야 경제 민주화를 이룰 수 있다는 것이 문 대통령의 입장이어서 소비자권리를 강화하기 위한 각종 정책마련이 이뤄질지 귀추가 주목된다. (중략)

문재인 대통령은 공정거래위원회만으로 다양한 문제를 해결하긴 어렵기 때문에 대통령 직

문재인 19대 대통령 당선자의 소비자권리 확대공약
소비자정책 독립기구 설치
집단소송제 도입
징벌적 손해배상 도입
소비자 입증책임 전환
공정거래위원회 전속고발권 폐지
소비자권의 증진기금 설치

속으로 소비자정책 독립기구를 만든다는 방침이다. 아울러 지역 소비자 행정 조직도 강화할 예정이다. 다만 정부조직이 정권이 바뀔 때마다 뜯어고쳐지는 관행은 바람직하지 않으므로 새 정부의 조직 개편은 향후 장기간 지속하고, 새 정부가 일방적으로 추진하기보다는 최대한 여야 합의를 통해 이루어지도록 노력할 계획이다. 소비자 정책의 맹점으로 지적됐던 집단소송제와 징벌배상제도 도입될 가능성이 커 보인다. 또한 소비자들이 충분한 피해를 배상받을 수 있는 징벌적 손해배상제도 확대 도입할 계획이다. 고의 또는 중대한 과실에 의한 기업의 불법행위에 대해 사회적 책임을 엄중히 묻고, 더 이상 불법행위가 반복되지 않도록 징벌배상의 책임을 지도록 하자는 내용이다.

자료: 소비자가 만드는 신문(김국헌, 2017.5.10.)

생각해보기 1-3

"소비자정책 컨트롤타워 설치를"
소비자연맹 등 14개 단체 요구 "공정위 역부족…독립기구 있어야"

소비자단체들이 소비자정책 전반을 조율하는 독립 행정기구 설치를 요구하고 나섰다.

한국소비자연맹 등 14개 소비자단체는 26일 '문재인 정부에 바라는 소비자정책 방향'이라는 입장자료를 통해 "경쟁정책과 소비자정책을 함께 수립하고 집행하는 공정거래위원회로서는 소비정책이 소홀하게 취급될 수밖에 없다."며 "부처 간 정책 조정 및 조율을 할 수 있는 독립된 소비자 행정기구가 절실하다."고 밝혔다. 소비자정책 기구를 신설해 소비자정책 컨트롤타워 역할을 맡기고 행정부와 민간 소비자운동 간 협력을 통해 소비자정책의 안정적 수행을 이뤄내야 한다는 게 소비자단체들의 주장이다. 2008년 2월 정부조직 개편으로 소비자정책이 공정거래위원회로 이관됐다. 소비자연맹 정지연 사무총장은 "소비자 보호와 권익 증진은 현대적 복지국가의 핵심 과제 중 하나인데도 최근 정부조직 개편과 개혁이 검찰과 재벌 개혁에 집중되면서 소비자문제가 소외되고 있다."고 지적했다.

소비자단체들은 문재인 정부가 합리적이고 건전한 소비자·시민단체의 이야기에 항상 귀 기울이길 바라며 앞으로 민간과의 유연한 거버넌스(협치) 강화를 통해 소비자 후생이 대폭 확대되길 희망한다고 강조했다.

자료: 국민일보(김혜림, 2017.5.26.)

도입하는 방안이 포함되어 있으므로 소비자들은 정책 시행을 관심있게 지켜볼 필요가 있다.

2) 소비자권리 행사의 중요성

앞에서 살펴본 바와 같이 「소비자기본법」에서는 대한민국의 모든 소비자들에게 8대 권리를 보장하고 있다. 권리를 보장받은 것보다 더 중요한 것은 이러한 권리를 보장받은 소비자들이 그 권리를 제대로 행사하는 것이다. 적지 않은 소비자들이 8대 권리에 대하여 인지하지 못하고 있거나 알고 있으면서도 실제로 어떤 상황에서 그 권리를 적절히 행사하지 못하고 있다.

과거에 비해 현대의 소비자들은 소비자의식이 높아졌고 풍부하고 다양한 정보에 힘입어 더 똑똑하고 현명해지고 있지만 소비자 자신의 문제, 또는 기업의 방해와 비협조로 인하여 권리 행사에 제약을 받고 있는 것이 사실이다. IT기술이 급속도로 향상하고 인터넷을 통한 정보의 공유가 활발해진 환경이지만 소비자들의 소극적인 태도는 권리행사에 걸림돌이 되고 있다. 소비자는 상대적으로 부족한 정보 때문에 선택의 범위가 제약을 받기도 하고 허위·과장 광고에 속기도 한다. 시장은 사업자에게 유리하도록 거의 모든 여건이 형성되어 있다.

소비자는 충동적인 성향이 강한 아마추어들이고 사업자는 대체로 정보로 무장한 프로들이다. 소비자는 사업자에 비해 경제력·정보력·교섭력 등 모든 면에서 약자다. 사업자에게 주도권을 넘겨준 다음에는 해결하기가 쉽지 않으므로 선택의 결정을 내리기 전에 정보를 수집하고 탐색해야 하며 피해예방이 최선이지만 피해가 발생하면 즉각 조치를 하여 피해를 최소화하는 것이 중요하다. 사업자와 소비자 사이의 주도권은 계약하는 순간 역전되므로 돈을 지불하기 전에, 계약서에 사인하기 전에 신중하게 판단해야 한다. 현대는 아는 만큼 스스로의 권리를 찾고 행사하는 소비자주권 시대다(오승건, 2008).

한편, 소비자들의 힘이 증가하면서 기존의 제품이나 판매방식에 만족하지 못하는 경우가 늘고 있다. 아마도 미래의 기업들은 소비자들에게 더 많은 선택권을 넘겨주어야 할 것이다(정재영, 2010). 이른바 소비자의 '선택할 권리'가 더 강해질 것이다. 이미 여러 가지 사례에서 선택권이 강해지고 있는 현상을 찾아볼 수 있다. 자신이 원하는 기능이나 디자인을 직접 선택할 수 있는 시장은 과거에도 있었다. 일부 시장이나 산업 분야에서 소수의 고객만을 위한 맞춤형(Customized) 제품을 제공하기도 했다.

예를 들면 요트, 고급주택, 럭셔리 자동차 등에 적용 되었으나 일반 소비자들은 접근하기도 어려운 고가제품들이 대부분이었다. 최근에 와서는 기존의 고가제품과는 확연한 차이를 보이는 선택할 수 있는 제품과 서비스가 등장하고 있다.

근래의 사례들은 그 대상이 저렴하며 소비자 주도의 성격이 강하다. 그 한 예로 델(Dell) 컴퓨터는 이미 10여 년 전부터 이러한 소비자 니즈의 변화를 읽고 개별 고객이 스스로 PC의 사양을 선택할 수 있도록 함으로써 큰 성공을 거두었다. 이와 같은 비즈니스 모델이 더 많은 산업으로 확산될 조짐이다. 아마도 미래의 소비자들에게는 자신에게 맞는 제품이나 서비스를 스스로 선택하고 만들 수 있는 '선택권(Selectability)' 혹은 '선택재량'의 제공 여부가 제품을 선택하는 중요한 기준이 될 것으로 보인다(정재영, 2010).

소비자의 권리를 남용하여 폐해가 발생하는 경우도 있다. 바로 블랙 컨슈머(black consumer)와 블랙 블로거(black blogger)가 이에 해당된다. 먼저 블랙 컨슈머는 악성을 뜻하는 블랙(black)과 소비자란 뜻의 컨슈머(consumer)를 합친 말로, 기업 등을 상대로 개인적 이익을 챙기기 위해 의도적으로 악성 민원을 제기하는 소비자를 가리킨다. 과거에는 품질 불량에 대한 보상 요구가 많았다면 최근에는 업체에 연락해 폭언이나 폭설, 인터넷 유포 위협 등은 물론이고 제품을 갈취하거나 금품을 요구하는 경우가 늘고 있다. 이러한 악성 민원은 기업의 비용부담을 늘려 화이트 컨슈머(선량한 소비자)까지 악영향을 미치게 된다. 일각에서는 블랙이라는 단어가 영어권에서는 '흑인 소비자'라는 인종차별적 의미로 비칠 수 있어 최근에는 이들을 가리켜 '악성 소비자, 문제행동 소비자, 불평불만이 많은 소비자'로 부르기도 한다.

블랙 블로거는 기업을 상대로 제품이나 돈을 뜯어내는 파워 블로거를 일컫는 말로, 구매한 상품에 대하여 보상금 등을 타낼 목적으로 의도적으로 악성 민원을 제기하는 블랙 컨슈머에 빗댄 것이다. 파워 블로거가 게시한 글이 마케팅에 영향을 주기 시작하면서 등장했으며 소비자들은 블로그에 올라온 제품 사용 후기는 광고와 다르다고 믿는 경향이 있기 때문에 기업은 "나 파워 블로거인데"라는 말 한마디에 벌벌 떨 수밖에 없다는 것이다. 블랙 블로거는 고의적으로 기업이나 신제품에 대한 안 좋은 정보만을 수집해 자신의 블로그에 관련 글을 게재한 후 기업의 홍보 및 마케팅 담당자에게 연락해 자신의 요구 사항을 들어주면 글을 삭제해주겠다고 협상하는데, 때로는 노골적으로 돈을 요구하기도 한다. 블랙 블로거가 기승을 부리는 배경에는 기업이 져야 할 책임이 적지 않다는 분석도 있다. 파워 블로거 중에는 블로그 운영 자체가 직업인 사람들도 많아 기업의 유혹에 쉽게 빠질 수밖에 없는데, 그런 점을 악용하고 접근한 기업들에 의해 블랙 블로거가 된 사례가 적지 않다는 주장이다. 하루에 적게는 1,000명, 많게는 수만 명이 방문하는 파워 블로거의 목록을 분야별로 가진 기업도 있는 것으로 알려졌다.

공정거래위원회는 2011년 7월 블로거들이 광고주에게서 대가를 받고도 이를 공개하지 않으면 광고주를 처벌할 수 있도록 '추천 · 보증 등에 관한 표시 · 광고 심사 지침'을 개정하고 블로거들이 이 지침을 어기면 광고주에게 관련 매출액의 최대 2퍼센트까지 과징금을 부과할 수 있도록 했다. 나아가 2012년 8월에는 '전자상거래소비자보호법' 시행령을 개정해 블랙 블로거에 대한 처벌을 강화했지만 블랙 블로거는 여전히 기승을 부리고 있다. 한편으로는 포털 책임론을 거론하는 분석도 있다. 포털이 경쟁적으로 파워 블로거 양산에 앞장섰지만 이를 전혀 감시하지 않아 블랙 블로거가 나왔다는 지적과 함께 블랙 블로거를 방지하기 위해 포털의 파워 블로거 선정 제도를 폐지해야 한다는 주장도 있다.

한편, 2017년 3월 15일, 2017 세계소비자권리의 날을 맞아 한국의 소비자시민모임을 비롯한 국제소비자기구(CI) 회원 단체들은 '소비자가 신뢰할 수 있는 디지털 세상 만들기' 캠페인을 진행했다. 이들은 G20 국가들에게 건의문을 제안하였으며 그 요점은 다음과 같은 10개 영역이다.

① 디지털 소비자보호와 역량 강화를 위한 규제
② 책임감 있는 기업 활동과 각국 정부의 감독기구 설치
③ 취약계층을 포함한 인터넷접근성 보장
④ 소비자정보 공개와 투명성 보장
⑤ 디지털제품과 서비스에 대한 공정한 사용권과 정당한 소유권 보장
⑥ 소비자의 디지털교육 지원 및 인식 제고
⑦ 안전하고 보안이 유지되는 디지털환경 구축
⑧ 온라인 데이터 및 개인정보 보호
⑨ 온라인거래에 적합한 불만 처리 및 피해구제제도 확립
⑩ 소비자의 선택권 보장과 시장의 경쟁성 유지

국제소비자기구는 건의문에서 소비자 신뢰 구축과 정당한 소비자권리보호가 매우 중요하다는 점을 강조하고 있다.

2.2 소비자책무

소비자보호법이 「소비자기본법」으로 개정되면서 소비자의 권익을 증진하는 개념으로 입법 목적을 전환함에 따라 소비자에게는 권리신장에 부응하여 스스로의 책임을 강조하였다. 소비자기본법 제2장 제 5조에서 제시한 소비자의 책무는 다음과 같다.

① 소비자는 사업자 등과 더불어 자유시장경제를 구성하는 주체임을 인식하여 물품 등을 올바르게 선택하고, 제4조의 규정에 따른 소비자의 기본적 권리를 정당하게 행사하여야 한다.
② 소비자는 스스로의 권익을 증진하기 위하여 필요한 지식과 정보를 습득하도록 노력하여야 한다.
③ 소비자는 자주적이고 합리적인 행동과 자원절약적이고 환경친화적인 소비생활을 함으로써 소비생활의 향상과 국민경제의 발전에 적극적인 역할을 다하여야 한다.

특히 ③번 항목에 대해서는 윤리적 소비를 실천하는 소비윤리가 관련되는데, 소비자의사결정에 대한 옳고 그름을 판단하는 기준을 더 강조하는 소비윤리와 윤리적 소비에 대해서는 다음 장에서 더 상세히 알아보기로 한다.

2.3 소비자주권

소비자권리와 소비자주권은 엄밀한 의미에서 명백하게 구분된다. 소비자권리는 법률학상의 용어로서 계약 당사자의 권리이며 공법 또는 사법상 명시된 소비자권리는 국가에서 보장한다. 반면 소비자주권은 시장에서의 용어로 구매할 사람들의 주권이다. 소비자주권(Consumer Sovereignty)이라는 말은 마치 민주정치에서 국민에게 선거권이 있듯이 자본주의에서는 소비자에게 상품에 관한 투표권이 있다는 것을 의미한다. 즉 자본주의 경제체제에서 경제유형, 생산구조 및 생산유형을 결정하는 최종적인 권한이 소비자에게 있다는 것을 뜻한다. 즉, 소비자주권이란 자유경쟁시장에서 소비자 선택에 의해 소비자가 경제적인 힘을 행사하는 것이며, 소비자권리란 소비자의 이익을 주장하고 그 이익을 누릴 수 있는 수단을 요구하는 것이다.

경쟁적 시장구조에서 경쟁을 통해 소비자에게 선택의 범위가 주어지고 소비자 선호가 생산자에게 전달되면 소비자주권이 실현될 수 있다. 이러한 소비자주권이야말로 기업으로 하여금 사회적으로 책임있는 마케팅활동을 수행하도록 새로운 환경을 구성하는 세력으로 사회적 힘인 것이다. 개개인의 깨어 있는 소비자의식이 모여 '컨슈머리즘'이라는 무언의 소비자 압력을 만들어 낼 때 기업은 종래의 '소비자 중심'에서 '생활자 중심'으로, 그리고 또다시 '환경 중심'으로 마케팅 콘셉트를 바꾸어 가게 될 것이다. 소비자주권의 확산은 눈에 보이지 않는 '사회적 힘'으로 작용하여 소비자의 이익을 지켜주게 될 것이다(정준, 1997).

요즈음과 같이 소비자에게 선택의 여지가 클 때에는 소비자의 역할이 결국 시장경쟁에 큰 영향을 미친다. 아무리 공급자가 강하게 밀어붙여도 소비자가 안 사주고 적게 쓰면 그 기업은 시장에서 밀려나게 된다. 소비자의 선택에서 적극적으로 행동할 때 자신에게도, 사회에게도 책임을 지는 주권자가 되는 것이다.

그러나 경쟁적 시장구조가 갖추어져 있다고 하더라도 소비자가 합리적인 선택을

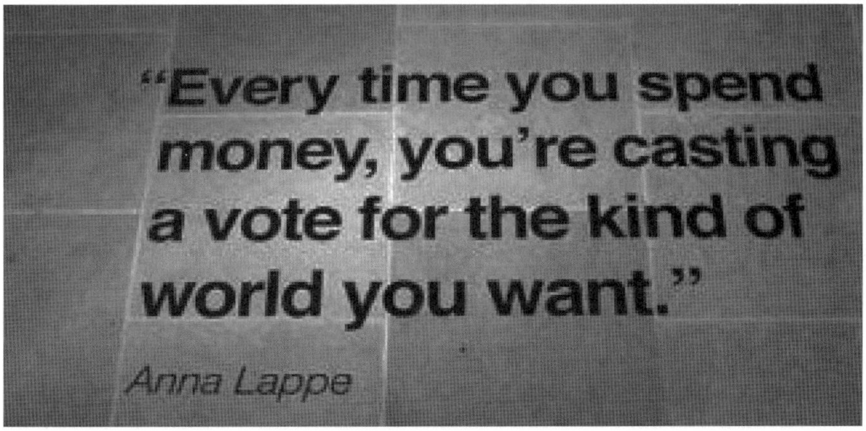

그림 1-2 화폐 투표권

자료: 임상진(2010). 적당한 소비가 아름답다. 아이러브그린(www.ilovegreen.net)

하지 않는다면 소비자주권은 실현되기 어렵다. 소비자주권은 소비자선호와 소비자의 선택에 의해 결정되는 것이므로 합리적인 선택은 그만큼 중요하다고 볼 수 있다(문정숙, 2007).

"우리는 돈을 쓸 때마다 우리가 살기 원하는 종류의 세상에 표를 던지는 것이다."라는 안나 라페(Anna Lappe)의 말은 선택을 통한 소비자의 책임감을 일깨워 준다. 환경과 미래를 생각하는 선택과 소비가 확산되어야겠다.

생각해보기 1-4

'디지털 소비자주권 강화 위원회' 발족

"디지털 데이터, 사용자 주도 통제 이뤄져야"

더불어민주당 집단지성센터(센터장 이원욱 국회의원)는 '디지털 소비자주권 강화 위원회'를 발족했다고 밝혔다. 또 위원회로부터 정식으로 정책 제안을 접수받았다고 알렸다. 디지털 소비자 주권 강화 위원회는 대학 교수, 민간 기업, 소비자 단체 등으로 구성돼 있다. 이들은 4차 산업혁명 시대에 인공지능, 빅데이터, 사물인터넷 등의 활성화될 것으로 예측되는데, 이때 반드시 소비자의 인터넷 사생활, 개인정보 보호, 본인 작성 콘텐츠에 대한 통제권을 강화해야 한다는 입장이다.

위원회는 "디지털 데이터의 수명관리를 해야 하고, 현재 사업자 주도의 디지털 콘텐츠 관리가 아닌 사용자 주도의 통제가 이뤄져야 한다."면서 "이를 위해서는 국가 정책이 우선돼야 하고, 법제화도 함께 수반돼야 한다."고 제언했다. 또 "정크 데이터로 인해 막대한 전력이 소비되면서 발전소를 추가로 증설하는 등의 사회적 비용이 소요되고 있다."는 말로 디지털 소비자 주권 강화 정책의 중요성을 강조했다.

자료: ZDNet Korea(백봉삼, 2017.5.3.)

요약

현대사회에서는 소비자의 개념과 역할이 과거와는 상당히 다르게 정립되고 있다. 사회가 점점 다원화되고 복잡해지면서 끊임없이 변화하는 소비환경과 그 속에서 점점 진화하는 소비자들은 과거에 비해 똑똑하고 현명해지고 있다. 특히 소비자와 생산자의 경계가 허물어지면서 다양한 종류의 프로슈머들이 등장하고 있다. 이러한 프로슈머들은 제품생산과 판매에도 직접 관여하여 해당 제품의 생산 단계부터 유통에 이르기까지 소비자로서의 권리를 행사한다.

최근에는 직접 필요한 제품을 가공하거나 해결하여 비용을 절감하는 동시에 개성을 추구하는 알뜰한 프로슈머들도 나타나고 있다.

소비자기본법에서 규정하고 있는 8대 권리를 행사하고 3가지 책무를 이행하는 것은 물론이고 소비자로서의 중요한 선택권인 소비자주권을 잘 행사함으로써 소비자와 기업, 나아가 국가경제에도 긍정적인 영향을 줄 수 있다.

활동과제

1. 프로슈머의 종류와 그 역할에 대해 조사하고 토론해보자.

2. 소비자주권 행사의 중요성을 시장에서의 선택과 연관하여 분석해보자.

C H A P T E R 2

시장환경의 변화와 소비트렌드

CHAPTER 2

시장환경의 변화와 소비트렌드

학습목표

1. 현대사회의 시장환경의 특징을 파악할 수 있다.
2. 현대사회의 소비환경의 변화를 알 수 있다.
3. 소비트렌드의 개념과 종류를 알고 그 변화를 이해할 수 있다.

시간이 흐르면 인간사회의 모든 면에서 변화가 나타나고 그러한 변화는 상호 영향을 미치면서 새로운 현상을 만들어 내기도 한다. 현대에 이르러 그 변화의 속도가 점점 더 빨라지고 개인과 조직은 그러한 변화에 적응해 가기가 쉽지 않다. 소비환경 또한 예외가 아니어서 소비자들이 주변 소비환경의 변화 속도에 발맞추어 나가기 위해서는 소비자지식과 정보가 더 많이 필요하게 되었다. 뿐만 아니라 기업 측에서도 소비자들 못지않게 변화에 신속히 대응해야만 살아남을 수가 있게 되었다.

소비자는 그들의 욕구를 충족시키기 위하여 어떤 태도나 행동을 취하게 되며, 이러한 태도와 행동이 일정기간 동안 지속적으로 나타나면서 소비생활의 새로운 변화, 즉 소비트렌드를 이끌어 낸다. 소비트렌드를 잘 읽으면 그 사회를 구성하고 있는 다양한 소비욕구 현상들을 찾을 수 있으며, 이를 토대로 소비문화를 이해할 수 있게 된다. 한 집단의 공통된 소비생활 양식에는 사회구성원들의 소비에 대한 가치관, 윤리관 등이 내재되어 있으므로 그 사회의 소비문화라고 할 수 있다.

이 장에서는 현대 사회의 시장환경과 소비환경의 특징과 변화를 살펴보고 그러한 환경과 관련이 있는 소비트렌드의 변화 현상을 함께 알아보고자 한다.

1. 시장환경의 변화

1.1 제4차 산업혁명의 도래

지난 2016년 3월에 개최된 인공지능 알파고와 이세돌 프로기사의 바둑 대국을 계기로 우리나라에서도 '제4차 산업혁명'에 대한 관심이 크게 증가하고 있다. 인류는 지금까지 그 누구도 예상하지 못할 정도의 빠른 기술 혁신에 따른 '제4차 산업혁명' 시대를 맞고 있다. 제4차 산업혁명 사회는 디지털 사회의 특징인 연결과 플랫폼이 유지되면서 컴퓨터의 인공지능이 중심적인 역할을 하는 사회가 될 것으로 내다보고 있다. 인간의 지능 대신 인공지능이 중심이 될 가능성이 높다고 하는 이유는 인간은 빅데이터 분석 능력에서 인공지능에 비교가 되지 않기 때문이다. 연결은 사람 간의 관계에 국한되지 않고 사물인터넷을 통해 사물과 사물 간에도 이루어지며 이렇게 되면 자원 낭비가 최소화되고 소비자들의 맞춤형 소비가 실현될 수 있다. 한편으로 우려가 되는 점은 육체노동이건 지식노동이건 인공지능과 로봇이 할 수 있는 일들은 모두 그들에 의해 대체될 것이라는 점이다. 그렇지만 지식창출이 가속화되어 인간이 창의적인 일에 집중하게 되면서 연결을 통해 집단지성이 발휘될 수 있기 때문에 일자리와 관련된 우려가 큰 것은 분명하지만 창조산업 등 대안을 찾아낼 수 있을 것이다(권용현, 2016).

제4차 산업혁명의 두드러진 특징은 과거 인류가 경험했던 어느 산업혁명보다도 더욱 광범위한 분야에 걸쳐 엄청난 빠른 속도로 진전될 것이라는 점이다. 기존의 업무방식이나 소비행태뿐 아니라 생활방식 전반에 걸친 혁명적 변화가 가속화되는 시대에 들어서고 있는 것이다. 이미 인공지능(AI: Artificial Intelligence)과 로봇, 빅데이터(Big Data)와 클라우딩(Clouding), 사물인터넷(IoT: Internet of Things), 나노, 바이오 기술 등 거의 모든 지식정보 분야에서 눈부신 속도의 발전이 제4차 산업혁명을 이끌고 있다. 따라서 제4차 산업혁명이 몰고 올 무한한 기회와 도전을 내다보고 대응해나갈 준비를 사회 구성원 모두가 서둘러야 하며 그러기 위해서는 우선 제4차 산업혁명의 특성과 그 함축성부터 이해해야 할 것이다. 〈그림 2-1〉은 전 세계적으로 진행된 1차 산업혁명부터 2차, 3차를 거치는 역사적 흐름을 나타내고 있으며 지금 제4차 산업혁명 시대에 이르게 되었음을 보여주고 있다. 제4차 산업혁명은 한마디로 '소프트

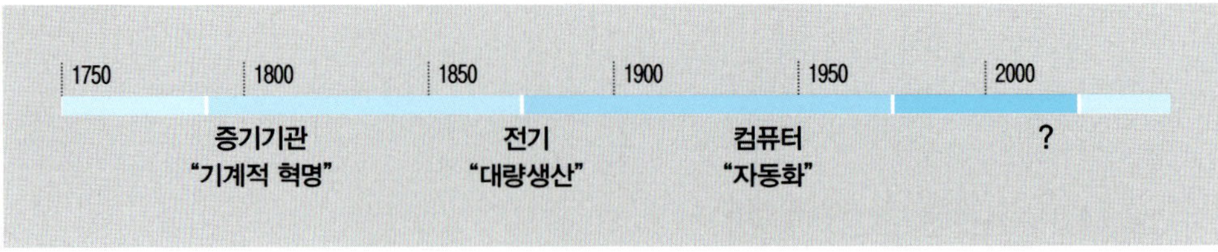

그림 2-1 산업혁명의 역사와 제4차 산업혁명

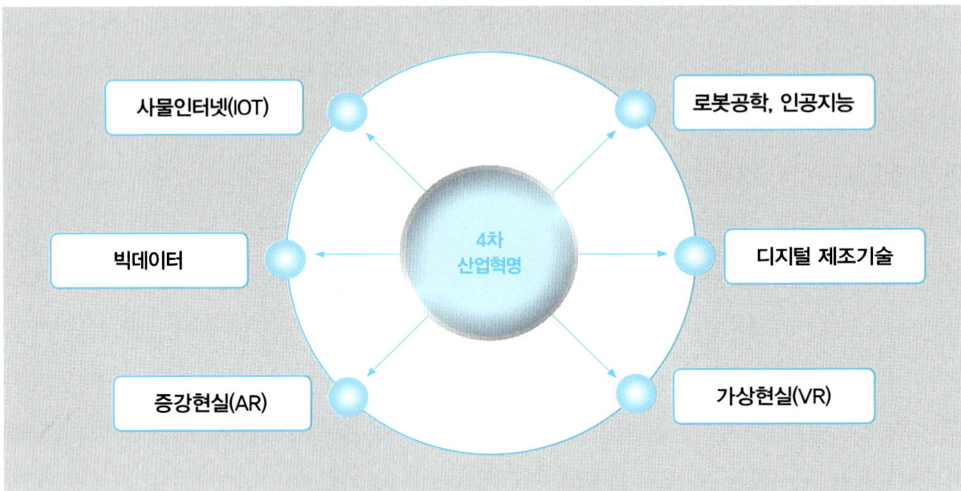

그림 2-2 제4차 산업혁명의 주요 영역

파워'를 통한 공장과 제품의 '지능화'라고 정의할 수 있다(윤종록, 2016).

〈그림 2-2〉에서 볼 수 있듯이 제4차 산업혁명은 이미 우리의 생활 곳곳에서 그 영역을 확장해가고 있다. 증강현실(AR: Augmented Reality), 가상현실(VR: Virtual Reality), 사물인터넷을 비롯하여 하루가 다르게 발전하고 영역을 넓혀가고 있다. 제4차 산업혁명은 과거의 하드 파워가 아니라 소프트 파워(soft power)를 통한 공장과 제품의 지능화를 추구하고 있다. 즉, 제조업과 정보통신의 결합을 통하여 생산방식과 제품 자체를 지능화하는 것이다.

지난 2016년 세계경제포럼에서 제4차 산업혁명을 화두로 던진 클라우스 슈밥(Klaus Schwab)은 과거의 제3차 산업혁명까지와는 현저히 구별되는 제4차 산업혁명이 이미 현재 진행 중이라는 사실을 뒷받침할 만한 세 가지 근거를 다음과 같이 제시했다(송경진, 2016).

① 속도: 선형적 속도가 아닌 기하급수적인 속도로 전개 중이다.
② 범위와 깊이: 디지털 혁명을 기반으로 다양한 과학기술을 융합하여 개인, 경제, 기업, 사회를 유례없는 패러다임 전환으로 유도한다.
③ 시스템 충격: 국가 간, 기업 간, 산업 간, 그리고 사회 전체 시스템의 변화를 수반한다.

이 모든 것을 고려하면 제4차 산업혁명은 가히 역사적인 변화라고 할 수 있다.

1.2 외국의 제4차 산업혁명 대비 실태

독일에서는 2011년 정부주도로 인더스트리 4.0 전략을 수립하고 스마트 팩토리(smart factory)를 지향하고 있다(장윤종, 2016). 일본 또한 정부 주도로 다양한 대비책을 수립하여 시행하고 있으며 미국의 경우에는 정부가 지원하고 민간이 주도하여 제4차 산업혁명의 대열에 동참하고 있다. 한국은 2017년 현재, 아직은 정부나 민간기업의 가시적인 정책이나 방향은 보이지 않지만 관심과 우려를 나타내고 있다. 하지만, 2017년 신년사와 신년계획에서 대다수의 기업들은 제4차 산업혁명에 대한 대비와 적용을 언급하였다.

미국 기업의 대표적인 사례로는 GE(General Electric)의 경우를 볼 수 있다. GE는 미국의 전통적 제조업체이지만 2020년까지 소프트웨어 기업으로 탈바꿈하겠다고 선언했으며 이를 위해 2011년에는 산업인터넷을 도입하였고 그 기술을 판매하고 있다. 2016년 현재 매출액의 75%는 비포서비스(before service)를 통해 수익을 올리고 있는데 비포서비스는 제품의 데이터 분석과 관리를 통해 이루어진다. 즉 장비의 결함을 미리 발견하거나 예상치 못한 고장을 방지하는 것이다. 또한 조직을 재편하는 등 커스트마이즈드(customized) 전략을 시행하고 있다(www.ge.com). GE 외에도 미국에서는 애플, 구글, MS 사 등에서 이미 변화를 모색하고 있다. 구글은 검색엔진서비스를 하는 대표적인 소프트웨어 기업이지만 2009년부터 무인자동차인 구글 카(google car) 개발과 시험주행을 시작하였고 2012년부터 미국 각 주로 시험 면허 법률을 통과시키고 있다. 이와 같이 제조기업은 소프트웨어 회사로 변신하고 소프트웨어 기업은 제조업에 뛰어들고 있다.

그림 2-3 구글 카(google car)

자료: 구글(http://www.google.com)

1.3 기업의 변화

기업이 소비자에게 다가가는 방법은 시대의 흐름과 함께 변화해 왔다. 특히 최근에 와서는 상호성을 기반으로 하는 소셜미디어(Social Media)의 활성화와 이로 인한 디지털화의 급속한 진행이 기업의 제반 활동에 있어 많은 변화를 주고 있다. 또한 착한 소비라는 개념이 확산되면서 공익을 지향하는 착한 마케팅도 활성화되고 있다. 기업의 사회적 책임이 의무가 아닌 선택으로 바뀌어 왔지만 오히려 이러한 선택은 사업기회의 발견이라는 패러다임으로 발전하고 있다. 첨단 기술의 급속한 발전으로 참여와 협력의 시대가 되면서 기업과 소비자의 지위 역전 현상이 나타나고 있고 소비자들은 확장된 네트워크를 형성하면서 기업에게 더 좋은 세상을 만들어 줄 것을 요구하고 있다. 최근 CSV(Creating Shared Value: 공유가치창출)라는 개념이 등장하면서 기업이 사회적 가치를 향상시키면서 경제적 성과를 함께 창출하는 활동으로 진화, 발전되고 있다. CSV는 처음 그 개념이 제안되었을 때 개념이 모호하여 실현가능성이 높지 못하다는 비판을 받기도 하였으나 혁신적인 기업인 테슬라가 등장하고 각광받으면서 실현가능한 개념으로 재평가 받고 있다. 테슬라(Tesla)는 불가능할 것처럼 보였던 전기자동차를 상용화하면서 기업 혁신성의 가치를 보여주고 있다. 즉, 기존의 자동차에서 경험할 수 없는 새로운 승차경험을 제공해주고 있을 뿐만 아니라 자동차가 야기하는 환경오염 문제를 근본적으로 해결해주고 있기 때문이다(매일경제, 2016.11.18.). 현대 기업이 지향해야 하는 기업 목표는 경제성, 즉 생산성 향상뿐 아니라 사회와의 공존으로서의 사회성, 자연과의 공존으로서의 환경성 등 세 가지 기본 목표를 포함하는 것으로 나아가야 한다. 종래의 기업 윤리, 사회적 책임(CSR: Corporate Social Responsibility)을 포함하는 공유가치 창출을 위한 기업의 적극적인 노력이 필요하다.

2016년 다보스포럼에서 거론된 제4차 산업혁명은 전 세계의 경제, 교육, 문화 등 여러 분야에서 변화와 혁신의 필요성을 예고하고 있으며 기업 또한 이러한 흐름에 대처하고 변화할 수밖에 없게 되었다. 시장환경의 변화와 더불어 나타나고 있는 기업의 변화 양상을 살펴보면 다음과 같다.

1) 기업의 빅데이터 활용

빅데이터(big data)란 디지털 환경에서 생성되는 데이터로 그 규모가 방대하고, 생성 주기도 짧고, 형태 또한 문자와 영상데이터까지 포함하는 대규모 데이터를 말한다. 아날로그에서 디지털 시대로 전환되면서 데이터의 양이 폭증하고 휴대전화, 자동차는 물론 TV등 가전제품까지 각종 디지털 데이터를 생성하게 되었다. 디지털 혁명과 소셜미디어의 등장으로 데이터가 급증하면서 나타난 빅데이터는 처음에는 거대한 데이터 집합 자체만을 지칭하던 양적 개념이었다. 하지만 데이터가 급증하면서 파편처럼 흩어져 있는 대용량 데이터를 수집하고 분석해서 가치 있는 정보를 추출해내고 그것을 바탕으로 능동적인 대응을 하거나 변화를 예측해낼 수 있는 정보기술 용어로 확장되었다(배충효, 2015). 과거에는 전문가들이 데이터마이닝(data mining: 대규모로 저장된 데이터 안에서 체계적이고 자동적으로 통계적 규칙이나 패턴을 찾아내는 것)을 통해 데이터를 추출해냈지만 이제는 컴퓨터가 스스로 학습하여 처리하게 된다. 즉 기계학습(deep learning)이 가능한 것이다. 빅데이터는 19세기의 석유처럼 21세기 스마트혁명의 주요 원천으로 사물인터넷, 클라우드 등 4차 산업혁명의 주요 구성요소들과 밀접하게 결합되어 미래산업 발전의 필수요소가 되었다(대경 CEO BRIEFING, 2017.5).

빅데이터의 활용사례로 우선 광고 분야를 들 수 있다. 미국을 비롯하여 광고시장의 큰 변화는 디지털 광고 시장이 급성장세를 보이고 있다는 점이며 그 변화의 중심에

생각해보기 2-1

소설 '나는 편의점에 간다'와 빅데이터

지난 2012년 2월 뉴욕타임스(NYT)에 빅데이터와 관련한 흥미로운 사례가 소개됐습니다. 미국의 대형마트인 '타깃(Target)'의 미니애폴리스점에서 있었던 일인데요.

유아용품 할인쿠폰을 손에 든 한 남성이 화가 잔뜩 난 채 매장에 들어와 매니저를 불러 세웠습니다. 아직 고등학생에 불과한 자기 딸에게 임산부용 쿠폰을 보낸 것을 따지기 위함이었는데요. 며칠 뒤 해당 마트의 사과 전화를 받은 남성은 다음과 같이 털어놨습니다. "딸이 임신한 걸 모르고 있었다. 곧 출산을 앞두고 있다고 하더라."

아빠도 몰랐던 딸의 임신을 알아낸 대형마트. 그 비밀은 바로 '빅데이터' 기술에 있었습니다. 고객들의 카드 및 쇼핑 정보를 수집·분석해 임신과 관계있는 25개 제품을 추려내고 이를 활용한 임신지수모델을 개발해 임신했을 가능성이 높은 고객을 파악해 낸 것입니다. 빅데이터, 파편처럼 흩어져 있는 대용량 데이터를 수집·분석해 가치 있는 정보를 추출해 내고, 이를 통해 미래에 능동적으로 대응하거나 변화를 예측하기 위한 정보화 기술입니다.

빅데이터는 이미 우리를 지배하기 시작했는데요. 예컨대 '카카오택시'는 승객의 집 주소와 직장을 알고 있고, '배달통'은 이용자가 좋아하는 음식을, 생활 패턴을 파악하고 있습니다. 대형마트 타깃의 임신지수 모델 개발자이자 통계 전문가 앤드류 폴은 다음과 같이 말합니다. "우리는 가능한 한 (당신의) 모든 것을 알길 원한다."

결국 우리가 무엇을 좋아하는지, 그 소비 욕구를 선점하는 게 빅데이터의 핵심입니다. 즉 빅데이터가 알고 싶은 건 우리의 욕망이지, 우리 그 자체가 아닌 것이죠.

자료: 서울경제(2016.2.24.)

빅데이터가 있다. 이를테면 사람들이 특정 연예인에 관한 뉴스를 접하고 그 연예인이 나온 동영상을 찾는다면 광고 담당자가 아닌 컴퓨터 프로그램이 이를 실시간으로 파악해서 그 연예인의 동영상을 제공하는 미디어에 나갈 광고를 경매하는 실시간 입찰 방식까지 나타내고 있다.

기존에 사람이 담당하던 오프라인 광고 업무는 컴퓨터 프로그래머, 데이터 분석가, 데이터 관리자가 대신하게 되고 디지털화와 빅데이터로 인한 세상의 변화는 기업들의 변모를 요구하고 있으며 이런 추세에 따라 빅데이터를 활용하여 전혀 새로운 방식으로 비즈니스를 하는 기업들이 나타나고 있다(함유근, 2015). 이런 움직임은 광고, 교육, 출판, 미디어 그리고 금융과 의료서비스 시장에서도 변화가 예상된다.

2) 기업의 플랫폼 활용

생산자와 소비자를 온라인에서 연결하는 플랫폼 비즈니스가 빠르게 성장하고 있다. 그 이유로서 첫째, 온라인상의 저장 기술(storage technology) 비용이 낮아졌고 둘째, 모바일 시스템이 구축되면서 사용자들이 언제 어디서나 네트워크에 연결할 수 있게 됐으며 셋째, 언제 어디서나 네트워크에 연결하는 사용자들의 행동이 보편화되었다는 점이다. 사용자들은 온라인 플랫폼에 들어가 그곳에서 이뤄지는 교류를 통해 큰 가치를 얻는다(매일경제, 2016). 또한 빠르게 성장하는 배경에는 연결성이 있는데 이로 인해 많은 생산자와 소비자들이 교류할 수 있고 지난 몇 년 동안 있어 왔던 데이터와 인공지능(AI)의 현저한 발달도 배경이 되고 있다. 수많은 소비자와 생산자들이 각자가 필요한 사람들과 제대로 연결하려면 데이터가 많은 똑똑한 플랫폼이 필요한데 지난 5년 동안 크게 발전한 데이터 프로세싱과 인공지능은 소비자와 생산자들이 각자의 필요에 적합한 사람들을 찾도록 도와준다. 뿐만 아니라 현재 많은 경우를 보면 생산능력은 생산자에서 소비자로 옮겨가고 있다. 그 예로 스마트폰 사용자들은 본인이 사진을 생산하고 플랫폼을 통해 이를 선보이고 팔 수 있다. 위 세 가지 중 가장 중요한 것은 연결성이며 새로운 연결방법이 자꾸 생겨나고 있다. 스마트폰뿐만 아니라 센서장치 등 다양한 방법으로 사람들은 연결된다. 과거 플랫폼이라고 하면 '오픈마켓'이라는 이름으로 쇼핑몰이 장터를 제공하는 정도였지만 이제는 플랫폼이 마케팅, 영업, 고객관리까지 도와준다(한국경제, 2017).

생산자와 소비자 사이의 경계가 허물어지는 것은 플랫폼 비즈니스에서만 일어나는 현상이 아니라 모든 산업에서 일어나는 현상이다. 플랫폼 비즈니스는 특정한 산업에만 해당되지 않고 플랫폼은 새로운 산업도 아니다. 모든 산업에 존재하는 비즈니스 모델 중 하나가 플랫폼 비즈니스다. 다른 서비스와 마찬가지로 소비자들은 플랫폼 모델을 통한 교류에서 판매자가 제공하는 제품과 서비스의 구매 결정을 할 수 있다. 다만 플랫폼을 통해서 판매자와 소비자가 직접적으로 연결되기 때문에 사람들은 더 다양하고 더 수월하게 제품을 발견하고, 선택하고, 구매할 수 있다(매일경제, 2016).

1.4 소비시장의 변화

제4차 산업혁명의 흐름은 소비시장 전반에도 여러 가지 변화를 초대하고 있다. 머지 않은 앞날에 펼쳐질 제4차 산업혁명 시대에 관한 전문가들의 몇 가지 구체적인 예측 사례를 살펴보면 지금 초등학교에 입학하는 아동이 사회에 진출하여 갖게 될 일자리의 약 70퍼센트가 현재 존재하지도 않는 전혀 새로운 일자리가 되는 시대가 올 것이라는 의견이 있다. 그리고 앞으로 10년 이내에 길거리에 나와 있는 자동차 10대 중 한 대가 무인자동차일 것이고 로봇이 약사의 부분적인 일을 해내고 3D 프린팅에 의한 간 이식이 이루어 질 가능성이 높다고 예상하는 전문가들이 많다(최계영, 2016).

새로운 비즈니스 모델의 등장과 기존 시스템의 파괴, 그리고 생산과 소비, 운송과 배달 시스템의 재편으로 산업 전반에 걸쳐 거대한 변화가 이루어지고 있다. 사회적으로는 일과 소통하는 방식, 자신을 표현하고 정보를 교환하며 즐길거리를 누리는 방식에서도 패러다임의 전환이 일어나고 있다. 초연결사회는 사람뿐만 아니라 사물과 데이터, 프로세스를 포괄하는 우리 주변의 모든 것들이 네트워크화되어 가는 현상이 실현된 사회의 모습을 일컫는다(김기옥 외 3인, 2015). 초연결사회로 이행됨에 따라 새로운 경제 패러다임으로 주목받고 있는 것 중의 하나는 공유경제이다. 공유경제는 재화에 대한 배타적인 소유권을 주장하는 것이 아니라 재화에 대한 접근권 혹은 사용권의 개념에서 이를 타인과 공유하거나 교환하면서 가치가 창출되는 구조를 가지고 있다. 이는 시장에서 교환가치가 공유가치로 변화되고 있음을 의미하며 더 확산될 것으로 내다본다. 전통적 의미의 시장이 수요자 중심 시장으로 진화하는 과정의 첫 단계가 바로 공유경제에서 찾아볼 수 있는 특징이다. 이미 그 활용도가 높은 우버(Uber)나 에어비앤비(AirBnB) 등이 그 예가 되는데, 이러한 상업적 공유경제는 현재 주로 소비재를 중심으로 인터넷 네트워크를 통해 재화나 서비스를 필요로 하는 소비자와 이를 제공할 능력이 있는 소비자나 생산자를 연결해주는 P2P(Person to Person) 유형에 가깝다. 우버의 경우, 모바일로 이동하고자 하는 목적지를 입력하면 근처에 있는 차량이 바로 그 목적지까지 데려다 주는 일종의 O2O(online to offline)서비스에 가깝다. O2O는 온라인에서 시작하여 오프라인으로 귀결되는 서비스 제공으로 우리 주변에서 흔히 사용하는 '배달앱' 등이 그 예이다. 사물인터넷의 발전과 함께 앞으로는 공공영역을 포함하여 모든 생활의 영역에서 협력적 공유경제 시스템이 가능해질

생각해보기 2-2

성인남녀 75% "4차 산업혁명이 일자리 빼앗아 갈 것"

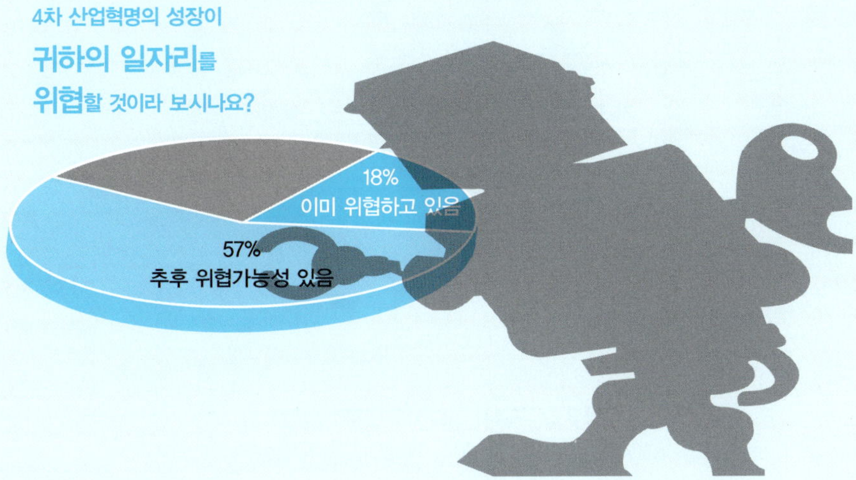

국내 성인남녀 75%는 최근 대세로 떠오른 4차 산업혁명을 자신들의 일자리에 위협적인 존재로 인식했다. 28일 취업 포털 업체인 인크루트에 따르면 최근 국내 성인남녀 1,324명을 대상으로 '4차 산업혁명의 위협'이란 주제로 설문 조사를 실시한 결과, 응답자 가운데 85% 이상은 본인의 일자리에 어떤 식으로든 영향을 끼친다고 내다봤다. 구체적으로 끼칠 것 같은 영향으로는 '상당수의 일자리가 소멸할 것'이라는 전망이 35%로 1위였다. 이어 '노동시간이 대폭 줄어들 것'(20%), '실무자는 줄고 관리자만 대폭 늘어나는 등 조직구조가 보편화될 것'(17%)이 뒤를 따랐다. 특히 '4차 산업혁명 성장이 귀하의 일자리를 위협할 것이라고 생각하십니까'라는 질문에 응답자 중 75%가 '이미 위협하고 있다.'(18%) 또는 '가까운 미래에 곧 위협할 것'(57%)이라고 전망했다. 하지만 '4차 산업혁명이 고도화될수록 귀하는 현재의 직업 및 경력관리를 해나갈 방안을 갖추었습니까?'란 질문에는 응답자의 72%가 '필요성은 느끼지만 대비는 못하고 있다.'라고 답했다. 이어 '조금이나마 대비하고 있다.'라고 답한 응답자는 14%에 불과했다.

자료: 한국일보(2017.4.28.)

것으로 내다본다.

기술을 사용하여 사람들과 조직, 자원을 연결하는 새로운 비즈니스 모델인 플랫폼(Platform)의 등장도 주목을 받고 있다. 대표적인 플랫폼 전략 사용의 예로는 숙박 공유업체 에어비앤비가 있다. 누구나 이 사이트에 들어와서 본인의 집을 보여주거나 다

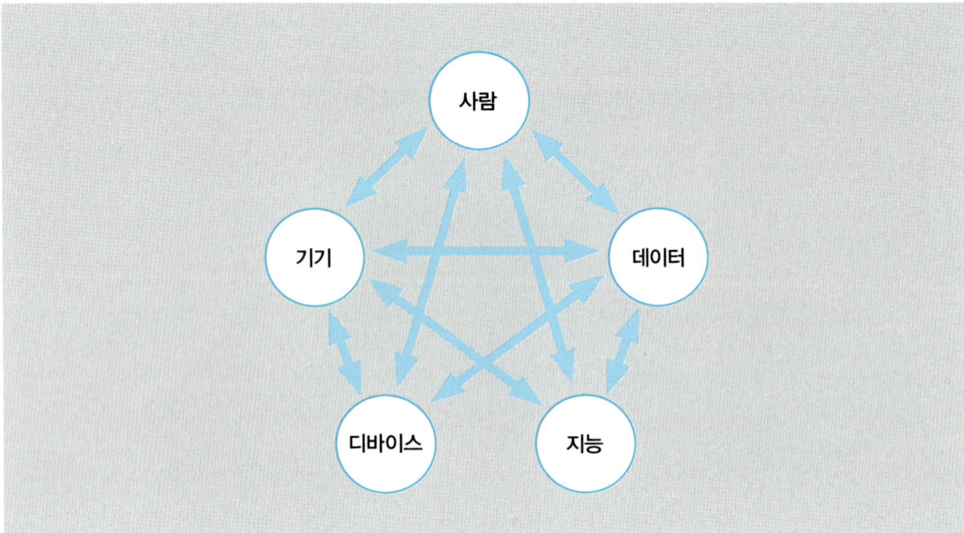

그림 2-4 제4차 산업혁명 시대의 초연결

자료: 최계영(2016). 4차 산업혁명 시대의 변화상과 정책 시사점. KISDI 16-04

른 사람의 공간을 대여할 수 있다. 기존 숙박사업과는 다르게 소비자와 서비스 제공자의 경계가 허물어지며 이런 경계의 허물어짐 속에서 새로운 교류가치가 창출된다. 이러한 플랫폼 사업이 빠르게 성장하는 이유로는 온라인상의 저장 기술 비용이 낮아졌고 모바일 시스템이 구축되면서 사용자들이 언제 어디서나 네트워크에 연결할 수 있게 되었으며 이런 사람들이 보편화되었다는 점이다. 이미 우버, 에어비앤비, 유튜브 등 다양한 곳에서 플랫폼이 적용되고 있다. 현재 많은 경우를 보면 생산능력은 전통적인 생산자에서 소비자로 옮겨가고 있으며 그 예로 스마트폰 사용자들의 사진 관리를 들 수 있다. 이와 같이 플랫폼에서는 누구나 생산자가 될 수 있는데 이는 곧 생산자와 소비자의 개념이 허물어지고 있다는 것이며 이런 현상은 비단 플랫폼 비즈니스에서만 일어나는 현상이 아니라 모든 산업에서 가능할 수 있다(매일경제, 2016.11.18.). 우버의 경우에서처럼 플랫폼 사업에 대한 불법 논란이 있고 앞으로 더 많은 논란이 예상되지만 플랫폼 비즈니스 영토에 한계는 없을 것이라는 관측이 지배적이다.

한편, 빅데이터의 활용으로 고객맞춤형 제품과 서비스를 제공하는 것이 더 보편화되고 그 수준도 향상되고 있다. 이는 기존의 CRM(Customer Relationship Management)이 진화한 것으로 볼 수 있다. 배달통이라든가 카카오 택시 등이 빅데이터를 활용하여 고객의 정보를 추출해서 활용하고 있으며 그 외 각종 여행 관련 온라인 업체들도 이미 고객맞춤형 서비스를 제공하고 있다.

제4차 산업혁명의 선도기술은 물리학 기술, 디지털 기술, 생물학 기술로 구분할 수 있는데 물리학 기술은 3D, 첨단로봇, 신소재, 무인운동수단 등이 포함되고 생물학 기술 영역에는 유전공학, 합성생물학, 바이오프린팅 등이 있다. 이 두 가지 기술 영역도 소비시장의 환경변화에 영향을 미치지만 그 중 디지털 기술은 특히 직접적인 관련성이 크다. 즉, 사물인터넷(IoT), 비트코인(bitcoin), 공유경제 등이 디지털 기술을 활용하는 것인데, 사물인터넷의 경우 이미 다양한 웨어러블(wearable) 기기들이 시장에 소개되었고 공유경제 또한 전세계적으로 확산되고 있다. 또한 물리학 기술의 3D 프린터를 이용하여 개인 소비자들이 스스로 제조가 가능한 메이커(Maker)의 시대가 도래한 것이다. 아직은 재료자체는 아날로그이지만 머지않은 미래에는 디지털 기술에 힘입어 모든 부품의 제조가 가능해질 것으로 내다보고 있다. 바야흐로 소비자가 시장의 주도권을 쥐게 되는 수요자 중심 시장이 등장하게 된 것이다(김난도 외 5인, 2016).

1.5 소비자의 변화

소비자의 변화는 기업과 소비시장의 변화와 무관할 수 없다. 앞서 살펴본 기업의 변화와 소비시장의 변화들이 결국 소비자에게 영향을 미치며 그것에 대한 반응과 대처로 소비자들도 변화를 꾀할 수밖에 없다. 특히 현재 이 모든 변화의 핵심은 제 4차 산업혁명이므로 상호 연관성이 더 크다고 할 수 있다.

소비자의 입장에서 제4차 산업혁명이 가져올 긍정적 · 부정적 변화를 살펴보면 자원낭비를 최소화할 수 있고 맞춤형, 개인화된 소비가 가능해진다는 점이다. 또한 서로 보완, 대체적인 관계를 가지는 다양한 플랫폼 간의 경쟁 환경에서 소비자들은 플랫폼을 선택하고 개인화된 제품과 서비스를 향유할 수 있게 될 것이다(최계영, 2016). 플랫폼 경제에서는 시간과 자원이 있는 사람이 그렇지 않은 사람과 상호거래를 통해서 자원을 공유하는 형태를 취한다. 결국 공급이 아니라 수요가 제품과 서비스를 결정하는 방식으로 소비자의 수요에 실시간으로 부응하여 고객의 요구에 맞춰 제품이나 서비스를 제공하게 되는데 이를 온디멘드(On Demand)라고 하며 주로 모바일 플랫폼을 기반으로 주문형 상품을 공급하는 시스템을 말한다. 반면, 지식과 육체노동은 로봇이 대체 가능한 영역이므로 제조업과 서비스업의 일자리가 감소할 것이며 창조산업이 이를 대체할 것이다. 또한 지식창출이 가속화되면서 집단지성이 등장하고 활성화될 것이다(장윤종, 2016). 기존의 프로슈머(prosumer) 활동이 한층 업그레이드되고 소비자들을 소유보다는 사용에 더 중점을 두게 되면서 상호 호혜적이고 스스로 생산적 활동을 더 활발하게 하게 될 것이다. 갈수록 인터넷과 모바일 기술이 고도화되면서 시장의 권력, 즉 주도권이 소비자에게로 넘어가고 있다. 소비자들은 이제 시간과 공간의 제약을 받지 않고 언제 어디서나 자신이 원하는 제품과 서비스를 제공받아서 이용할 수 있게 된 것이다.

제4차 산업혁명으로 인하여 경제계에는 노동력 위기와 일자리의 성격 변화가 초래될 것이며 기업에서는 고객기대의 변화에 부응하고 빅데이터를 활용한 품질향상을 꾀하며 협력을 통한 혁신을 이끌어 내려고 한다. 개인 소비자들은 휴먼커넥션이 더 중요하고 필요해졌으며 개인정보 관리의 중요성도 더 커지게 된다. 이를테면, 개인의 이메일 기록, 인터넷 검색 기록, 채팅 기록과 같은 디지털 공간의 기록을 통해 자세하게 추적할 수 있게 되었다. 직장에서는 이러한 기록들을 토대로 인간 행동 예측이 가능하여 혁명적인 변화를 가져올 수 있고 기업의 마케팅전략에도 그 힘을 발휘하고 있다.

제4차 산업혁명은 분명 엄청난 영향력으로 정부, 기업, 소비자 모두에게 상상 이상

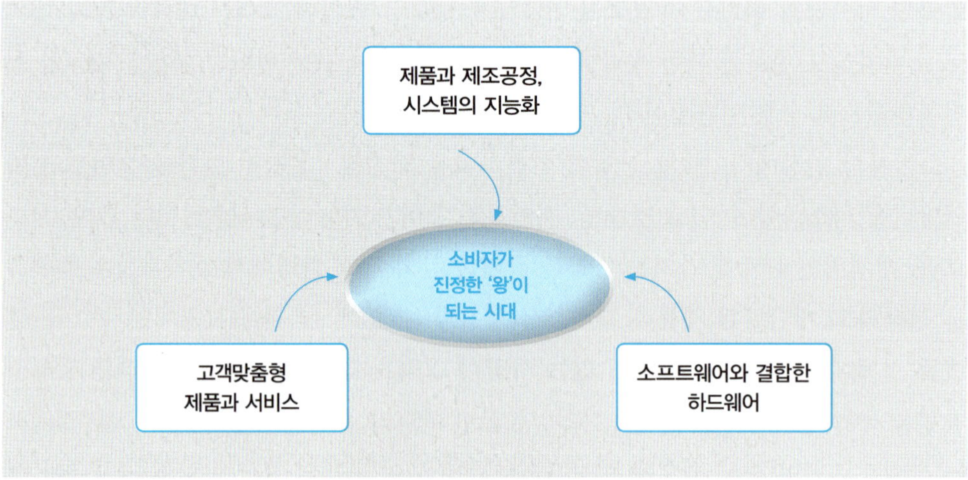

그림 2-5 제4차 산업혁명과 소비자

자료: 윤종록(2016). 4차 산업혁명, 소프트파워. KBS 1 TV '명견만리'에서 재구성

의 변화를 빠른 속도로 초래하겠지만 거기에는 긍정적인 부분과 우려가 되는 부정적인 부분이 공존하고 있을 것이다. 소비자의 입장에서 긍정적인 부분을 살펴보면 〈그림 2-5〉와 같다. 지금까지 '고객이 왕'이라는 말은 있었지만 실질적인 왕은 공급자였다. 하지만 소비자가 바야흐로 왕이 되는 시대가 열릴 것이다(윤종록, 2016).

2. 소비트렌드

2.1 트렌드의 개념

트렌드(trend)의 사전적 의미를 넘어서 여러 분야에서 트렌드라는 용어가 일반화되어 있고 매우 다양하게 사용되고 있다. 트렌드는 일시적 현상인 유행과는 달리 과거에서 현재를 거쳐 미래로 이어지는 일종의 흐름으로서 점진적인 연속성을 나타낸다. 그렇지만 과거와는 다른 경향과 방향성을 지니고 가까운 미래에 일어날 수 있는 사회 여러 분야의 움직임을 보여주는 징후이며 동향이라고 할 수 있다. 인구 통계적 변화, 생활양식이나 기술의 변화, 소비자의 가치관이나 태도 변화 등 사회, 경제, 문화의 다양한 영역에서의 변화를 통해 새로운 이론이나 현상이 사회 전반적으로 반영되고 나타나는 것이다. 오늘날 정보기술의 발달로 변화의 속도가 점점 더 빨라지면서 트렌드에 대한 관심도 커지고 새로운 트렌드들이 다양하게 나타나면서 그 지속기간도 짧아지는 경향이다.

이러한 트렌드에 대한 관심과 연구는 특히 기업의 입장에서는 매우 중요하고 필요한 것으로 트렌드의 확인과 분석을 통한 미래예측이 시장에서의 승패에 큰 영향을 미치고 있다.

트렌드는 그 지속기간과 변화의 속도 등에 따라 메가트렌드(megatrend)와 메타트렌드(metatrend)까지 매우 느리고 복잡한 것도 있다. 현대사회에서는 트렌드의 지속기간과 변화의 과정이 과거와는 다소 다르게 나타나고 있다. 즉, 변화의 속도가 빨라지면서 지속되는 기간은 줄어드는 경향이다. 특히 제4차 산업혁명 시대의 도래는 이러한 경향을 더욱 강화시킬 것이다.

2.2 소비트렌드의 영향요인과 현상

트렌드를 읽고 예측하고 그 흐름과 변화에 대처하는 것은 개인과 기업, 국가 모두에게 필요한 것이다. 사회 전반에 걸쳐 변화의 속도가 점점 더 빨라지고 있는 오늘날에는 그 필요성이 더 커지고 있다. 특히 소비와 관련된 소비트렌드는 소비자의 욕구와 태도, 가치를 반영하는 소비문화를 형성하는 데 주요한 요소이다.

소비트렌드에 영향을 미치는 요인은 여러 가지가 있으며 크게 분류해보면 경제환경의 변화, 시장구조의 변화, 사회인구학적 변화 및 소비가치관의 변화로 나눌 수 있다. 최근 몇 년 간의 소비트렌드를 살펴보면 이러한 변화들의 영향력이 매우 강하게 반영되고 있음을 알 수 있다.

먼저, 경제환경의 변화에서는 수년간 지속되는 경제적 침체현상이 그 중심에 있다. 국내의 경기 악화 못지않게 대외적인 환경의 동반 저조 현상들이다. 특히, 제4차 산업혁명에 대한 논의가 수면 위로 떠오르면서 향후 산업계를 비롯한 경제 환경 전반에서 나타날 변화와 그에 수반한 소비트렌드의 양상들이 주목을 받고 있다. 시장 구조의 변화 또한 이와 무관하지 않으며 소비와 생산 양 측면에서 엄청난 변화가 예상되고 있다. 다수의 국가에서 나타나고 있는 저출산 · 고령화 현상으로 인해 사회인구학적 변화도 그 어느 때보다 그 영향력이 크게 미치고 있다. 그 중에서 특히 최근의 트렌드에 다양하게 영향을 미치는 것은 바로 1인 가구의 증가이다.

1) 1인 가구의 증가

2015년 현재, 통계청 자료에 의하면 N포 세대(2015년 취업시장 신조어로 여러 가지를 포기해야 하는 세대)의 등장 등으로 인해 1인 가구가 급증하면서 우리나라의 1인 가구 비율이 이미 27%를 넘어선 것으로 나타났다. 이러한 1인 가구들이 소비 주체로 떠오르면서 소비시장에도 영향을 미치고 있다.

〈그림 2-6〉에서 알 수 있듯이 우리나라의 1인 가구 비율은 매우 빠른 속도로 늘어나고 있으며 다인 가구에 비해서 상대적인 비율도 높아져서 2012년 이후 이미 2인 가구를 앞질렀다. 1인 가구 비중의 증가는 한국뿐만 아니라 주요선진국에서도 나타나고 있다. 2000년 이후 10년 동안 미국의 1인 가구 비중은 26～27%, 영국의 1인 가구 비중은 29～30% 수준이며, 증가 속도는 다소 정체되고 있다. 반면 독일의 1인 가구

그림 2-6 가구원 수별 가구 구성비

자료: 서운주 · 김수영(2012). 가구원 수별 가구추이. 사회통계국 인구동향과. 통계청

비중은 2010년 40% 가량을 점유하여 비교적 높은 수준의 1인 가구 점유율을 보이고 있다(그림 2-7 참조). 미국과 유럽 국가들의 경우 1인 가구의 증가는 주요 대도시권에 집중되어 있다. 뉴욕 맨해튼, 워싱턴 D.C. 등의 1인 가구 비중은 전체 가구의 50% 수준에 육박하며, 런던, 프랑스 등에서도 미국 대도시 수준으로 나타나고 있다. 한국, 일본 등의 국가들은 비교적 오랜 시간에 걸쳐 1인 가구 증가를 경험한 미국, 유럽 국가들에 비해 단기간에 빠른 증가 속도를 보이고 있다. 특히 아시아 지역에서 1인 가구의 비중이 가장 높은 일본은 2010년 32%나 차지하고 있으며 고령화, 저출산, 만혼 등이 주된 요인으로 작용하였다.

1인 가구란 1인이 독립적으로 취사, 취침 등의 생계를 유지하는 가구를 일컫는다. 1인 가구가 증가하는 이유는 전통적인 가족의 형태가 변화하고 붕괴되면서 이른바 가족혁명이라고 할 만큼 가족문화가 급변하고 있기 때문이다. 저출산 · 고령화로 나타난 1차 인구혁명과 이혼 · 동거 · 혼외출산 등의 2차 인구혁명이 우리나라에도 한꺼번에 불어닥치고 있는 것이다. 따라서 1인 가구의 증가는 앞으로 그 규모와 속도가 더 증가할 것으로 예상된다.

이러한 1인 가구 증가와 함께 나타난 나 홀로 소비가 늘어나고 이른바 '혼밥족, 혼술족, 혼영족' 등 나 홀로 소비가 대중화되고 있다. 신한트렌드 연구소(2017)에 따르면 영화 표를 1장만 구입하는 비중이 2011년에는 19.1%였는데 2015년에는 24.4%로

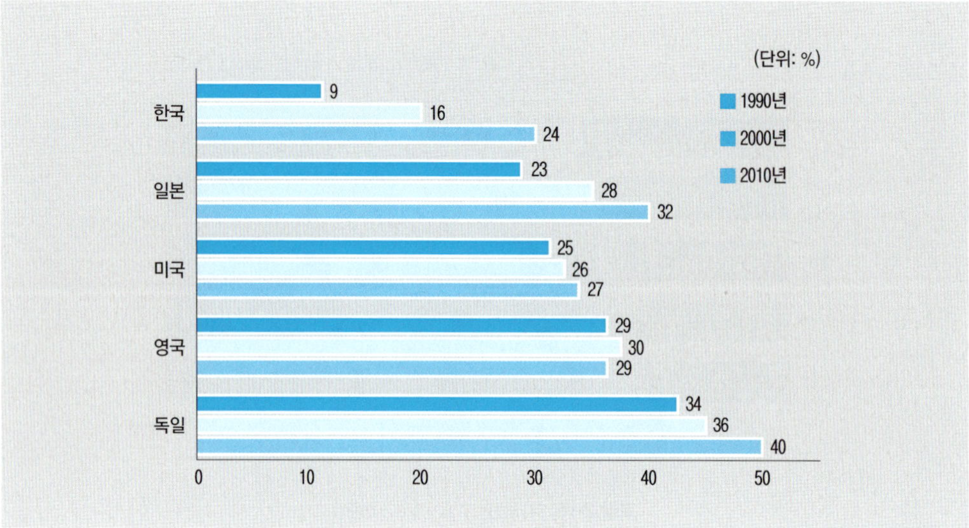

그림 2-7 주요국 1인 가구 증가 추세

자료: 한정민 · 이용호(2013). 1인 가구 증가가 소비지출에 미치는 영향 분석. 산업경제. 산업연구원

늘어났으며, 요식업종에서 결재했을 때 나 홀로 소비가 차지하는 비중이 2011년에는 3.3%에 불과했지만 2015년에는 7.3%로 2배 이상 증가했다. 서울대 소비트렌드 분석센터에서는 트렌드코리아 2017에서 '1인'과 '이코노미(economy)'라는 단어를 조합하여 '1코노미'라고 명명하고 이것의 확산은 비단 1인 가구에만 해당되는 트렌드가 아니라 공동체 문화를 대체하는 개인주의 시대의 문을 열면서 소비패턴의 변화를 불러일으키고 있다고 하였다.

1인 가구는 2인 이상 가구와 사는 모습부터 다르다. 혼자 먹고, 입고, 즐기다 보니 대량생산과 대량소비하는 산업사회의 기본 공식이 더 이상 통하지 않는다. 특히 1인

표 2-1 1인 가구 관련 신조어

용어	의미
싱글슈머(singlesumer)	싱글(single)인 1인 가구와 소비자(consumer)를 결합한 용어로 1인 가구 소비자를 의미
알봉족	과일 한 '알', 시리얼 한 '봉'씩 제품을 소량구매하는 사람들
혼밥족	식사 시간만큼은 불편한 관계에서 벗어나 혼자만의 여유를 즐기고 싶은 자발적으로 혼자 밥 먹는 사람들
포미족(For me 族)	개인별로 가치를 두는 제품에 과감한 투자를 아끼지 않는 사람들
편도족	편의점 도시락을 즐겨 먹는 사람

자료: 김광석 · 김수경 · 박경진(2016). 소비패턴의 11가지 변화. Samjong INSIGHT. 삼정KPMG 경제연구원. p.5

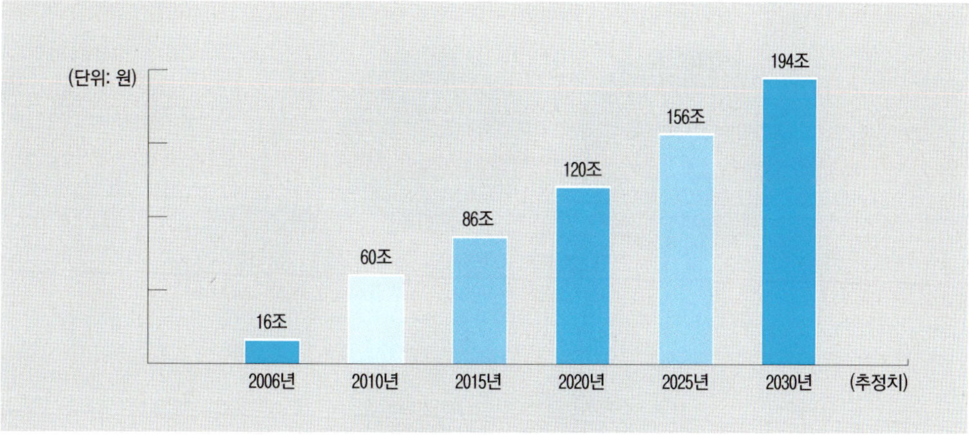

그림 2-8 1인 가구의 소비 규모

자료: 한정민 · 이용호(2013). 1인 가구 증가가 소비지출에 미치는 영향 분석. 산업경제. 산업연구원

가구의 35%는 소비를 주도하는 2030세대다. 나를 위한 소비에 기꺼이 지갑을 열고 있으므로 이들의 취향을 저격할 맞춤형 제품과 서비스가 쏟아지고 있고 '나홀로족'에서 '파워 솔로'로의 진화에 가속도가 붙고 있다.

통계청과 학계에서 예상한 것보다 5년이나 앞서 현실이 된 1인 가구 비율이 1위를 차지한 이유는 고령화와 청년층 3포세대(연애 · 결혼 · 출산 포기)의 증가를 들 수 있다. 평균 수명이 늘어나면서 이혼 · 사별 등의 이유로 홀로 사는 노인이 급증하였고 경제난과 취업난에 결혼을 미루고 혼자 사는 나홀로족도 많아졌다. 실제 1인 가구 가운데 가장 많은 18.3%는 30대였고 다음은 70세 이상(17.5%), 20대(17%) 순이었다. 1인 가구의 약 35%가 소비력이 높은 20~30대 젊은 층에 집중된 까닭에 씀씀이도 2인 이상 가구에 비해 더 크다. 2014년 통계청의 조사에 의하면 1인 가구의 소비 성향은 80.5%로 전체 평균(73.6%)을 앞섰다. 1인 가구의 소비 지출 규모 또한 2010년 60조 원으로 증가했고 2030년경 194조 원에 달할 것으로 전문가들은 내다보고 있다(그림 2-8 참조). 이러한 현상은 기업과 소비시장의 변화를 초래하고 있다. 기업들은 1인 가구를 대상으로 한 제품을 개발하고 판매하는 데 집중하며 관련 산업 역시 성장세를 보이고 있다. 소형 주택과 가전, 소용량 · 소포장 식품부터 1인을 대상으로 한 서비스업까지 1인 가구를 중심으로 산업구조가 바뀌고 있다. 백화점이나 대형마트에 비해 편의점은 매출의 급성장을 보이며 파워 솔로의 수혜를 입고 있다. 또한 식품업계에서는 가정간편식(HMR: Home Meal Replacement) 판매가 급증하고 있다. 현재

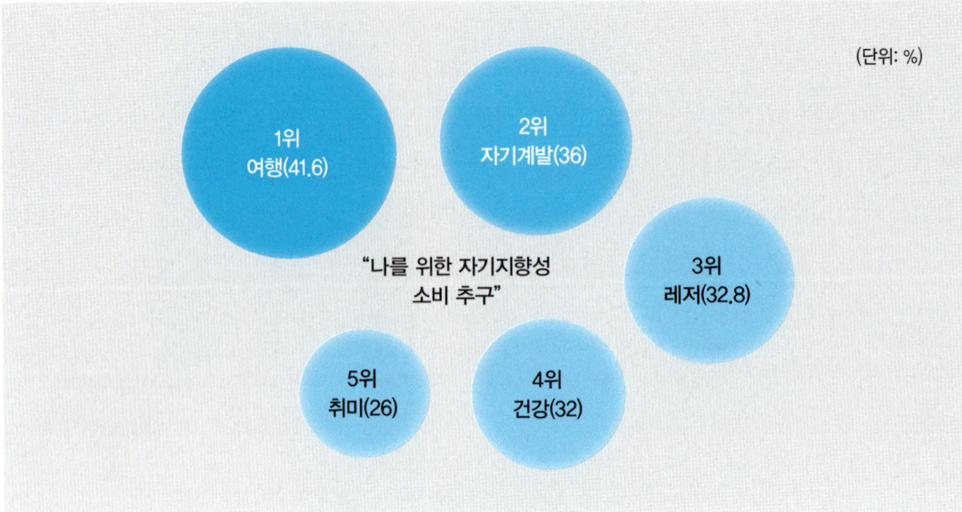

그림 2-9 1인 가구가 지출을 늘리고 싶은 항목

자료: 대한상공회의소(2013). 1인 가구 증가가 소비시장에 미치는 영향 조사

국내의 식품소비트렌드는 1990년대 일본과 유사하다는 것이 전문가들의 견해이다. 따라서 식품업계는 물론 유통업계까지 HMR시장의 주도권 싸움이 치열해질 것으로 내다보고 있다(중앙시사매거진, 2016.10.3).

파워 솔로가 몰고 올 변화는 식품시장에 국한되지 않는다. 대한상공회의소가 1인 가구의 소비행동을 분석한 결과(2013)에 따르면 이들의 소비 키워드를 'S.O.L.O', 즉 자기지향(Self), 온라인지향(Online), 저가지향(Low Price), 편리성지향(One-stop)으로 정의했다. 1인 가구는 '나를 위한 자기지향성 소비'를 추구하는 것으로 나타났다(그림 2-9 참조). 여행, 자기계발, 레저, 건강 등에는 향후 지출을 늘릴 계획이라고 응답함으로써 1인용 식당, 호텔, 노래방, 여행 상품 등이 출시되고 있으며 젊은 층을 중심으로 한 미용 서비스업, 오락 · 문화사업과 고령층을 대상으로 한 보건 · 의료 서비스업, 복지시설 산업의 성장이 예상된다(이코노미스트, 2016.10.3).

2) 윤리적 소비 가치관

전 세계적으로 환경문제가 중요하고 심각하게 대두되면서 이미 오래 전부터 친환경 소비를 비롯한 환경을 중시하는 소비행태가 나타나고 확산되고 있다. 앞으로도 지구상에서 환경문제는 개인 소비자와 기업, 정부가 지속적으로 관심을 가지고 대처해야 하는 문제이므로 환경을 고려하는 소비를 비롯한 광범위한 개념인 윤리적 소비는 장기적인 트렌드가 될 것이다. 윤리적 소비를 정의하기 전에 먼저 소비윤리의 개념부터 살펴보면 소비윤리는 개개인의 행동에 대한 잘잘못을 그 사회의 도덕적인 원칙이나 가치 체계에 기초를 두고 판단하는 사회윤리로서 소비행동에 대한 잘잘못을 판단할 수 있는 기준이다(송인숙, 2005). 소비자의 권리와 관련시켜 보면 소비윤리는 권리와 대칭되는 소비자의 책무로 볼 수 있다. 이러한 소비윤리는 세대 간 분배로서의 종적 차원, 세대 내 분배로서의 횡적 차원, 상거래 윤리로서의 사업자와의 거래 차원, 시장경제의 기초적 윤리 등으로 구분되기도 한다(송인숙, 2005).

그렇다면 윤리적 소비란 무엇인가? 소비윤리가 행위에 대한 개념적이고 이론적인 것이라면 윤리적 소비는 이러한 소비윤리를 일상생활에서 실천하는 소비행동을 일컫는다. 윤리적 소비에 대한 여러 가지 관점에서의 연구들이 있지만 그 중 홍연금(2009)은 소비자의 개별적 · 도덕적 신념에 따라 사회적 책임을 실천하는 소비행동이

표 2-2 소비과정에 따른 윤리적 소비

<table>
<tr><th>행동소비과정</th><th colspan="2">윤리적 소비행동</th></tr>
<tr><td>자원배분 행동</td><td>윤리적 투자, 나눔과 기부</td><td rowspan="4">자발적 간소화</td></tr>
<tr><td>구매 행동</td><td>환경친화적 제품 구매, 공정무역 제품 구매, 공정여행, 로컬 구매, 불매운동</td></tr>
<tr><td>사용 행동</td><td>에너지 · 물 절약, 집약적 제품 이용</td></tr>
<tr><td>처분 행동</td><td>분리수거, 재활용 및 중고 제품 이용, 쓰레기 줄이기</td></tr>
</table>

자료: 천경희 · 홍연금 · 윤명애 · 송인숙(2014). 윤리적 소비의 이해와 실천. 시그마프레스. p.37

표 2-3 사회적 책임 범위에 따른 윤리적 소비 실천 영역

사회적 책임 범위	윤리적 소비 실천 영역
경제적 책임	합리적 소비행동
법적 책임	상거래상 소비자윤리(계약 이행의 의무, 법적 소비자 책임, 불법적 소비 행동 금지 등)
지속가능한 소비에 대한 책임	녹색소비(환경친화적 소비), 소비 절제, 자발적 간소화 보이코트(불매운동), 바이코트(구매운동), 로컬소비, 윤리적 투자
동시대 인류를 위한 책임	공정무역, 공정여행, 공동체 운동, 나눔 · 기부

자료: 천경희 · 홍연금 · 윤명애 · 송인숙(2014). 윤리적 소비의 이해와 실천. 시그마프레스. p.40

라고 정의를 내렸다. 천경희 등(2014)은 이를 토대로 윤리적 소비의 실천 내용을 크게 세 가지로 분류하였는데 소비과정에 따른 윤리적 소비행동, 윤리적 구매행동, 사회적 책임 범위에 따른 분류가 있다. 그 중 소비과정에 따른 윤리적 소비행동과 사회적 책임범위에 따른 것은 〈표 2-2, 2-3〉과 같다.

위 표에서 보는 바와 같이 가격, 품질, 상표 등을 주요한 선택기준으로 하는 기존의 소비행동과는 달리 윤리적 소비는 환경, 노동, 빈곤 문제와 지역사회의 경제 및 기업의 비윤리적인 활동 등 다양한 윤리적 이슈에 관심을 가지고 이것을 고려하여 소비하는 것이다. 소비자 개개인이 자신의 가치관을 파악하여 그에 따른 소비 조절과 선택을 하고 소비를 통하여 타인을 도울 수 있거나 환경에 해를 덜 끼치려는 행동을 함으로써 만족감을 느끼고 나아가 행복감을 느낄 수 있다. 〈표 2-2〉에서 제시한 소비과정에 따른 윤리적 소비행동 중 몇 가지에 대해 자세히 살펴보면 다음과 같다.

(1) 환경친화적 소비

전 세계적으로 각종 환경 문제가 심각해지면서 국가 차원에서의 대책뿐만아니라 기업과 소비자의 책임 있는 소비가 요구되고 있다. 환경친화적 소비 혹은 녹색소비는 이미 1970년대 이전부터 조금씩 나타났으며 환경의 중요성이 강조됨에 따라 관심과 참여가 높아져서 세계 각국의 소비자들이 많이 실천하는 하나의 흐름이자 소비트렌드가 되었다. 환경친화적 소비란 개인의 욕구와 시장효율성뿐 아니라 자신의 소비행동의 결과가 환경과 사회에 미치는 영향까지 고려한 소비를 말한다. 인간과 자연이 조화롭게 살아갈 수 있는 환경과 사회를 만들어 다음 세대의 안전과 평화, 심지어 다른 동물과 식물 등이 모두 공존하는 세상을 지향한다. 구체적인 실천방법으로는 친환경상품 구매와 동시에 반(反)환경적 기업을 몰아내는 소비행동, 재활용, 재사용, 소비절제 행동에 이르기까지 환경에 부정적인 영향을 감소시킬 수 있는 소비를 하는 것이다. 우리나라의 녹색소비 촉진 정책으로는 대표적인 환경제품 라벨링 제도로서 탄소성적표지제도와 다양한 친환경 마크들이 있다. 이러한 표지와 마크들은 '7장 소비자 정보의 활용'에서 더 자세히 알아보기로 한다.

(2) 로컬소비

로컬(local)이란 특정 장소를 지칭하면서 그 장소에서 살아가는 사람들을 의미하기도 한다. 1980년대 이래로 세계는 자유시장정책의 방향으로 움직여왔고 세계화에 의한 자유시장화는 여러 가지 긍정적인 영향을 가져올 것으로 예상되기도 했으나 신자유주의자들의 그러한 주장과는 달리 빈곤, 불평등 문제 등 부정적인 결과들이 더 심화되고 있다. 또한 세계화를 추구하면서 전 지구적인 거래를 위해 이동을 위한 엄청난 양의 연료와 그 보존을 위한 노력이 필요하게 되었고 이로 인해 기후변화에 영향을 주며 식품안전의 문제까지 부가적으로 발생하게 되었다. 이러한 문제를 극복하고자 하는 운동이 로컬운동이며 소비생활을 통해 삶의 방식을 변화시키고자 하는 것이 로컬소비이다. 로컬소비는 국산품 애용과는 다르며 지역의 제품을 그 지역의 주민이 소비하게 함으로써 공동체 결속력을 증진시키고 빈곤과 불평등을 감소시킬 수 있으며 나아가 사회적 생산 등을 이끌어낼 수 있는 바람직한 역할을 하는 것이다. 이제 경제성장만으로는 인류가 풍요롭고 행복해질수 없으므로 모든 인류가 이 지구상에서 계속 잘 살아가기 위해서는 소비자들의 로컬소비가 필요하다. 로컬소비의 대표적인 실천 방안으로는 로컬푸드 운동과 재래시장 활성화 운동을 들 수 있다.

로컬푸드(local food)는 '지역 식품' 또는 '지역농산물'이라는 용어로 이산화탄소 등 온실가스를 배출하는 운송 수단을 사용하지 않고 가급적 생산지에서 가까운 지역에서 소비하자는 뜻을 담고 있다. 장거리 운송과 다단계 유통을 거치지 않음으로써 산지에서 생산된 농산물을 최단경로를 통해 소비자에게 배달하여 소비자는 신선한 식품을 이용할 수 있고 생산자는 유통비용을 줄일 수 있으며 운송거리를 줄임으로써 환경보전에도 도움이 된다. 로컬푸드 운동이 농촌이나 농촌 인근의 소비자들만 할 수 있는 것은 아니다. 도시의 가정이나 학교, 공공기관 등에서도 옥상에 텃밭을 만들어 실천할 수도 있다. 국내외에서 그러한 사례들이 다양하게 소개되고 있는데, 2009년에 사단법인 로컬푸드 운동본부가 발족하여 여러 가지 활동을 하고 있다. 이와 같이 로컬푸드 운동은 경제적, 생태적, 사회적 측면에서 긍정적인 효과가 있다고 할 수 있다.

다음으로 재래시장 활성화를 통해서도 로컬소비를 실천할 수 있다. 오랫동안 우리나라 소매시장의 중심 역할을 했던 재래시장들이 생활수준의 향상과 소비자들의 구매행동 및 욕구의 변화에 적절히 대응하지 못하여 침체되어 왔고 끊임없이 사회적, 정치적 이슈가 되어왔다. 서민경제 및 지역경제의 안정에 기여하는 재래시장의 활성화는 지역의 제품을 그 지역에서 소비하자는 로컬소비의 한 실천 영역이라고 할 수 있다.

(3) 공정무역 제품 구매

공정무역(fair trade)은 무역 거래에서의 불평등을 해소하고 생산과정에서는 환경을 파괴하지 않는 새로운 형태로 자유무역의 대안으로 등장했다. 여기서 공정의 의미는 무역협상에서의 공정한 거래를 의미한다. 즉, 공정한 거래를 통해 빈곤한 국가의 생산자들이 정당한 노동의 대가를 받을 수 있도록 하고 이러한 거래를 통해 공정하고 안정된 가격이 책정되도록 하는 것이다. 공정무역은 공정하고 상호존중을 기반으로 한 무역 파트너십의 관계를 통해 지속가능한 사회를 만들고자 하는 대안 무역 운동이며 친환경 농법, 자연소재를 이용한 전통 기술을 장려하여 사람과 자연이 공존하는 대안적 발전을 추구하고 있다. 이러한 공정무역을 통해 생산되고 수입된 제품을 구매하고 소비함으로써 소비자들은 소비를 통해 단순히 욕구의 만족만 추구하는 것이 아니라 정의롭고 평화로운 사회를 만드는 데 기여할 수 있다(천경희 외 3인, 2014). 소비자가 공정무역 제품을 쉽고 편리하게 구매하도록 하기 위해서 공정무역 인증마크들이 있는데, 이는 7장에서 소개하기로 한다. 우리나라에서 판매되고 있는 공정무역의 제품으로는 커피, 초콜릿, 축구공, 바스코바도(설탕), 올리브유, 의류 및 패션소품 등 다양하다. 공정무역 제품 구매는 생산된 상품 구매에만 국한되는 것은 아니다. 공정여행을 통해서도 참여와 실천이 가능하다.

공정여행이란 여행의 대가를 현지인에게 직접 지불하고 관광지만 둘러보고 오는 것이 아니라 현지인과 직접 접촉하는 기회를 만들기도 한다. 이는 항공사, 다국적 호텔 체인, 여행사, 대규모 식당 등으로 여행자본이 집중되는 기존의 여행과는 다르다. 공정여행을 통해 착한 여행소비자가 될 수 있다. 국내에서도 체험마을 여행이나 걷기 여행, 지역 축제와 민속공연 감상 등 다양한 종류의 공정여행이 소개되고 있다.

(4) 나눔과 기부

현금과 현물 등의 물질 기부와 시간 기부까지 총체적으로 포괄하는 나눔(giving)은 여러 측면에서 사회에 기여하는 바가 크다. 이러한 기부와 나눔은 소비윤리 측면에서도 윤리적 소비를 실천하는 중요하고 뜻깊은 방법이다. 최근 우리 사회에서 높은 신분과 명예에 따르는 도덕적 의무를 뜻하는 노블레스 오블리주(noblesse oblige)가 강조되고 있다. 이는 오늘날 부의 사회 환원을 뜻하며 기부를 통해서 실천될 수 있는데, 우리나라에서는 '아너 소사이어티(Honor Society)'가 그 대표적인 모임이다. 기부와 나눔이 반드시 노블레스 오블리주 실천에 국한되는 것은 아니다. 누구나 자신의 능력과 물질, 심지어 재능까지 나누는 삶을 살 수 있다. 작지만 소중한 기부와 나눔의 사례들은 적지 않으며 개인 또는 단체를 통해 실천하는 사람들이 늘어나고 있다. 최근에는 기부와 봉사를 하면서 재미까지 챙기는 '퍼네이션(funation: fun+donation)'이 현대사회의 새로운 기부문화로 자리 잡고 있다.

기부와 나눔의 실천 방법을 소개하면 다음과 같다. 먼저 프로보노가 있는데, 프로보노는 '공익을 위하여'라는 뜻의 라틴어 프로보노 퍼블리코(ProBono Publico)의 줄임말이다. 로마시대 지도층의 공익을 위한 헌신과 기부를 강조하기 위해 쓰인 용어로서 다양한 분야의 전문가들이 공익을 위하여 자신들의 전문 재능을 기부하는 활동을 뜻한다. 최근 우리나라에서도 재능기부가 기부문화의 새로운 트렌드로 떠오르면서

생각해보기 2-3

커피 한 잔, 우동 한 그릇도 기부할 수 있어요

누군가를 위해 미리 값 지불 '미리내 쿠폰'
다이어트 성공 때마다 이웃에 도시락 기부도

기부는 생각보다 쉽다. 먼저 음식점이나 카페, 병원이나 꽃집 등 일상생활을 하면서 드나드는 가게의 입구를 확인해보는 것부터 시작해보자. '착한가게'라는 현판이 걸려 있다면, 그 곳에서 물건이나 서비스를 구매하는 행위만으로 이미 소정의 기부를 한 것이다. 자신이 모를 뿐이다.

카페나 밥집을 이용하면서 목마르고 배고플 누군가를 위해 미리 값을 치를 수 있는, '미리내 쿠폰'을 만들 수 있는 가게가 서울 시내에만 60개 남짓이다. 가게를 방문한 손님이 '시원한 아메리카노 2잔!', '공부하느라 힘든 학생에게 우동 한 그릇 대접합니다' 등의 메시지를 쓰고 그만큼의 값을 미리 지불하는 식으로 운영된다.

건강을 챙기면서 기부를 할 수 있는 방법도 많다. '다이어트 기부'가 그 중 하나다. 다이어트 업체 365mc와 사회복지공동모금회가 손을 잡고, 인터넷 게시판에 미리 쓴 다이어트 계획을 성공할 때마다 5만 원 상당의 영양 도시락을 지역사회 저소득층 노인과 아동, 미혼모가정에 전달하는 방식이다. 이외에도 여의도 63시티의 1,251개 계단을 모두 오르면 취약계층 아동에게 기부가 되는 행사나 마라톤 코스 42.195km를 완주하면 km당 일정 금액이 기부되는 방법도 있다. 조그만 관심만 가진다면, 기부는 절대 어려운 일이 아니다.

자료: 한국일보 (2017.4.26.)

현금기부와 단순한 봉사활동에서 포괄하지 못했던 차별화된 방식으로 주목을 받고 있으며 전문가에서 시작된 이러한 재능기부가 점차 일반인들에게로 확대되고 있다. 또 다른 방법으로는 '미리내 기부'가 있는데 이는 이탈리아 나폴리의 'cafe sospeso(맡겨둔 커피)'라는 전통에서 비롯된 서스펜디드(suspended) 커피가 발전된 것이다. 미리내 기부는 말 그대로 '미리 내는' 기부로서 물품을 구입할 때 하나 값을 더 지불해서 기부하는 방식으로 커피를 마시면서 떡볶이를 사먹다가 또는 공연을 보는 생활 속에서 기부를 할 수 있는 방법이다. 이 방법의 장점은 방법이 아주 쉽고 기부한 물품이 잘 전달되는지 확인이 쉽게 가능하다는 점으로 판매자에게는 이익을 증대시킴으로써 좋고 소비자의 입장에서도 손쉽게 작은 기부를 할 수 있어서 좋은 방법이다.

이 외에도 공연, 출판, 음악 등 예술 분야와의 투자와 기부 형태로 소셜 펀딩이 있다. 소비자들이 비교적 쉽게 동참할 수 있는 것으로는 인터넷 네티즌 기부로서 네이버의 '해피빈', G마켓의 100원의 기적, 굿네이버스의 100원의 기적 등이 있고 여러 가지 인터넷 기부 사이트들도 있다. 소셜(social) 기부로서는 휴대전화를 켜고 거리를 걷고 쇼핑하면서도 기부가 가능한 스마트폰 기부 앱인 빅워크(bigwalk, 그림 2-10), 나무를 키우는 앱인 트리 플래닛(tree planet, 그림 2-11), 기부톡 등이 있다.

안동대학교에서는 학내 학생회관 내에 '착한가게 ANU'를 개업하고 교직원과 학생들의 참여와 실천을 권장하고 있다. 소비자학 전공 소모임 학생들이 주도적으로 봉사를 하며 수업이 없는 시간에 영업을 하고 학내 구성원들이 자원재활용과 자발적 간소

그림 2-10 빅워크(www.bigwalk.co.kr)

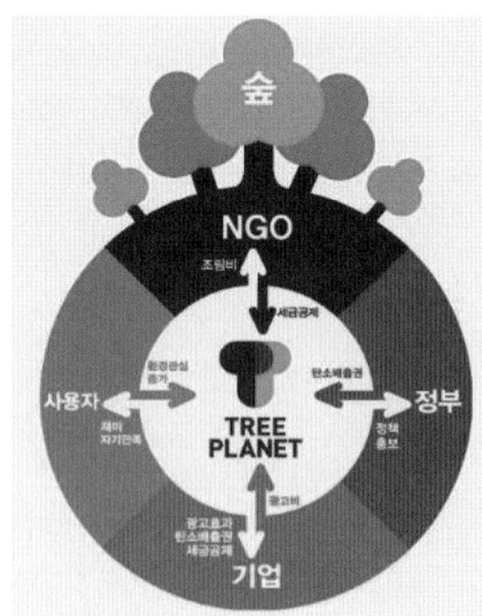

그림 2-11 트리플래닛(treepla.net)

화 및 기부에 관심을 가지고 동참하는 기회를 제공하고 있다.

이처럼 기부와 나눔은 거창하고 어려운 것이 아니라 일상 속에서 누구나 크든지 작든지 실천할 수 있는 윤리적 소비의 한 방법이다.

2.3 최근의 소비트렌드

앞에서 살펴볼 바와 같이 트렌드는 비교적 장시간 지속적으로 유지되고 사회의 흐름에서 발견되는 현상인데 근래에는 이러한 트렌드의 지속기간이 다소 짧아지고 과거에 비해 새로운 트렌드가 더 다양하게 나타나는 현상을 보이고 있다. 이는 그만큼 모든 분야에서 변화의 속도가 더 빨라지고 있다는 것으로 볼 수 있다. 따라서 트렌드에 대한 내용은 지금 여기서 기술하는 것이 전부가 될 수 없으며 해마다 수정 · 보완이 필요함을 밝혀둔다.

해마다 그 해의 띠를 모티프로 하여 트렌드를 예측하는 트렌드코리아 2017(김난도 외 5인, 2016)에서는 2017년 정유년 닭띠 해를 맞이하여 2017년 대한민국을 'CHICKENRUN'이라는 키워드로 정의했다. 여기에서 제시한 10가지의 트렌드 중 사회경제문화와 관련된 새로운 트렌드를 중심으로 몇 가지를 정리해보면 다음과 같다.

1) 욜로 라이프

1인 가구의 증가와 함께 가치 소비 지향 및 포미(For Me)족, 싱글 슈머, 파워 솔로의 등장으로 또 하나의 트렌드가 되고 있는 욜로 라이프(YOLO LIFE)이다. 욜로는 'You Only Live Once'라는 문장을 줄인 약자로 '한 번뿐인 인생'이란 뜻이다. "노세 노세 젊어서 노세"나 "사고 싶은 물건 지금 사세요"와 같은 단순히 충동적인 의미가 아니라 후회 없이 즐기고 사랑하고 배우라는 삶의 철학이자 본인의 이상향을 향한 실천을 중시하는 트렌드다(김난도 외 5인, 2016).

원래 욜로라는 용어는 미국에서 생겨난 신조어다. 주로 대화 중 주제를 전환할 때 던지는 말이었는데 2011년 인기 레퍼 드레이크의 노래에 등장하면서 젊은 층이 즐겨 쓰는 유행어가 되었고 미국의 전 대통령 버락 오바마가 2016년에 건강보험 개혁안인 '오바마 케어'의 가입을 독려하기 위해 만든 2분짜리 영상에서 'Yolo Man'이라고 말하면서 이 단어가 등장하기도 했다. 우리나라에서는 tvN의 여행 리얼리티 프로그램인 〈꽃보다 청춘〉의 아프리카 편에서 출연자들이 우연히 만난 혼자 여행하는 한 외국인 여성이 "Yolo"라고 화답하면서 급속히 전파되었다.

욜로 소비는 충동구매와는 다르며 물질적인 것보다는 비물질적인 소비와 관련된다. 단순히 물욕을 채우거나 스트레스를 해소하는 것이 아니라 본인의 이상향을 향한 실천으로 가치관과 라이프 스타일의 변화를 동반한다. 욜로족의 가장 큰 특징은 그 누구보다도 자신의 현재적인 욕구에 충실한다는 점이다. 계획적인 소비보다는 그때그때의 욕구와 관련된 소비활동을 더 선호함으로써 마감 시간이 임박할수록 가격이 저렴해지는 타임커머스(Time Commerce) 앱들이 인기를 끌고 있다.

욜로 라이프가 젊은 소비자들의 전유물은 아니다. 고령 소비자들의 가치관도 서서히 바뀌고 있는데, 황혼 이혼과 황혼 재혼의 증가가 대표적이다. 특히 이혼 후 재혼이 급증하고 있는데, 이는 짧은 시간이나마 원하는 삶을 누리고 싶다는 노년층의 또 다른 욜로 라이프 스타일을 엿볼 수 있다.

한편, 욜로를 지향하는 '혼족'이 키덜트(kidult) 열풍에도 영향을 미치고 있다. 키덜트는 아이(kid)와 어른(adult)의 합성어로 욜로 가치관을 지닌 2030세대가 혼자 지내는 외로움을 덜어내기 위한 해법으로 각종 캐릭터 상품과 인형 등을 소비하면서 이른바 어른 장난감이 새로운 시장으로 떠오르고 있다. 한국콘텐츠진흥원은 '2016 콘텐츠 산업전망 보고서'를 통해 한국 키덜트 시장규모가 2014년 5000억 원에서 매년 20%씩 성장하여 2016년에는 1조 원 대를 넘어섰을 것으로 추정했다. 특히 키덜트 시장의 핵심 아이템으로 꼽히는 드론과 피규어는 2016년 12월 기준, 전년 대비 매출이 각각 21%, 127% 급증했다. 이들을 대상으로 한 기업의 마케팅이 더 확대된다면 키덜트는 하나의 산업군으로 성장하게 될 것이다(이데일리, 2017.5.5.). 또한 이러한 욜로 문화가 확산되면서 콘텐츠 산업에도 영향을 미쳐서 1인 미디어 전성시대를 불러왔고 1인 미디어를 활용하여 스스로 하나의 콘텐츠를 기획하고 제작하여 온라인상에서 활동하며 타인과 공유하는 콘텐츠 크리에이터(contents creator)를 양산하고 있다.

2) 휘게 라이프

휘게(hygge)는 원래 노르웨이 언어로 '포용하다', '받아들이다'라는 뜻의 후게(hugge)에서 유래했고 이것이 덴마크로 넘어가서 '휘게'가 되었다는 설이 있다. 옥스퍼드

2017년 올해의 단어에 선정된 휘게는 미국의 킨포크(kinfork), 일본의 단샤리(미니멀: minimal)에 이은 덴마크식 라이프로 기분 좋은 공간에서 기분 좋은 사람과 행복했던 순간에 '휘게'라는 이름을 붙일 수 있다(여성조선, 2017.2.1.). 여러 가지 뜻으로 번역되지만 대개 '아늑함', '편안함'으로 해석된다.

사회 · 경제적 환경이 더 힘들어지고 갈수록 치열해지는 경쟁에 지치며 심신의 건강과 행복을 중시하는 흐름에 부응하여 웰빙, 로하스, 힐링 등의 트렌드가 한동안 국내외에서 지속되어 왔다. 이러한 트렌드와 약간의 차별성을 보이면서 새롭게 등장한 것이 덴마크식 슬로 라이프 '휘게 라이프'이다. 내면의 만족과 평화를 추구하며 누군가 함께하는 소박한 행복을 누리는 것이 그 특징이다. 이를테면 남에게 보여주려는 과시형 소비보다는 자기 만족형 구매를 통해 스스로 개인적인 만족과 위로를 얻고자 하는 것이다. 또한 다른 사람들과 나란히 앉아 담소를 나누거나 차를 마시거나 식사를 하는 것도 포함될 수 있다. 2000년대 초반, 건강과 먹고 사는 법에 초점을 맞췄던 웰빙이 개인 중심이라면 휘게는 좀 더 철학적으로 덴마크에서의 삶의 행복 기준을 관계, 따스함, 친밀함, 평등함에서 찾음으로써 자본주의적 패러다임에 대한 불만을 표출한 것이 덴마크뿐만 아니라 유럽에서 공감을 얻게 되고 한국에서도 관심을 끌고 있다.

특히 최근 일어난 일련의 국내 정세와 사태들로 인해 국민들이 분노와 무기력증 등을 진정시키고 감소시키는 방법들을 찾으면서 휘게 라이프가 확산되고 있다. 이제 새 정권이 창출되어 국정이 안정되고 있지만 긴 시간이 걸리는 각종 사회적 해법이 진행되는 동안 여전히 이러한 추세는 당분간 지속될 것이다. 일과 가정 양립에 대한 사회적 관심과 요구가 높아지면서 그것이 전제됨으로써 더 가능해지는 휘게 라이프는 직장 문화와 저녁이 있는 삶에 대한 정책적 필요성까지 요구하고 있다. 기계화와 디지털의 위력이 강해질수록 아날로그적 감성과 위로를 더 원하고 추구하는 것을 볼 때 휘게 라이프는 하나의 트렌드로 이어질 것이다. 혼자도, 옆에 있는 누군가와도 가능한 것이 휘게 라이프지만 누군가와 함께 있을 때 더 큰 충만함을 느낄 수 있다고 한다. 현재를 만끽하며 자연에서 소박하고 단순한 평화로움을 느끼고 형식적이고 인위적이 아닌 편안함으로 비교하지 않는 생활 속 실천이 중요하다.

3) 개념소비

윤리적 소비는 궁극적으로 더불어 사는 세상을 지향하는 단어이다. 윤리적 소비의 한

측면은 경제민주화를 지향하는 기업의 제품 소비를 늘리고 그 기업으로 하여금 사회공헌의 기회를 제공하도록 한다는 점에서 착한 소비로 평가받는다. 경제 주체인 기업과 소비자가 연대한 사회 공헌은 특히 환경 분야에서 두드러진다.

오늘날에는 과거처럼 조직적 사회운동을 통한 변화보다는 개인의 주관적 가치를 통해 실현하는 시대가 되었다. 소비자들의 이러한 인식 변화는 기업으로 하여금 높아진 소비자들의 눈높이에 맞춰 다양한 사회공헌 활동을 전개함으로써 '그린슈머(Green-sumer)'를 잡기 위해 노력하도록 영향력을 발휘하고 있다. 즉, 소비자들이 단순히 제품의 사양만을 고려하는 것이 아니라 제품으로 얻은 기업의 이윤이 어디에 어떻게 쓰이는가를 살펴보고 선택의 기준에 포함시키기 때문이다.

착한 소비의 트렌드는 최근에 발생한 것이 아니라 이미 상당히 오래 전부터 에코슈머, 그린슈머 등의 이름으로 환경을 중시하는 소비자의 등장과 그 흐름이 지속되어 왔다. 소비사회에서의 트렌드 변화를 살펴보면 가격과 품질을 가장 중요시 했던 시대에서 제조과정의 환경 · 인권 · 동물 등의 윤리문제를 고려하는 시대로 변화해 왔다. 그 이후 제품을 선택할 때 상품의 판매 이윤이 어떤 가치를 위해 사용되는지를 고려하게 되는 착한 소비가 새롭게 나타났다. 최근에는 이에 더하여 기부 자체를 목적으로 제품을 생산하고 기부와 관련된 캠페인 활동을 알리는 것을 목적으로 한 상품들도 등장하고 있다. 어느덧 소비의 대세로 자리 잡은 '착한 소비'는 희생적으로 남을 돕거나 무조건적인 선의를 베푸는 자선이 아니라 공감과 공유, 교환을 통한 행복한 나눔이 개념 있는 착한 소비의 중요한 가치가 되었다(김난도 외 5인, 2015). 그런데 한편에서는 변질된 착한 소비가 나타나기도 한다. 친환경의 선택이 상업주의와 맞물려 허영심 가득 찬 과시적 소비심리를 부추긴다거나 이기적 이타주의로 봉사와 기부를 통해 남을 돕는 자신의 모습에 도취되는 양상도 나타나고 있다. 따라서 이타적인 선의와 이기적인 과시의 조화가 중요하게 되었고 이에 따라 기업의 사회적 책임도 점점 강조가 되면서 '대의', '명분'이라는 뜻의 '코즈(cause)'를 붙인 '코즈 마케팅'이 번지고 있다.

착한 소비와 착한 마케팅이 조화를 이루었듯이 개념소비와 코즈 마케팅이 공존하면서 진정한 개념소비자가 더 확산되도록 해야 하겠다.

요약

현대사회의 시장환경은 제4차 산업혁명의 도래로 인해 엄청난 변화와 특징이 나타나고 있다. 우선 제4차 산업혁명은 과거 인류가 경험했던 그 어느 산업혁명보다도 더욱 광범위한 분야에 걸쳐 엄청나게 빠른 속도로 진전될 것으로 예측이 된다. 제4차 산업혁명은 사물인터넷, 가상현실, 증강현실, 빅 데이터, 로봇공학, 인공지능 등 여러 영역에서 나타나고 있으며 세계의 주요 국가들은 이미 그 변화 양상에 주목하고 대처해오고 있다. 이러한 시장환경의 변화는 기업과 소비자 모두에게 새로운 편익을 제공하거나 우려스러운 폐단을 예상하게 하지만 긍정적인 측면이 더 많은 것이 사실이며 이러한 변화의 흐름을 거스를 수 없다는 점에 주목해야 한다. 소비자의 입장에서는 시장의 주도권이 소비자에게 넘어와서 진정한 '왕'이 되는 시대를 기대할 수 있다. 이러한 시장환경의 변화는 트렌드에도 영향을 미치고 특히 최근 두드러진 1인 가구의 증가는 다양한 트렌드를 보여주며 소비시장의 변화를 이끌고 있다. 한편, 종래의 윤리적 소비와 착한 소비에서 다소 변화된 개념소비가 나타나면서 윤리적 소비의 한 단계 발전을 기대해볼 수 있겠다. 무엇보다 소비자들의 관심과 참여, 실천이 중요하다.

활동과제

1. 제4차 산업혁명의 사례를 조사하여 그 영향력에 대해 토론해보자.

2. 현대사회의 소비환경에서 두드러진 변화와 그 요인에 대해 조사해보자.

3. 최근의 소비트렌드의 방향을 파악해보고 구체적인 트렌드의 종류를 조사하고 발표해보자.

PART 2

경제생활설계와 소비자신용

CHAPTER 3

경제생활 설계

CHAPTER 3

경제생활 설계

학습목표

1. 경제생활설계의 필요성에 대하여 이해할 수 있다.
2. 재무설계과정을 알 수 있다.
3. 생애주기에 따른 경제생활설계를 이해할 수 있다.
4. 은퇴준비의 중요성을 이해할 수 있다.

사회 초년생으로서 대학생은 자신의 인생을 스스로 계획하고 미래를 그려보고, 어떻게 살아갈 것인지 생각해보는 기회를 가져야 할 때이다. 개인적으로 주어진 여건에 따라 삶의 목표를 세워야 한다. 즉, 취업, 결혼, 주택마련, 자녀교육, 창업, 안정된 노후를 바라면서 이를 달성하기 위한 목표를 세우게 된다. 사회변화는 매우 빠르게 진행되고 있으며, 직장을 구하는 것이 어느 때보다 어렵고, 한 직장에서의 근무 연수도 점차 짧아지고, 심지어는 나이에 비해 소득이 늘어난다고 장담할 수도 없다. 특히, 100세 장수시대를 맞이하면서 최소한의 품위와 안정된 생계를 유지할 수 있는 은퇴기의 생활을 위해서는 이에 필요한 자금을 계산하고 자금마련을 위한 방법을 모색해야 한다. 지금부터 삶의 목표를 이루는 데 필요한 자산관리 및 운용계획을 마련하고, 시장이나 환경변화에 따라 이를 적절이 관리해 나가는 계획적인 생활이 필요하다.

이 장에서는 경제생활설계의 필요성, 재무설계과정, 생애주기에 따른 재무설계 등에 대하여 살펴보고자 한다.

1. 내일을 위한 경제생활설계

1.1 경제생활설계 의의 및 필요성

생활설계란 생활의 변화를 예측하고, 이에 따르는 문제를 해결하면서 행복하게 살기 위하여 준비하는 것을 의미한다. 생활설계의 많은 부분은 바로 경제적인 문제, 즉 소득과 지출 간의 균형을 맞추는 일이다. 따라서 경제생활설계란 자신에게 일어날 돈의 흐름을 예측하고 돈이 필요하게 될 때를 대비하는 계획이며, 자신의 삶을 계획한다는 것은 한편으로 돈의 흐름을 계획하는 재무설계의 의미로 이해할 수 있다.

재무설계란 앞으로의 삶에 대한 꿈과 목표를 파악하고 그 목표를 달성하기 위하여 개인이 가지고 있는 재무적 및 비재무적 자원을 적절하게 관리하는 일련의 과정이다. 어느 정도 완성된 생활설계도를 가지고 살아가는 사람은 그렇지 않은 사람에 비해 재정적 문제에 있어서는 안정된 삶을 살아갈 가능성이 크다(KB국민은행, 2003). 2015년도 우리나라 이혼사유를 살펴보면 성격 차이가 46.18%로 가장 높고, 그 다음으로 경제문제가 11.11%를 차지하는 것으로 나타났다(통계청, 2015). 그러므로 일상생활 가운데 발생되는 많은 문제들을 최소화하고 삶의 목표를 안정적으로 달성하기 위해서는 돈 관리에 대하여 미리 계획을 하고 대비해야 할 필요가 있다.

최근에 이르러 재무설계는 인구통계적 변화, 사회경제적 변화 및 소비자가치관 변화 등으로 인하여 그 필요성이 더욱 증가되고 있다.

첫째, 인구통계적 변화에 따른 재무설계의 필요성 증가이다. 저출산 · 고령화 시대의 도래는 100세 시대를 맞이하는 한편, 생산가능연령층 인구 대비 노년인구의 증가로 인하여 노인부양에 대한 부담이 증가하게 되었다. 이는 사회적 · 국가적 차원에서 노인부양비 마련을 위한 대책마련이 시급해지고 있을 뿐만 아니라 개인적으로도 길어진 노후 생활에 대한 준비가 필요하게 되었다.

둘째, 사회경제적 변화에 따른 재무설계의 필요성 증가이다. 개인소득의 증대와 부의 증가를 위하여 전반적인 재무상황을 점검하고 다양한 재무목표에 맞게 저축과 투자의 수단을 설계하고 실행하는 재무설계가 필요하게 되는 것이다. 또한 시장의 개방과 글로벌화는 다양한 금융상품에 대한 의사결정의 중요성을 인식하게 되어 재무설계의 필요성이 더 커지는 계기가 되었다.

셋째, 소비자가치관 변화에 따른 재무설계 필요성의 증가를 들 수 있다. 평균수명의 증가, 자녀 수 감소, 글로벌화로 인한 선진문화의 도입, 소득 및 부의 증가로 인하여 전문적인 돈 관리의 중요성에 대한 인식을 하게 되었다. 따라서 소비자들은 보다 전문적인 재무설계를 필요로 하게 되었다.

1.2 경제생활설계의 목표

소비자가 수립하는 경제생활설계는 매우 다양한 내용을 포함하고 있으며, 개인에 따라 그 내용의 중요도는 차이가 있을 것이다. 경제생활설계를 통하여 공통적으로 달성하고자 하는 것은 돈의 흐름을 미리 파악하고 지출에 대비함으로써 재무적으로 안정된 삶을 영위하고자 하는 것이며, 지출에 대한 계획은 돈의 낭비를 예방할 수 있고, 궁극적으로는 안정된 삶을 통하여 생활의 질을 향상시키고자 하는 데 있다.

1) 재무적 안정

재무적으로 안정적이라는 것은 기본적인 생활을 영위할 수 있는 안정적인 소득, 직업, 예기치 못한 사고에 대비할 수 있는 여유자금 등이 준비되어 있으며, 위험에 대비하는 보험가입, 안정된 주거환경, 노후설계 등 장기적인 생활설계가 되어 있는 것을 의미한다. 따라서 단기적 · 장기적 생활설계를 수립하여 이를 실행해 나가면서 신중한 직업의 선택, 생활설계를 통한 목돈 마련 저축, 합리적 소비지출을 통한 소득의 극대화를 도모할 수 있을 것이며, 더 나아가 길어지고 있는 은퇴 후 생활에 대비하여 준비할 수 있게 되므로 궁극적으로는 재무적 안정을 달성할 수 있게 된다.

2) 효율적 소비생활의 실천

일상생활을 영위하는데 많은 재화와 용역이 필요하며, 이를 위하여 효율적인 소비지출을 해야 한다. 생활설계를 통하여 미리 필요한 지출계획을 수립함으로써 불필요한 소비지출을 최소화하여 돈의 낭비를 예방할 수 있도록 하는 것이다. 효율적인 소비를 통하여 예산을 절약함으로써 소득효과를 달성할 수 있다.

3) 삶의 질 향상

삶의 질은 사람들의 복지나 행복의 정도를 말한다. 생활수준과는 달리 삶의 질을 직접적으로 측정할 수는 없으며, '삶의 질'이라는 개념에는 물질적인 측면(건강, 고통의 부재, 성공, 재무적 안정감 등)과 정신적인 측면(사랑, 스트레스나 걱정이 없음, 즐거움, 자아존중감 등)이 포함되어 있다. 사람마다 어떤 것들이 어느 정도 갖추어진 상태에서 만족을 느끼는지가 다르므로, 특정한 사람의 삶의 질을 예측하는 것은 불가능하다. 그러나 일반적으로 사람들이 누리는 안전과 안정감, 건강, 행복한 가족생활을 영위할 때 이들의 전반적인 삶의 질이 높아질 것으로 예측할 수 있다. 이는 사실상 직접·간접적으로 재무적 안정감과 밀접한 관련이 있으므로 성공적인 경제생활설계를 통하여 삶의 질 향상을 도모할 수 있을 것이다.

1.3 경제생활설계의 영역

경제생활설계는 우리가 일생을 살아가는 동안 지속적으로 이루어지는 것이므로 생애재무설계의 개념으로 이해해야 한다. 경제생활설계는 대부분 목돈이 들어갈 가능성이 큰 경우를 대비하여 계획적인 준비를 하는 것이다. 개인의 경우 연령대별 수입과 지출의 흐름은 불균형적이며, 각 가족생활주기 단계에 따라서도 가족생활에 필요한 자원과 이용 가능한 자원의 크기도 불균형적이다(그림 3-1 참조). 그러므로 수입과 지출의 흐름을 인식하고 지출이 많은 시기를 대비하여 필요한 자금을 예측하고 경제적으로 여유가 있는 시기에 저축함으로써 생활의 안정을 도모할 수 있도록 해야 한다. 경제생활설계는 개인의 재무를 둘러싼 다양한 영역을 다루게 되며, 개인마다 처한 상황이 다르므로 생활설계 내용이나 기간은 그에 따라 달라질 수 있다. 이 절에서는 현금흐름 및 소득관리, 투자설계, 세금설계, 위험관리, 노후설계, 상속설계 등의 영역으로 나누어 살펴보고자 한다.

1) 현금흐름 및 소득관리

삶의 목표를 달성하기 위하여 많은 재정적 지출이 발생된다. 따라서 경제생활설계를 함에 있어서 가장 먼저 염두에 두어야 할 것은 소득이 있어야 한다는 것이다. 지금까지는 불로소득으로 매우 편하게 돈을 얻을 수 있었으나, 스스로 일하여 돈을 벌고, 이를 효율적으로 사용하는 경제적 독립을 이루었을 때 비로소 성인이 된다.

돈을 벌기 위해서는 직장을 얻거나 창업을 해야 한다. 본인의 성향이나 여건, 업종, 전망 등 여러 가지를 고려하여 결정을 내려야 하며, 이때 중요한 것은 무엇을 하면 돈을 많이 벌 수 있을까를 생각하는 것보다는 '무엇을 하면 더 재미있게 할 수 있을까? 무엇을 하면 내가 더 잘할 수 있을까? 내가 하고자 하는 일이 사회발전에 기여할 수 있을까?' 등에 대하여 깊이 생각한 후에 결정해야 할 것이다.

경제생활설계를 함에 있어서 무조건 돈을 모으려고 하기보다는 바르게 쓰도록 계획을 세워야 한다. 사회초년생으로서 어학공부, 운동, 취미생활 등 자기계발을 위한 돈쓰기는 자신의 미래를 위한 투자이므로 매우 중요하다. 자신이 생각하는 성공적인 삶을 위하여 꾸준한 자기계발이 필요하며, 미래의 삶을 풍요롭게 하는 밑거름이 될 것이다. 현금과 소득관리에는 이와 밀접한 관계가 있는 신용과 부채관리가 포함된다.

2) 투자설계

지금까지 재산형성의 대표적인 수단은 저축이었다. 그러나 금리가 낮아지고 물가상승으로 인하여 상대적으로 높은 수익률을 달성할 수 있는 투자상품에 대한 관심이 높아지게 되었다. 투자는 현재의 소비를 희생하고 이에 대한 보상으로 미래의 더 큰 수익을 바라는 행위이다. 미래에 대한 불확실성으로 말미암아 항상 위험이 따르게 되며, 수익과 위험은 상충관계에 있다. 이러한 위험을 어떻게 관리하여 결과적으로 높은 수익을 내는가 하는 것이 가장 중요한 요소가 된다. 투자설계는 금융상품, 부동산 투자 등 위험에 노출되어 있는 자산에 대하여 투자방안을 설계하는 것이다.

3) 노후 및 상속 설계

은퇴 후 안정된 생활을 위한 노후설계와 효과적인 부의 이전을 위한 상속 및 증여 설계는 개인의 재무목표와 밀접한 관련을 가지고 있는 재무설계의 영역이다. 100세 시대를 맞이하여 은퇴 후에 행복한 삶을 누리기 위해 설계되는 부분이다. 또한 남은 자산이나 부를 이전함에 있어서 삶의 목표를 완성하기 위한 마무리 단계로서 상속 및 증여 설계가 있다.

4) 위험관리영역

개인소비자는 다양한 위험에 노출되어 있다. 직장을 잃게 되거나 산업재해, 교통사고 또는 질병으로 건강을 잃는 경우가 있다. 또한 화재나 도난 등 재산상의 손실에 대한 위험이 있으며, 더 나아가 금융 및 부동산 투자에 대한 위험이 항상 있을 수 있다. 이러한 위험관리영역은 주로 재무자원의 손실에 대하여 대비하는 것이며, 생활의 불안정을 초래하게 되는 외부의 위험으로부터 개인과 가족의 재무환경을 보호해주는 지붕과 같은 역할이 된다.

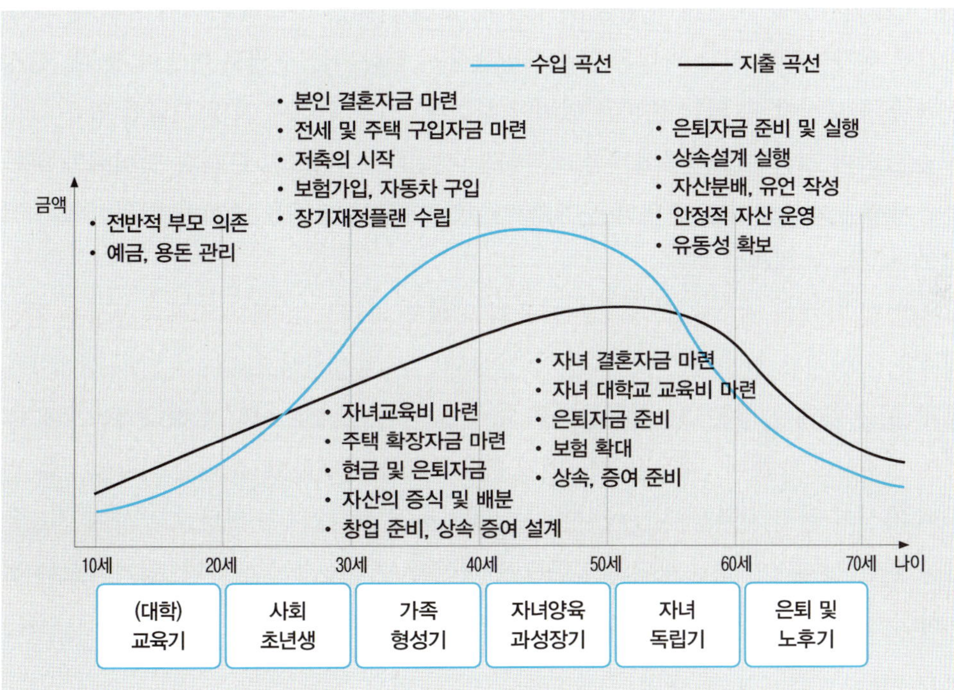

그림 3-1 생애주기별 수입·지출의 변화와 재무설계

자료: 이기춘·박명희·윤정혜·손상희·성영애(2009). 소비자재무설계. 학현사, 9. 재구성

5) 세금설계

세금설계는 개인재무의 모든 영역에 밀접하게 관련되어 있다. 소득과 관련된 소득세, 다양한 금융상품과 부동산 투자 거래와 관련된 세금, 상속 및 증여와 관련된 세금 등이 있다. 이는 개인의 재무행동 및 거래에서 중요한 위치를 차지한다.

2. 경제생활설계 과정

경제생활설계란 개인이 재무적 자원을 적절하게 관리하여 인생의 목표를 어떻게 달성해 나갈 수 있는지에 대한 방법을 결정하는 과정이다. 이는 전체적이고, 종합적이며 체계적인 재무계획을 수립하고, 그 계획을 실행하기 위한 재무적 수단을 정비해 나가는 것을 말한다. 통계청에서 보고한 〈향후 10년의 사회변화보고서〉에 따르면 노년부양비율은 2008년 14.3%에서 2018년에는 19.7%로 급등하게 되며, 이는 생산인구 5명이 노인 1명을 책임져야 됨을 의미한다. 2036년에는 무려 48.9%에 달하게 되며, 여기에 핵가족화로 인한 자녀의 부모기피현상이 심화되는 추세로 미루어 볼 때, 안정된 노후를 보장할 수 있는 준비가 있어야 하겠다. 이를 위하여 가장 시급한 일은 나이와 상관없이 지금부터 재무설계를 시작하는 것이다. 그러므로 은퇴를 맞이해야 하는 누구에게나 재무설계는 선택의 문제가 아니라 미래의 생존을 준비하기 위한 필수적인 과정으로 이해해야 한다.

개인 및 가계의 재무설계 과정은 이들의 가치를 바탕으로 재무적 목표달성을 위한 체계적인 단계를 설정하는 것이다. 이 절에서는 사회초년생으로서 자신의 생애재무설계 또는 가계관리자로서 재무설계를 함에 있어서 실제로 어떻게 해나가는지에 대하여 살펴보고자 한다. 재무설계는 먼저 재무목표를 설정하고, 이러한 목표달성을 위하여 자신의 현재 재무상태는 어떠한가를 평가하게 된다. 이를 바탕으로 하여 목표달성을 위한 실제적인 행동계획의 일환으로 예산을 수립하고 실행하며, 정기적으로 검토하고 평가해 나가는 과정 등의 4단계로 이루어진다.

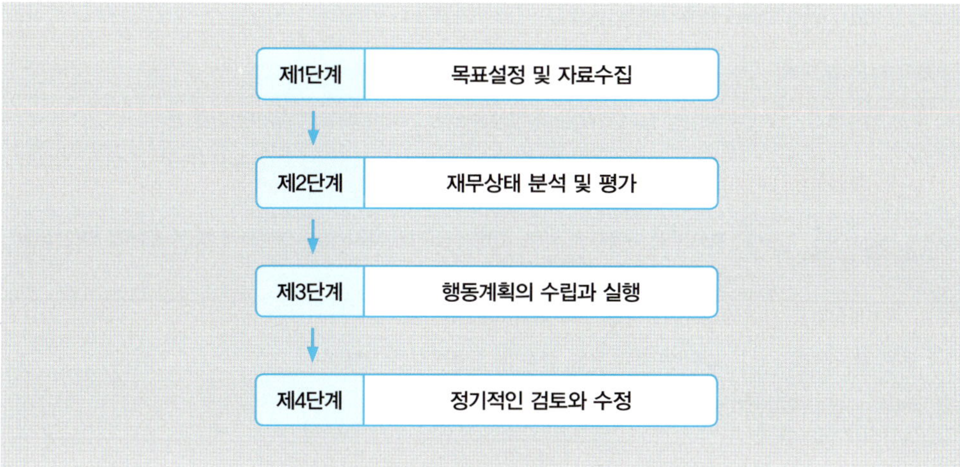

그림 3-2 개인 및 가계의 재무설계 프로세스

자료: 박광수 · 양재영 · 주소현(2016), 개인재무설계 개정판 3, 경문사. 45. 재작성

2.1 재무목표의 설정 및 자료수집

인생의 궁극적인 목적을 달성하기 위한 구체적인 목표들이 있다. 재무적 목표에는 결혼자금 마련이나 주택자금 마련 등 개인 또는 가계의 재무와 관련된 것이다. 비재무적 목표는 건강을 유지한다는 것 또는 취미활동 등이 있다. 재무설계는 직접적으로는 재무적 목표달성을 위한 것이라고 볼 수 있다. 다른 한편으로 비재무적 목표 달성은 재무적 목표가 실현되므로 인해 직접 또는 간접적인 영향을 받아서 이루어질 수 있으므로 이들은 서로 밀접한 관계에 있다고 볼 수 있다. 예를 들면, 건강을 유지하는데 필요한 체력단련비의 마련이나 체력단련을 위한 여가시간이 필요하게 되는 것 등이다. 그러므로 재무설계는 인생의 궁극적인 목적 하에 다양한 목표들을 서로 유기적으로 연결하는 인생의 로드맵이 될 수 있다.

1) 재무목표 설정을 위한 방법

재무설계의 목표는 구체적이어야 한다. 구체적인 목표설정을 위하여서는 다음의 내용들을 중심으로 살펴보아야 한다.

표 3-1 라이프사이클 단계에 따른 재무적 관심

라이프사이클 단계	일반적인 재무관심사
청년기	첫 직장 잡기, 직업능력 향상을 위한 교육비 마련, 결혼자금 마련 등
가족형성기	결혼 이후의 변화한 가족관계에 따른 자금 마련, 첫 자녀 출생 준비자금 마련, 자동차 구입자금 마련 등
자녀양육 및 성장기	자녀들의 교육자금 마련, 주택자금 마련, 자녀들의 결혼자금 마련, 노년기 부모 생활 보조자금 마련 등
자녀독립기	노후자금 마련, 기타 목적자금 마련 등
은퇴 및 노후기	노후생활자금 운용, 상속 및 증여에 대한 계획 등

자료: 박광수 · 양재영 · 주소현(2016). 개인재무설계-개정판 3. 경문사. 59. 재작성

(1) 라이프사이클 단계에 따른 재무목표 알아보기

생애 전체에 걸쳐 재무적 목표를 달성하려면 생애주기별 재무목표를 고려하여 장기적인 재무계획을 세워야 한다. 또한 생애주기별로 소득과 지출의 차이가 있으므로 재무설계를 통하여 생애주기별 수입과 지출의 불균형을 해결하는 것이 중요하다. 라이프사이클에 따른 일반적인 재무적 관심사는 〈표 3-1〉과 같다.

(2) 기간에 따른 재무적 목표

재무목표는 매년 설정되는 것이 있고, 자녀의 대학교육과 같은 경우는 일생을 통하여 여러 번의 목표가 되지 않으며, 또한 목표를 달성하기까지 10년 또는 그 이상의 오랜 기간이 필요한 경우가 있다. 따라서 재무목표의 설정에서 1년 이내의 목표는 단기, 1년 이상에서 5년 사이의 목표는 중기, 5년에서 10년 사이는 장기, 그리고 10년이 초과되는 경우는 최장기 목표 등 기간에 따라 재무적 목표를 설정해 나갈 수 있다.

(3) 재무목표 우선순위 정하기

생애주기에 따라 이루고자 하는 다양한 목표가 있으며, 주어진 예산범위 내에서 다양한 재무목표를 모두 충족시키기에는 어려움이 있다. 따라서 개인 또는 가계는 가치관에 따라 재무목표 달성에 대한 우선순위를 결정하여야 한다. 이루고자 하는 다양한 목표가 있는 경우에 모든 목표를 충족시키기에는 어려울 수가 있으며, 이러한 경우에는 우선순위에 따라 의사결정을 하게 된다. 재무목표의 설정과 우선순위에 대한 예를 보면 〈표 3-2〉와 같다.

표 3-2 기간에 따른 재무목표의 설정과 그 우선순위의 예

(한ㅇㅇ 씨 가계의 2017년 1월 1일 기준 재무목표)

기간	목표의 우선순위	내용	목표자금	목표기한
단기 (1년 이내)	1순위	어버이날 감사 선물비	50만 원	2017년 5월 4일
	2순위	여름휴가비	150만 원	2017년 7월 15일
	3순위	연말 감사 선물비	150만 원	2017년 12월 1일
중기 (1~5년)	1순위	주택 확장 이전비	5,000만 원	2021년 3월 1일
	2순위	자녀 교육비	1,000만 원	2020년 2월 28일
	3순위	자동차 구입비	1,800만 원	2019년 11월 30일
장기 (5~10년)	1순위	자녀 대학등록비	3,000만 원	2027년 2월 1일
	2순위	결혼 15주년 기념 여행비	500만 원	2023년 5월 1일
	3순위	주택 마련비	10,000만 원	2027년 12월 31일
최장기 (10년 이상)	1순위	자동차 교체 구입비	2,500만 원	2028년 2월 1일
	2순위	노후준비자금 마련	30,000만 원	2038년 12월 31일

자료: 박광수 · 양재영 · 주소현(2016). 개인재무설계-개정판 3. 경문사. 60. 재작성

2) 자료수집

재무목표가 설정되고, 재무설계를 성공적으로 수립하기 위해서는 다양한 재무적 또는 비재무적 자료를 필요로 한다. 자료수집이 중요한 이유는 다음과 같다(박광수 외 2인, 2011; 송지영 · 구자삼, 2015).

첫째. 개인의 경제적인 상황, 개인의 가치관, 위험수용성향 및 기타 비경제적인 상황에 대하여 포괄적으로 이해할 수 있는 근거자료가 되기 때문이다. 둘째, 개인이 설정한 목표의 배경을 이해할 수 있으며, 뿐만 아니라 목표를 더욱 명확하게 만들어 줄 수 있다. 셋째, 정확한 자료는 개인에게 가장 적합한 재무설계안을 도출할 수 있도록 충분한 분석과 다양한 대안검토를 가능하게 해준다.

재무설계안을 도출할 때에 필요한 자료에는 정량적 자료와 정성적 자료가 있으며, 그 내용은 〈표 3-3〉과 같다.

표 3-3 재무설계 시 관련 자료의 내용

<table>
<tr><th colspan="2">항 목</th><th>내 용</th></tr>
<tr><td rowspan="8">정량적 자료</td><td>소득</td><td>근로소득, 사업소득, 재산소득, 이전소득-연말정산이나 종합소득세신고 등의 자료</td></tr>
<tr><td>지출</td><td>지출 기록이 없을 경우, 3개월 또는 1년 동안 지출기록을 고정지출과 변동지출로 구분 작성-일정기간 가계부작성 권유</td></tr>
<tr><td>자산 및 부채</td><td>① 금융자산
- 예금, 적금, 직접투자, 간접투자 등
- 예치되어 있는 금융기관 명의, 취득일, 만기일, 현재 잔고 혹은 평가액
② 부동산 자산
- 부동산 위치, 소유자의 이름, 소유자와 임차인과 의 관계, 부동산의 담보관계
③ 부채
- 부채의 유형에 따라 분류하여 부채의 규모, 이자율, 잔여기간, 현재잔액, 원리금 상환액, 이자금액 등</td></tr>
<tr><td>보험 관련</td><td>생명보험, 상해보험, 의료보험 등의 보험-보험계약자, 피보험자, 보험수익자, 보험료, 보장내역, 보험계약일, 대출약관</td></tr>
<tr><td>세금</td><td>최근 3년간의 소득세 신고자료와 기타 세금신고의 자료</td></tr>
<tr><td>상속, 증여</td><td>피상속인 혹은 증여인인 경우와 상속인 혹은 수증인인 경우 모두 상속 및 증여와 관련된 금액, 거래일, 세금관련 정보</td></tr>
<tr><td>은퇴</td><td>연금이나 퇴직금</td></tr>
<tr><td>기타</td><td>개인사업자의 경우는 개인재무설계에 영향을 미치는 자료</td></tr>
<tr><td rowspan="3">정성적 자료</td><td>가족사항</td><td>본인, 배우자, 자녀, 부양가족의 이름, 생년월일, 가족사항의 특이점, 건강관련사항</td></tr>
<tr><td>가치관, 희망사항</td><td>인생의 목표, 라이프 스타일, 취미생활 등 비재무적인 요소 포함</td></tr>
<tr><td>위험허용도</td><td>투자와 관련하여 수용할 만한 위험의 정도</td></tr>
</table>

자료: 송지영 · 구자삼(2015). 100세 시대의 재무설계와 자산관리. 삼영사. 61-62. 재작성

2.2 재무상태의 평가

재무목표가 설정되고 재무설계에 필요한 자료를 수집한 이후에는 수집된 자료를 분석하고 평가하는 과정으로 진입하게 된다. 현재 나의 소득은 얼마이고, 지출은 그에 맞게 이루어지고 있으며, 재산은 얼마나 있고, 얼마의 돈이 더 필요한가 등을 분석하기 위하여 수집된 자료를 토대로 개인재무제표를 작성하게 된다. 여기에는 자산부채상태표, 가계수입지출상태표(현금흐름표)가 있다.

1) 자산부채상태표

(1) 자산부채상태표 의의

자산부채상태표는 기업의 대차대조표와 같이 일정시점에서 개인의 재무상황을 나타낸 표이며, 자산. 부채, 순자산으로 구성된다. 특정 시점, 즉 ○○○○년 ○○월 ○○일을 기준으로 하여 그 시점에서 개인 또는 가계가 소유하고 있는 자산과 부채, 그리고 순자산을 보여주는 것이다. 자산부채상태표는 어느 한 시점에서 과거의 지출패턴의 결과를 나타내는 것이며, 매년 갱신하여 작성하는 것이 바람직하다. 작성한 자산부채상태표는 이전 기간의 것과 비교하여 재무설계의 진전을 검토해볼 수 있다. 또는 개인재무설계안을 수립하였을 경우에 실시 이후의 추정자산부채상태표를 작성하여 자산과 부채의 변화방향을 가늠해볼 수도 있다.

자산 = 부채 + 순자산

(2) 자산부채상태표 작성

자산부채상태표를 작성하기 위하여 자산과 부채를 분류하고 그 가치를 평가하여야 한다. 먼저 소유자산을 모두 열거하여 금전가치의 총합계를 구하고, 빌린 금액을 합산한 후에 소유자산과 부채의 차액을 계산하여 순자산을 구한다(표 3-4 참조). 자산부채상태표를 작성할 때 개인 또는 가계가 소유하고 있는 자산을 분류하지 않으면 분석이 불가능하다.

① 자산

자산이란 현금이나 모든 금전가치를 가진 재산을 의미한다. 자산의 분류는 소유하고 있는 자산의 성격 또는 목적에 맞게 분류하는 것이 바람직하며, 분류방법의 일관성과 체계는 갖추어야 한다. 자산은 크게 금융자산과 부동산자산으로 나누고, 이를 세분하여 현금성자산, 투자자산, 개인사용자산, 기타 자산 등으로 구분하기도 하며, 은퇴자산이 있는 경우에는 이를 구분하여 넣기도 한다. 지나치게 세분하면 표를 복잡하게 만들게 되고, 이해하기가 힘들어지므로 유의해야 한다. 이 절에서는 금융자산, 부동산자산, 기타 자산 등으로 구분해서 살펴보고자 한다.

금융자산 금융자산은 현금성자산, 금융투자자산, 개인사용자산 등으로 나누어볼 수 있다.

현금성자산이란 현금이나 현금등가물로서 쉽게 현금으로 전환할 수 있는 유동성이 큰 자산들이다. 여기에는 수시입출금이 가능한 예금, 단기간 저축을 위한 CMA, MMF, 6개월 이하의 단기투자를 위한 양도성예금증서 등이 있다.

금융투자자산이란 금융상품 중에서 투자목적이 6개월 이상인 금융상품의 잔고, 주식, 채권 등을 포함한다. 이들의 가치는 시간에 따라 변하므로 자산부채상태표를 작성하는 당시의 현재시가로 계산해야 한다.

개인사용자산이란 개인의 사용을 목적으로 하는 자산으로서 자동차, 가구, 회원권, 보석, 미술소장품 등이 포함된다. 소장기간에 따라 가치가 변화하므로 구입 시의 가격보다 자산부채상태표를 작성하는 당시의 현재시가로 계산하는 것이 바람직하다.

부동산자산 부동산자산이란 투자목적 또는 거주목적의 부동산을 모두 포함한다. 주택, 토지, 임야, 아파트, 상업용 부동산 등의 형태로 이루어진 자산이 포함되며, 자산부채상태표를 작성하는 당시의 현재시가로 계산해야 한다.

기타 자산 분류하기 모호한 자산으로서, 예를 들면, 빌려준 돈, 해약환급금, 공적연금 등을 포함시킬 수 있다.

② 부채

부채는 다른 사람이나 기관으로부터 빌린 것으로 갚아야 하는 것을 말한다. 부채도 그 성격에 따라 분류하는 것이 바람직하다. 상환기간에 따라 단기부채와 장기부채로 나눌 수 있으며, 부채의 성격에 따라 소비자부채, 주거 관련 부채, 기타 부채 등으로 분류할 수 있다. 부채의 규모는 자산부채상태표 작성기준일의 현재시가로 계산한 잔액으로 나타낸다.

③ 순자산

순자산은 자산과 부채의 차액이다. 부채가 없는 경우의 순자산은 자산과 동일한 금액이 되며, 부채가 자산보다 많은 경우의 순자산은 마이너스가 되는 경우도 있다. 개인의 재무설계에서 바람직한 것은 순자산의 증가이다. 자산부채상태표를 주기적으로 살펴보면 순자산의 변화를 알 수 있으며, 변화의 원인을 알기 위해서는 가계수입지출상태표(현금흐름표)를 작성해 봄으로써 가능하다.

④ 자산상태의 평가

자산부채상태표를 통하여 가계 재무상태의 안정과 자산의 구성이 적절한지 여부를 판단할 수 있으며, 재무구조의 변동성을 파악할 수 있다. 자산의 분석에서는 유

표 3-4 자산부채상태표 예시(한○○씨 가계의 자산부채상태표)

2016년 12월 31일 기준(단위: 만 원)

자산		부채와 순자산	
항 목	금 액	항 목	금 액
금융자산		단기부채	
1. 현금성자산			
은행예금	700	신용카드 잔액	250
만기 6개월인 CD	500	단기신용대출 잔액	100
CMA 통장 잔액	1,200	계	350
계	2,400	장기부채	
2. 금융투자자산		자동차 할부잔액	990
주식포트폴리오	4,000	주택담보대출 잔액	15,000
수익증권 및 펀드	5,000	학자금 융자잔액	3,000
계	9,000	계	18,990
3. 개인사용자산		총부채	19,340
자동차	2,000		
피트니스회원권	1,000		
계	3,000		
부동산자산		순자산	30,060
거주아파트	25,000		
토지	10,000		
계	35,000		
기타 자산			
빌려준 돈			
기타			
총자산	49,400	총부채 + 순자산	49,400

자료: 박광수 · 양재영 · 주소현(2016). 개인재무설계-개정판 3. 경문사. 79. 재작성

동자산과 비유동자산의 구성 비중을 살펴보고, 어느 한 분야에 지나치게 비중이 많은지, 반면에 다른 분야에는 심각하게 취약하지는 않은지 등에 대하여 살펴보는 것이다.

부채의 분석에서는 부채구성의 비중, 자산 대비 규모, 부채의 용도, 이자부담 등을 살펴보는 것이다. 또는 우선적으로 변제해야 하는 부채는 어떠한 것이 있는지에 대해서도 검토해볼 수 있다. 매년 정기적으로 장기간에 걸쳐 작성된 자산부채상태표를 통하여 가계의 재무상태가 얼마나 향상되었는지 또는 얼마나 재무목표에 가까워지고 있는지를 살펴볼 수 있다.

2) 가계수입지출상태표

(1) 가계수입지출상태표 의의

일정기간 동안 개인과 가계의 수입과 지출을 알아보기 위해서는 가계수입지출상태표를 작성해야 한다. 이는 현금의 수입과 지출에 대한 것이므로 현금흐름표라고도 한다. 기간은 대부분 1년을 단위로 작성하게 되는데, 1개월 또는 6개월을 단위로 하였을 경우에는 보다 긴 기간을 주기로 발생하는 수입이나 지출이 누락될 위험이 있기 때문이다.

가계수입지출상태표는 소득근원에 대한 분석을 가능하게 해준다. 현금의 유입이 어떻게 이루어지고 있으며, 어디로 지출이 되었는가의 내역에 대한 표로서 개인 또는 가계재무상태의 변화과정을 파악할 수 있다. 또한 현금의 유출을 살펴보면 지출분석을 통하여 생활비 사용에 대한 파악을 가능하게 한다. 수입과 지출의 비교는 투자와 저축여력을 분석하는 데 도움이 된다.

개인재무설계를 실시한 이후의 가계수입지출상태표를 작성하여 재무설계안을 실시하게 되면 현금의 흐름이 어떻게 변화하게 되는가를 보여줄 수 있는데, 이를 추정가계수입지출상태표 또는 추정현금흐름표라고 할 수 있다. 추정가계수입지출상태표의 작성은 개인으로 하여금 재무목표 실현을 위한 지출계획을 알려주는 단서로서 의미가 있다.

(2) 가계수입지출상태표 작성

가계수입지출상태표는 ○○○○년 ○○월 ○○일부터 ○○○○년 ○○월 ○○일까지라는 기준기간과 함께 표시되며, 이 기간 동안에 발생한 모든 현금수입과 지출을 표시하는 것이다(표 3-5 참조).

수입 해당기간 동안 개인 또는 가계로 들어오는 모든 수입을 포함한다. 수입은 소득, 이자수입, 배당금, 투자수익금뿐만 아니라 예금을 인출할 경우나 대출을 받아서

표 3-5 가계수입지출상태표 예시(한○○ 씨 가계의 가계수입지출상태표)

2016년 1월 1일~12월 31일 (단위: 천 원)

수입		지출	
항목	금액	항목	금액
근로소득		고정지출	
급여	40,000	대출금 상환금	18,000
보너스	4,000	세금	4,500
계	44,000	고정 관리비	6,000
재산소득		고정 기부금	1,200
이자수입	5,000	계	29,700
임대료 수입	12,000	변동지출	
계	17,000	식비	5,500
이전소득		사교육비	12,000
부모님으로부터 보조	2,400	교양오락비	5,000
계	2,400	교통통신비	3,200
기타소득		기타	5,000
상금	2,000	계	30,700
원고료	1,000	저축 및 투자	
계	3,000	적립식 투자	18,000
기타 수입		정기적금	12,000
대출금	15,000	계	30,000
적금해약	10,000	기타	
계	25,000	미확인 지출	1,000
총수입	91,400	총지출	91,400

자료: 박광수 · 양재영 · 주소현(2016). 개인재무설계–개정판 3. 경문사. 83. 재작성

현금이 유입되는 경우 등을 모두 포함한다. 일정기간동안의 수입을 빠짐없이 기록하기 위하여 분류하여 작성하게 된다. 분류기준은 소득원천에 따라서 근로소득, 사업소득, 재산소득, 이전소득, 기타소득, 기타 수입(저축 및 투자수익금액, 대출금 등)으로 분류하는 것이 일반적이다.

지출 개인 또는 가계에 들어온 수입이 어떻게 사용되었는지를 모두 포함하여 작성된다. 지출을 작성함에 있어서도 그 내용을 빠짐없이 파악하기 위하여 지출항목으로 분류하여 작성한다. 고정지출과 변동지출로 구분할 수 있는데, 개인이나 가계의 특성에 따라 이에 포함되는 비목이 서로 다르게 작성될 수 있다. 고정지출은 매월 혹은 매년 일정하게 지출이 발생되거나 꼭 지출해야 할 비목에 해당되는 것이며 저축, 세금, 대출상환금액, 차량유지비, 보험료, 주거비 등이다. 변동지출은 융통성 있게 지출할 수 있는 비목으로서 식비, 오락비, 교통통신비, 피복비, 사교육비 등을 들 수 있다.

잔액 잔액은 총수입과 총지출의 차액이다. 그 값이 흑자(+)일수도 있고, 적자(−)일수도 있다. 흑자가 되었을 경우에는 저축이나, 비상금, 부채상환 등으로 사용될 수도 있으나, 적자일 경우에는 저축이나 차용으로 충당해야 한다. 재무목표를 성공적으로 이루기 위해서는 흑자를 이루도록 노력하는 것이 필요하다.

(3) 가계수지상태 평가

가계의 재무운영상 문제점을 파악하는데 도움이 된다. 돈을 사용함에 있어서 낭비가 있는지, 개선할 사항이 있는지, 특정항목이 지나치게 큰 비중을 차지하는지, 확인되지 않은 지출비용이 있는지 등을 파악할 수 있다. 또한 저축과 투자를 위한 여분의 금액이 있는지 등을 분석하는 데 도움이 된다.

3) 재무비율을 이용한 재무상태의 평가

최현자 등(2003)은 우리나라 가계의 재무상태 평가에 적합한 재무비율을 추출하고 적정성 여부를 판단하는 가계재무상태 평가지표와 준거기준을 마련하였다. 재무상태 평가지표와 준거기준은 가계의 전반적인 재무상태를 나타내주는 소득, 지출, 자산, 부채 등과 같은 가계경제요소를 결합하여 산출한 것을 말한다(이기춘 외, 2009). 재무비율을 통하여 가계재무상태의 다양한 측면을 파악할 수 있기 때문에 재무상담과 재무계획 시에 재무진단과 정보의 도구가 되며, 재정상태를 분석하는 시발점이 된다.

표 3-6 가계재무상태평가지표와 준거기준

평가지표		개념	재무비율	준거기준
안정성지표	가계수지 지표	소비성향과 적자 여부를 파악	월평균생활비/월평균가계소득	<0.9
	비상자금 지표	일시적으로 소득이 중단될 경우 유동성이 큰 금융자산으로 현재 생활수준을 유지할 수 있는 정도	금융자산/월평균생활비	>1
		월평균생활비의 자료가 없을 경우 사용	금융자산/월평균가계소득	>1
	위험대비 지표	장기적인 위험에 대한 대비 정도	월평균보험료/월평균가계소득	0 초과 ~0.2
	부채부담 지표	부채상환지출로 인한 가계의 부채부담을 측정	월평균부채상환액/월평균가계소득	<0.25
		금융자산으로 부채를 상환할 수 있는지를 알려주는 부채상환능력지표	총부채/금융자산	<10
		총자산으로 부채를 청산할 수 있는지를 알려주는 부채청산능력 평가지표	총부채/총자산	<0.8
성장성지표	저축성향 지표	가계소득에서 어느 정도 저축하는지를 측정함으로써 가계의 성장성을 평가	연간총저축액/연간가계소득	>0.1
	투자성향 지표	위험이 있으나 수익성이 상대적으로 높은 투자자산으로 포트폴리오를 구성하는 정도를 측정함으로써 가계경제의 성장성을 평가	투자자산/총자산	0.05~0.1
		가계의 실물자산에 대한 투자성향을 평가	실물자산/총자산	<0.9
	유동성 지표	총자산에서 금융자산이 차지하는 비중으로, 가계의 유동성을 평가	금융자산/총자산	>0.1

자료: 최현자 · 이희숙 · 양세정 · 성영애(2003). 재무비율을 이용한 가계재무상태 평가지표개발에 관한 연구. 소비자학연구. 14(1). 107. 117

〈표 3-6〉에서 살펴보면, 가계재무상태 평가지표는 안정성지표와 성장성 지표로 구성되며 각 평가지표에 대하여 적정성 여부를 판단하는 준거기준을 제시하고 있다.

2.3 행동계획의 수립과 실행

개인 또는 가계의 재무목표를 달성하기 위한 전략을 개발하는 단계이다. 여기에서는 다양한 재무설계안이 만들어질 수 있으며, 작성 시 유의할 점은 다음과 같다. 첫째,

가장 중요하게 고려되어야 할 사항은 개인의 목표를 최우선으로 하고 실행가능 하도록 종합적인 요소를 고려하여 작성하는 것이다. 둘째, 개인의 가치나 라이프스타일에 적합하도록 작성해야 하며, 실행과정에서 소비지출을 지나치게 줄여야 한다거나 생활패턴의 무리한 변화를 요구하는 재무설계안은 실현가능성이 작다.

1) 필요자금의 계산

재무설계안을 작성하기 위해서는 재무목표 달성을 위해 필요한 자금을 명확히 해야 한다. 특히 은퇴자금 계산 등 장기재무목표의 경우 필요자금은 인플레이션이 고려되어야 하며, 이러한 계산에는 화폐의 시간가치에 대한 이해를 필요로 한다. 인플레이션으로 인하여 일정한 금액으로 얻을 수 있는 재화의 양은 시간이 흐름에 따라 감소하게 되기 때문이다. 이자율은 인플레이션에 대한 보상의 의미로 생각할 수 있다. 화폐의 시간가치는 저축원금, 이자율, 투자기간에 따라 달라진다(4장 참고).

재무목표를 달성하기 위해서는 일반적으로 소득의 일부분을 저축해 둔 것에 의존해야 하므로, 단기목표와 장기목표에 필요자금을 계산하고 그에 따른 월평균 저축 또는 초기투자액을 계산한다. 목표달성에 필요한 금액을 기간으로 나누면 매년 또는 매월 저축 필요액을 알 수 있다. 자산부채상태표와 가계수입지출상태표에 근거하여 실현가능한 구체적인 저축액수를 계산한다.

2) 금융상품의 선택

필요자금을 계산하고 그에 따른 저축금액이 결정되면, 단기 · 장기목표에 따라 적합한 금융상품을 선택하거나 직접 투자하는 계획을 세워야 한다.

3) 추정재무제표 및 예산 작성

재무목표에 따른 필요자금과 저축액이 결정되고, 그에 따른 금융상품의 선택이 이루어지고 나면, 재무설계안의 실행에 대한 추정자산부채상태표와 추정가계소비지출상태표를 작성한다. 이를 통하여 재무설계안의 실행에 따른 결과를 미리 알아볼 수 있으며, 적합한 예산수립을 가능하게 해 준다.

4) 개인재무설계안의 실행

재무설계안이 수립되고, 제안된 사항에 대하여 상품, 금융기관, 거래의 일시 등을 결정하였다면 그에 대한 실행단계로 이행하게 된다. 실행에 있어서 대안에 대한 다양한 검토를 필요로 한다. 첫째, 상품의 선택에서 제시된 대안들에 대하여 비용, 수수료, 법적 제약 등을 고려해야 한다. 둘째, 거래의 시점에 대하여 적절한 의사결정을 해야 한다. 기존의 자산을 해약하거나 새로운 금융상품 구입에 있어서 시기에 대한 신중한 검토가 필요하다. 셋째, 개인재무설계안의 실행에 있어서 재무설계사, 변호사, 세무사, 부동산전문가 등 전문가의 도움이 필요할 경우에는 어떤 전문가와 어떻게 협력하며, 어느 정도로 이용할 것인가에 대하여 고려해야 한다.

개인재무설계안을 실행할 때에는 수입과 지출 각 거래항목을 매일 기록하는 것이 필요하다. 거래의 기록을 통하여 현금흐름의 변화와 자산부채상태의 변화추이를 정확하게 파악할 수 있다.

2.4 정기적 검토와 수정

개인재무설계의 마지막 단계는 주기적인 점검이다. 월별, 분기별, 6개월 단위 혹은 1년 단위의 주기적인 점검은 재무목표 달성의 과정을 점검하는 과정이라고 할 수 있다. 주기적인 점검을 통하여 개인 또는 시장상황의 변화에 대처할 수 있으며, 이에 따라 수정된 재무설계안을 마련하는 것이 용이해진다. 또한 재무설계는 개인과 가계의 생애주기 진행과 함께 지속적으로 진행되는 과정이므로 지속적인 검토가 필요한 것이다.

1) 실행예산의 검토와 수정

예산수립을 하였다고 성공적인 재무목표 달성을 의미하는 것이 아니고, 예산은 지속적으로 검토되고, 조정되어야 한다. 특히 월말결산이 적자이거나 연말결산이 적자인 경우에 예산조정이 필요하다(이기춘 외, 2009).

월말결산이 적자인 경우 총지출이 소득을 초과할 때 적자가 생긴다. 적자기의 지출은 흑자가 생기는 시기로 연기하거나 흑자기의 소득을 적자기로 당겨서 쓰도록 예산을 조정한다. 또는 저축과 투자, 부채를 일시적으로 이용하고 흑자기에 다시 돌려주는 방법으로 적자를 조정하여 연말결산에서는 적자가 생기지 않도록 한다.

연말결산이 적자인 경우 1년 예산에 적자가 생길 경우에는 월말에 적자가 생기는 경우보다 해결이 더 어렵다. 먼저 예산의 범위 내에서 적자를 조정할 수 있도록 노력하는 방법이 가장 바람직하다. 우선순위가 낮은 비목의 지출은 줄여서 적자가 덜 생기도록 한다. 그 다음으로는 부업이나 시간제 업무 또는 직장 이동 등의 방법으로 소득 증가를 고려해볼 수 있다. 생활양식에 변화를 가져오게 되므로 매우 어려운 결정이 될 수 있다.

2) 검토 내용

재무설계안에 대하여 주기적으로 점검해야 하는 사항과 특별히 점검이 필요한 경우로 구분하여 생각해볼 수 있다. 먼저 일반적으로 제시되는 주기적인 점검사항으로는 첫째, 개인의 신상과 관련하여 재무목표상에서 개인의 니즈가 변경되었거나 건강상태의 변화 등을 점검한다. 둘째, 투자와 관련하여 수익률, 상품의 변화, 세금 관련 변동, 수수료와 비용문제, 새로운 투자대안에 대한 사항 등을 점검한다. 셋째, 시장경제 동향과 관련된 사항을 점검한다.

이와 함께 특별한 점검이 필요한 경우는 재무상태의 변화를 수반하게 되는 큰 변화가 발생하였을 경우이다. 본인의 결혼이나 이혼, 출산, 은퇴 또는 자녀의 취학이나 결혼 등은 개인재무상태의 변화를 수반하는 사건이며, 이러한 경우에는 재무설계안에 대한 수정이 필요하다. 또는 예상치 못했던 목돈이 생겼거나 목돈지급사유가 발생하였거나 실직이나 이직으로 고용상태 변화가 생겼거나 했을 때에는 재무설계에 대한 즉각적인 점검을 필요로 한다.

3. 생애주기에 따른 재무설계

인간은 누구나 출생 · 성장기 · 청년기 · 신혼기 · 자녀양육기 · 은퇴기 등 일련의 일생과정을 거치게 되며, 이를 생애주기(life cycle)라고 한다. 재무설계는 생애 전체에 걸쳐 재무적 목표를 달성하고자 하는 것이며, 생애주기별로 달성하고자 하는 재무목표는 상이하므로 단기 · 장기적인 측면에서 생애주기에 따른 재무계획을 세워야 한다. 또한 생애주기별로 소득과 지출의 차이가 있으므로 재무설계를 통하여 생애주기별 수입과 지출의 불균형을 최소화하는 것이 중요하다(그림 3-1 참조).

이 절에서는 개인이 자신의 생애주기 단계에 따라 나이, 직업, 경제여건, 라이프스타일, 건강상태, 가족상황 등을 종합하여 어떠한 재무적 관심을 가지게 되며, 따라서 재무설계 시 유의할 점 등을 중심으로 살펴보고자 한다.

3.1 청년기

20대 청년기는 대학교육시기와 첫 직장을 잡고 적극적인 경제생활을 시작하는 시기이기도 하다. 따라서 대학생으로서 재무관리를 위하여 알아두어야 할 사항과 사회초년생으로서 재무설계에 대하여 살펴보고자 한다.

1) 대학교육시기의 재무설계

(1) 꿈에 목표 담기

재무설계의 일반적인 정의는 개인이 가지고 있는 자원의 적절한 관리를 통해 개인의 재무목표를 달성할 수 있도록 계획하고 실행하는 일련의 과정이다. 다시 말하면, 자신이 꿈꾸는 행복한 인생을 디자인하는 것이 재무설계라고 할 수 있으며, 이는 인생이라는 여행을 위한 계획을 세우는 것과 같다.

여행을 떠나기 전에 여행의 목적지를 정하는 것과 같이 인생이라는 여행의 목적, 즉 꿈이 있어야 하겠다. 이 꿈을 이루기 위하여 여러 가지 목표들을 세우게 된다. 대학생으로서 먼저 자기의 인생을 이끌어 가게 될 이러한 꿈을 찾는 것이 중요하다.

꿈을 이루기 위하여 목표를 수립하게 된다. 목표를 달성하려면 자금이 필요하며, 이러한 자금을 마련하는 것이 재무목표이다. 재무목표는 기간에 따라 단계별로 세워나가는 것이 원칙인데, 대학교육시기에는 여러 가지 예측하기 어려운 변수들이 많으므로 구체적인 재무목표를 수립하기 힘든 부분이 있다. 그러나 취업 후 성공적인 재무설계를 하기 위해서는 돈 관리하는 바람직한 습관을 기르도록 해야 한다.

(2) 종잣돈을 위한 저축계획 세우기

일상생활에서 먼저 절약하고 저축하는 습관을 가지도록 한다. 대학생으로서 총수입과 총지출을 파악하고, 실현가능한 저축목표를 정하는 것이 중요하다. 자기개발자금, 투자자금, 결혼자금, 여행자금 등 개인에 따라 서로 다양한 목돈마련을 위한 목표를 세울 수 있다. 이러한 저축목표가 없을 때에는 아르바이트 등으로부터 들어오는 수입의 대부분을 소비지출 하게 될 것이다. 투자를 위하여 가장 먼저 해야 하는 것은 절약을 통한 종잣돈 마련이다.

(3) 지출관리를 위한 금전출납부 작성하기

합리적이고 계획적으로 지출하기 위해서는 지출항목을 먼저 파악하고, 저축계획과 지출예산을 합리적으로 조정해 나가기 위해서는 금전출납부 작성이 필요하며, 이는 결혼 후 가계부 작성의 기초가 되는 것이다.

2) 사회초년생으로서 재무설계

(1) 첫 출근하는 날부터 재무설계 시작

첫 월급을 받으면 용돈으로는 엄두를 못 내던 다양한 것들을 해보고 싶은 유혹이 크다. 그래서 첫 월급이니까 이번 한번만 이라고 생각하기가 쉽다. 그러나 소비는 습관이고, 익숙해지면 가속화될 가능성이 커진다.

시작이 중요하므로 첫 출근하는 날부터 재무설계를 시작하도록 준비를 해야 한다. 소비 주체에서 이제는 생산 주체로 거듭나고 스스로 책임지는 자세로 자신의 미래를 계획하고 준비해 나가야 한다. 가장 경계해야 하는 점은 아직 젊다는 지나친 여유와 무엇이든지 마음만 먹으면 할 수 있다는 과도한 자신감이다. 최대한 빨리 일정규모의 목적자금을 만들 수 있도록 꾸준하고 안정적인 저축을 시작해야 한다.

(2) 지출 줄이고 저축 늘이기

월급의 50% 이상 저축 먼저 저축하는 습관을 기르는 것이다. 사회초년생은 월급은 가장 적게 받지만 저축을 할 수 있는 가용자금이 가장 많은 시기이기도 하다. 이 기간 동안 최대한 종잣돈을 만들어야 한다. 직장에 따라 연봉수준이 다르므로 얼마나 저축을 하라는 것을 정하기는 어렵다. 일정 금액의 월 생활비를 제외한 나머지를 저축하도록 권장한다. 이를 비율로 설명하면, 미혼의 직장인이라면 월급의 50～70%, 부모와 동거하는 직장인이라면 70～80% 이상 저축하기를 권장하고 있다.

매월 일정금액을 3～5년 정도의 기간 동안 저축한다면 목돈이 된다. 저축의 목적이 없다면 힘들게 모았다고 하더라도 그 돈을 지켜내기가 힘들 것이다. 따라서 저축을 할 때 기간과 목표액과 목적을 분명히 하면, 장기적으로 그 계획을 지켜나갈 수 있는 힘이 생긴다. 중장기적 저축목적으로는 결혼자금, 주택자금 마련 등이 된다.

이를 통하여 저축의 힘을 스스로 실감하고, 성취감을 느낄 수 있을 것이며, 더 나아가 저축하는 재미를 경험하고 습관이 길러지게 된다는 것은 인생을 살아감에 있어서 생애주기별 재무목표를 달성하기 위한 견고한 기초가 되는 것이다.

신용카드 만들지 않기 한 달 내내 계획적으로 알뜰하게 살아가다가 신용카드를 사용하게 되면 모든 계획이 수포로 돌아갈 수 있다. 충동적 지출을 예방하기 위하여 신용카드를 만들지 않도록 한다. 대신에 체크카드를 사용하거나 신용등급을 관리하는 차원에서 주거래 신용카드 하나를 집중적으로 사용하기를 권장한다.

차를 사고 싶다는 욕망은 버리기 새 차든 중고차든, 심지어 공짜로 얻는 차도 신중하게 생각해야 한다. 자동차로 인해 취득세, 등록세, 자동차세, 자동차보험, 유류비, 그리고 유지관리비, 수리비 등 여러 가지 비용이 발생된다. 입사 5년이 되었을 때 목돈의 종잣돈을 가질 것인지, 중고차를 한 대 가질 것인지를 신중히 판단해서 선택해야 할 것이다.

(3) 지출계획 세우기

자기계발비 아끼지 않기 저축하기로 결심했다면, 그 나머지 돈으로 어떻게 생활할지 지출계획을 세워야 한다. 여기에서 빠뜨리지 않아야 하는 것이 자기계발비이다. 돈을 아낀다고 인터넷 신문을 보거나 회사에서 받아 보는 신문을 보겠다는 것은 바람직하지 않다. 경제신문이나 책을 보기 위한 지출은 과감하게 해도 좋다.

직무능력 개발을 위한 교육비도 과감하게 지출하도록 하며, 직장에서 경쟁력 향상을 위하여 노력하는 것이 필요하다.

매월 결산하는 습관들이기 지출항목이 결정되면 합리적으로 예산을 배분한다. 지출예산을 배분하는 것도 중요하며, 더 나아가 지출 후에 결산을 하는 습관을 들이는 것은 더 중요하다. 매월 월급날을 기산일로 하여 결산을 한 후에 초과지출이나 잔여지출이 발생되었을 경우에 이를 다음 달 지출계획에 반영하여 조정해 나가야 한다. 이를 통하여 안정적인 지출계획이 만들어지고, 심리적인 안정과 실질적인 생활의 여유가 생기게 될 것이다.

(4) 소비생활에서 '베블런의 덫'에 빠지지 않기

20대인 미혼의 사회초년생의 경우 결혼자금을 마련하거나 소비생활에서 '베블런의 덫'에 빠지지 않도록 유의해야 한다. 실속이 없는 화려한 결혼식, 무리한 예물과 예단, 화려한 신혼여행, 빚내서 구입하는 자동차 등도 중요하다고 생각할 수 있다. 그러나 경제적 독립을 이루는 기초를 마련하는 것도 이 시기이다. 결혼 후에 자녀가 생기면 소득이 증가한다고 하더라도 지출의 증가가 더 많아지게 되므로 저축할 여력이 없을 수도 있다. 취업하고 결혼 후 자녀가 생기기 전까지의 재무관리가 나머지 인생의 질을 결정하는 기초공사라고 볼 수 있다.

(5) 금융상품 포트폴리오

청년기의 적절한 금융상품은 개인사정에 따라 포트폴리오을 짜는 것이 바람직하다. 어떠한 경우에라도 중요하고 공통적으로 적용되는 원칙은 '일찍 저축하여 오래 굴리라'는 것이다.

개인연금저축 연금저축은 5년 이상 납입하고 55세 이후부터 연금을 받을 수 있는 상품이다. 연말정산 시 연간 400만 원의 한도 내에서 세액공제를 받을 수 있으므로 실질금리가 시중금리보다 더 높고, 10년 이상 유지하고 연금으로 수령할 경우에는 비과세가 되므로 절세효과도 있다. 연금저축 가입은 은퇴기 준비를 일찍부터 하는 것이 되므로 매우 바람직하다고 하겠다.

주택청약종합저축 모든 신규분양주택을 분양받기 위해서는 주택청약종합저축에 가입해야 한다. 가입금액은 월 2만 원 이상 50만 원 이내이다. 주택청약 1순위 조건은 수도권의 경우에는 가입기간 1년 이상, 월 납입횟수 12회 이상이며, 지방은 가입기간 6개월 이상, 월 납입횟수 6회 이상이다. 연간 최대 240만 원까지 납입할 수 있으며,

납입금액의 40%까지 소득공제를 받을 수 있다.

실손보험 보장성 보험으로 실손보험은 반드시 가입해야 한다. 이는 저렴한 보험료로 다양한 혜택을 볼 수 있으므로 매우 유용하다. 보험료는 나이가 많아질수록 올라가므로 종신보험과 암, 뇌혈관질환 및 심혈관질환의 성인병에 대한 보험 등을 일찍 준비하는 것이 나쁘지는 않다.

3.2 가족형성기

여성의 사회활동에 대한 인식변화 등으로 맞벌이 부부가 꾸준히 늘어나고 있다. 또한 경기침체와 사교육비의 증가, 내 집 마련의 어려움, 고령화 시대의 노후자금 마련 등 경제적 이유도 맞벌이 부부 증가요인이 되고 있다. 외벌이와 맞벌이 가계의 경우 서로 다른 재무설계를 하는 것이 필요하다. 자녀가 아직 어린 시기이므로 소득이 증가하는 것에 비하여 지출증가가 적은 편이므로 목돈을 마련할 수 있는 시기라고 볼 수 있다.

1) 재무목표 합의하기

외벌이 부부에 비하여 맞벌이 부부의 재무설계를 위하여서는 무엇보다 재무목표에 대한 합의가 필요하다. 서로 가치관이 다르고 재무목표의 규모나 우선순위에 있어서 견해차이가 있을 수 있고, 또한 각자 경제력이 있어서 자기주장도 강하므로 합의를 도출하기가 쉽지 않다. 자녀교육, 주택마련, 노후생활 등 공동의 목표가 있으므로, 재무목표 합의가 되지 않으면 재무설계는 불가능하다고 하겠다. 서로의 의사를 존중하면서 논의를 통하여 공동의 목표를 도출할 수 있도록 노력해야 한다.

2) 소득관리하기

일반적으로 맞벌이 부부는 외벌이보다 수입이 많으므로 저축의 규모를 키워야 맞벌이 효과를 볼 수 있다. 그러므로 남편소득, 아내소득이 아닌 부부소득으로 관리해야 한다. 이를 위하여 합산소득을 관리하기 위한 공동 통장을 마련하는 것이 바람직하다.

부부 각각의 급여통장에서 하나의 공동통장으로 자동이체하도록 한다. 두 사람의 연간 총소득에서 연간 실질소득을 계산하고, 연간 지출 총액에서 매월 평균 지출금액을 산출한다. 그러나 연말정산시에 효과적인 절세를 위하여서는 연말정산 규정에 따라 소득공제를 받을 수 있는 쪽으로 공제를 몰아주는 것이 유리하다.

3) 출산 준비하기

출산에 필요한 예산을 짜보는 것이 필요하다. 출산 전 준비부터 산후조리까지 전 과정에 드는 비용을 계산해본다. 임신 전에 필요한 검사, 임신 후에 필요한 정기적인 검사, 출산 후 산모를 위한 비용, 만약의 경우에 발생될 수 있는 건강상의 문제에 대비하는 예비비 등도 예산에 넣어야 한다. 출산용품이나 유아용품에 대한 리스트를 준비하여 충동구매를 하지 않는 것이 바람직하다. 또한 정부에서 저출산 대책으로 마련한 여러 가지 임신, 출산 지원서비스를 이용하도록 한다.

최근에는 평균 초혼 연령이 높아짐에 따라 늦은 출산을 하게 되는 경우가 있다. 고령임신에 따른 위험요인을 미리 알아보고 이에 대비하는 인식이 필요하다.

4) 금융상품 포트폴리오

사회초년생 시절에 가입한 연금저축과 주택청약종합저축, 실손보험 등은 그대로 유지하면서, 생애주기상 가족형성기의 특징을 고려하여 다음과 같은 점에 유의한다.

교육비를 위한 목적자금 준비 자녀가 성장할수록 교육비가 상승하게 된다. 교육비의 증가가 두드러지게 나타나는 중학교 입학시기까지는 자녀출생 후 약 13년의 기간이 있다. 자녀교육비는 비교적 장기간에 걸친 목적자금이므로 목표금액과 투자수익률, 투자기간, 물가상승률을 감안하여 신중하게 금융상품을 선택해야 한다.

보험상품을 통하여 자녀교육비를 보장받을 수도 있으며, 적금과 펀드를 이용하여 다양한 포트폴리오를 구성하여 위험을 분산하면서 효율적으로 교육자금을 마련하도록 한다.

사망보험금 준비 가장의 불의의 사고에 대비하는 것이다. 사망보험금의 목적은 유가족의 생계와 자녀교육비 마련이다. 맞벌이 가계의 경우에는 가장이 사망하더라도 가계소득의 단절이 발생되지는 않으므로 사망보험금은 상대적으로 적게 잡아도 된다. 종신보험으로 준비할 수도 있고, 다른 보장성 보험으로 대비할 수도 있다.

3.3 자녀교육과 성장기

직장에서 자리를 잡아가면서 소득이 늘어나기는 하지만 지출 또한 크게 늘어나는 시기이므로 수입과 지출관리에 특별히 유의해야 한다. 또한 노후를 적극적으로 준비해야 할 때이다.

1) 주택과 교육비의 거품 빼기

40대가 되면 승진도 되고 소득도 증가하며, 이에 따라 과시적 소비가 늘어나는 경향이 있다. 또한 자녀를 위한 소비도 늘어나면서 사교육에 대한 관심도 증가하며, 학군이 더 좋은 지역으로 이사하고 싶어진다. 전세를 살고 있다면 내 집 마련을 하고 싶고, 집이 있다면 더 넓은 주택으로 옮기고자 하는 욕구도 생기는 시기이다.

그러나 이러한 현실적인 목표와 함께 노후대비라는 장기적 목표달성을 위한 재무설계를 동시에 해나가야 한다. 이를 위해서는 빚을 내면서까지 큰 집을 사겠다는 생각보다는 주택의 확장이 꼭 필요한가를 생각해보아야 한다. 대출을 받고자 할 경우에는 반드시 실현가능한 상환계획을 검토한 후에 결정하는 것이 필수적이다. 주택에 소요되는 예산의 거품을 뺄 수 있는 대안을 생각해 내고, 절약한 자금으로 노후대책을 마련하는 계획을 세우는 것이 필요하다.

자녀교육비에 대해서도 계획수립이 필요하다. 초중고의 사교육비에만 치중하기 보다는 대학교등록금도 함께 고려하는 것이 필요하다. 자녀대학교육을 위하여 부모의 은퇴준비자금 마련에 차질이 생기거나 자녀가 학자금 대출을 받게 되는 일은 피할 수 있도록 해야 한다. 자녀교육을 위하여 꼭 필요한 액수를 추정하여 목표금액의 준비에 필요한 자금은 안전한 자산으로 지속적으로 관리하도록 하는 것이다. 자녀의 중학교 진학을 전후하여 은행의 정기적금이나 적립식 펀드로 학자금 저축을 시작하는 것이 바람직하다.

2) 자녀에게 올바른 경제관념 심어주기

어릴 때부터 자녀에게 돈에 대한 올바른 가치관과 경제관념을 심어주어야 한다. 이는 일회성 교육으로 이루어질 수 있는 것이 아니고, 오랜 기간 동안 부모의 행동과 말을 통하여 보고 들으면서 작은 것부터 실천하고, 부모로부터의 배움이 습관으로 되면서 비로소 가능해지는 것이다. 이는 돈으로는 살 수 없는 자녀에게 주는 선물이다.

무엇보다도 필요한 자녀경제교육은 계획하여 돈 쓰는 방법을 알려주는 것이다. 지나치게 소비를 억제하게 되면 역효과를 낳을 수 있으므로, 꼭 갖고 싶은 것은 계획을 세워서 구입하도록 하는 것이 더 효과적이다. 자녀는 구매에 앞서 "꼭 필요한가?, 꼭 갖고 싶은가?, 가지게 되면 무엇을 얻고, 대신에 무엇을 잃게 되는가?"에 대하여 질문하는 습관을 가지도록 지도하는 것이 중요하다. 이와 함께 부모는 자녀가 직접 입금하고, 돈이 모이게 되는 것을 체험하도록 하여 저축하는 습관을 길러주는 것도 자녀가 어릴 때 해야 하는 부모의무 중의 하나이다.

자녀의 소비생활 교육을 함에 있어서 가장 좋은 방법은 부모와 함께 직접 경험해 보도록 하는 것이다. 부모는 물건을 구입하는 방법이나 절약하는 자세, 사용하지 않는 물품을 재활용하는 방법 등을 실천해보임으로서 자녀가 체험할 수 있도록 해 주는 것이다.

3) 노후대비도 일찍부터

취업과 동시에 노후준비를 시작하지 않았다면, 늦어도 40대부터는 은퇴준비를 시작해야 한다. 소액이라도 일찍 시작하여 정년퇴직까지 꾸준히 적립할 수 있다면 복리와 기간효과를 극대화할 수 있으며, 노후준비의 기반을 잘 마련하는 것이 된다.

현재 보유하고 있는 퇴직연금, 국민연금, 개인연금저축 등의 은퇴 이후 예상 월수령액을 계산해 본 다음에 부족한 금액을 추가로 준비하는 것이 40대에 해야 하는 본격적인 노후준비가 된다. 은퇴생활비의 100% 준비가 어렵다면 일부라도 목표를 수립하고 준비해 나가는 것이 중요하다.

4) 재무설계 중간점검

평균수명의 증가와 저출산 기조가 늘어나면서 국민연금 수령금액이 감소될 수 있을 것이며, 조기퇴직에 대한 걱정도 증가하는 현실에 직면하게 되고, 저금리 기조도 이어지고 있다. 이와 같이 경제사회 환경의 변화가 커지게 되면서 지금까지의 재무설계 내용을 다시 점검해보는 것이 바람직하다.

재무상태표를 통하여 현재보유하고 있는 예금, 적금, 주식, 채권, 부동산, 현금자산 등 모든 자산과 부채항목을 총 정리하여 각 자산별 투자비율과 포트폴리오의 적정성을 파악해 본다. 특정자산에 대한 쏠림여부, 안전자산과 위험자산의 비율과 현금자산 등이 적정한 비율로 구성되어 있는가를 보는 것이다. 또한 가계소비지출상태표를 통하여 전체소득에서 소비지출과 저축의 비중은 어떠한지, 낭비성 소비는 없는지를 점검하는 것이다. 소득이 증가하거나 상여금 등이 발생했을 때 이의 관리가 어떻게 이루어지고 있는지를 파악해야 한다.

5) 금융상품 포트폴리오

건강관리를 위한 의료보험 먼저 건강보험공단에서 실시하는 의료보험혜택을 반드시 챙기도록 한다. 40세 이상인 사람은 2년에 한 번씩 무료로 건강검진을 받도록 지원하고 있다. 또한 생애전환기인 16세, 40세, 66세 연령 국민들에게 무상 건강검진이 전면 시행되고, 4가지 암(위암, 유방암, 간암, 자궁경부암) 검진도 무상으로 이루어지고, 심혈관 · 뇌혈관 질환 발생위험도 측정검사도 무상검진에 포함되었다.

보장성 보험 암, 뇌혈관 질환, 심혈관 질환 등 성인병 발생에 대비할 수 있는 보험의 준비가 필요한 시기이다.

3.4 자녀독립기

자녀가 취업 등으로 독립을 시작하는 시기이면서, 그 동안 자녀교육비로 사용하던 돈의 여유가 생길 수도 있으며, 동시에 자녀결혼으로 목돈이 필요한 시기이다. 또한 퇴직을 예상하고 본격적으로 노후생활자금에 대한 최종 점검을 해야 하는 시기이다. 또는 퇴직을 하고 재취업 등의 생활설계가 필요한 시기이기도 하다.

평균수명이 길어지면서 은퇴를 위해 준비해야 하는 자금도 늘어나고 있다. 은퇴 후 필요자금은 각자가 그 동안 살아온 생활방식에 따라 다르다. 은퇴 후 필요자금은 희망하는 생활수준에 따라 만족스러운 생활, 여유로운 생활, 풍요로운 생활 등으로 나누어 볼 수 있으며, 이에 따라 필요자금은 달라진다. 자신의 삶을 돌아보고, 앞으로 살아갈 모습을 그려보면서 자신에게 필요한 구체적인 금액을 예상해보는 것이 필요하다.

1) 퇴직 후 예상소득 점검

노년기를 준비하는 재무설계의 목표는 첫째, 규칙적인 생계비 수요에 대비하는 것이다. 둘째, 증가하는 의료비 수요에 대비하는 것이다. 셋째, 여가생활을 할 수 있도록 여유자금을 준비하는 것이다. 이를 위하여 은퇴 이후 예상소득은 일시적인 소득이 아닌 정기적이고 고정적인 소득이 나오도록 설계해야 한다.

개인에 따라 상이하지만 국민연금, 퇴직연금, 개인연금, 즉시연금, 주택연금 등 5가지 형태의 연금소득이 있을 수 있다. 현재 보유하고 있는 장기저축의 은퇴 이후 예상 월 수령액을 계산해 본 다음 퇴직 후 희망하는 라이프스타일을 유지하는데 금액이 부족하다면 추가로 준비해야 한다.

2) 목적자금의 우선순위 확보

자녀 대학교육비와 결혼자금, 노후생활비 등을 현재까지 자금으로 충당할 수 있다면 문제가 없다. 그러나 부족하다면 주요 목적자금의 우선순위를 정해야 한다. 부모로서 자녀를 위하여 모든 것을 해주고 싶은 심정일 것이다. 그러나 명심해야 하는 것은 최소한의 필요 노후생활비를 확보한 후에 지원 가능한 범위 이내로 조정해야 한다는 것이다. 핵가족화가 진전되고 자녀의 부모부양 기피현상이 심화되는 추세이며, 부모에게 의존해 사는 자녀들이 늘어나면서 부양을 해주어야 하는 현실에서 노후생활비의 확보는 축복받아야 하는 '장수'가 '재앙'이 되지 않도록 하기 위해 필요한 사항이다.

3) 금융상품 포트폴리오

안전을 최고 우선으로 관리하기 안전자산 위주로 자금을 운용하며, 부동산의 비중을 줄이고 유동자산으로 전환하는 것이 필요하다. 또한 갑작스러운 현금지출에 대비하여 현금성자산을 보유하는 것이 바람직하다.

세금우대 정기예금으로 관리하여 안전과 절세효과를 추구하는 것이 바람직하다.

다음으로는 채권형 금융상품이나 원금보존형 투자상품과 간접투자상품을 활용하는 것을 고려해 본다.

연금설계 노후자금을 마련하기 위한 3층 연금제도를 통하여 안전한 노후생활비 확보를 도모해야 한다. 먼저, 국민연금은 최소한의 기초생활자금 마련이 목적인 연금으로서 국가가 주도하는 사회보장 성격의 공적연금이다. 그리고 퇴직금을 연금으로 설계하여 퇴직연금으로 받을 수 있도록 하는 것이다. 이는 기초생활에서 더 나아가 노후생활의 안정을 가져다 줄 수 있을 것이다. 이와 더불어 개인연금의 준비는 여유 있는 노후생활을 가능하게 해주는 방안으로 생각된다.

3.5 은퇴 및 노후기

부부의 주된 근로소득원이 끊기고 은퇴기를 보내게 된다. 기대여명의 증가에 따라 은퇴기간이 점점 길어지고 있으며, 이 시기를 제3의 연령기(the third age)라고 명명하고 있다. 개인재무설계의 장기 또는 최장기 계획에서 목표는 이 시기에서 안정적이고 건강한 삶을 대비하는 것이며, 재무설계의 목표달성 여부가 확인되는 시기이기도 하다.

노후 소득원으로는 연금가입자는 연금, 퇴직금이 있고, 이 외에 노후준비자금과 그로부터 발생되는 이자, 소유하고 있는 부동산이나 투자로 부터 발생되는 파생소득 등이 있다. 경제활동이 중단된 이후부터 생존기간 동안에 일정한 소득이 안정적으로 유지되도록 운영하는 것뿐만 아니라 은퇴 이후에 필요한 생활비와 더불어 갑작스럽게 발생하는 의료비에 대응할 수 있도록 유동성 자산으로 운영할 필요가 있다.

1) 상속 및 증여에 대한 계획

상속이나 증여를 합리적으로 설계해 놓지 않고 명확히 자기의사를 밝히지도 않은 채 사망할 경우 상속재산은 가족관계를 파국으로 몰아넣는 재앙의 원천이 될 수 있다. 그러므로 평소에 상속과 증여에 대하여 깊이 생각하고, 이에 관하여 정확하게 유언장을 작성해야 한다.

상속과 증여에는 세금이 부과되므로 상속세와 증여세에 대하여서도 미리 파악해 두는 것이 필요하다. 일반적으로 부동산은 자녀에게 재산을 물려줄 때 상속보다는 세금 혜택이 더 큰 증여를 선택하는 경우가 많다.

2) 금융상품 포트폴리오

역모기지론 국민연금, 퇴직연금, 개인연금 등의 3층 연금제도를 통한 노후자금 확보는 사전에 적금이나 저축의 형태로 일정금액을 적립하여 노후에 대비하는 것이다. 이에 비해 주택연금은 은퇴 이후에 60세가 넘어서 주택을 담보로 맡기고 일정한 금액을 연금처럼 받는 형식이다. 고령화 사회로 진입되면서 주택연금, 즉 역모기지론이 각광받고 있다. 고령자들이 주택을 담보로 금융기관에서 일정금액을 매월 연금식으로 받게 되면 노년에 자녀들에게 경제적으로 의지하지 않고 생활할 수 있다는 장점이 있다. 주택연금과 유사한 농지연금제도도 있다.

세금설계 상속세의 경우에 자녀들만 상속받을 경우와 미망인과 자녀가 함께 상속받을 경우에 상속공제의 크기가 다르며, 배우자 상속이 절세에 효과적이다. 생명보험금, 퇴직금, 연금 등은 상속재산에 포함되어 과세된다.

노년기에 자산을 처분할 때는 자금사용처에 대한 증빙자료를 반드시 갖춰야 한다. 사망 후 직전 10년 동안 중요자산이 현금화 되어서 사용된 경우에 증빙자료가 없으면 남은 가족에게 세금이 부과된다.

4. 은퇴준비

은퇴를 하면 더 이상 근로소득이 발생되지 않는다. 그렇다고 은퇴 후 생활비용이 현저하게 줄어드는 것은 아니며, 은퇴 직전 생활비의 약 2/3에 해당하는 은퇴 후 예상생활비가 드는 것으로 보고되고 있다. 평균수명은 늘어나면서 소득 없는 노후기간은 점점 더 길어지고 있는 현실이므로 아름다운 황혼을 맞이하는 것이 결코 쉬운 일이 아니다. 더구나 사회전반에 확산되고 있는 조기퇴직, 불확실한 공적연금 등으로 개인의 노후생활에 대한 불안은 커지고 있다. 따라서 소득이 없거나 현저히 줄어드는 은퇴 이후 시기를 대비하여 젊은 시절부터 수입의 일정 부분을 은퇴자금 마련에 할애하는 것이 바람직하다. 일찍부터 매월 적은 금액이라도 적립해나가면, 복리로 이자가 발생되므로 일정기간 후에는 큰 은퇴자금이 될 수 있으므로 은퇴준비는 이를수록

표 3-7 65세 이상 노인인구 비중

	내 용
7% 이상	고령화 사회: 대부분의 선진국은 20세기 초에 진입, 한국은 2000년 진입
14% 이상	고령사회: 영국, 프랑스 1970년대, 일본 1994년, 한국 2018년 진입 추정
20% 이상	초고령화: 한국 2025년 진입 추정

자료: 통계청(2017), 주요 인구지표

좋다.

4.1 은퇴준비의 필요성

1) 급속한 노인인구 증가

선진국에서는 100여 년에 걸쳐 인구 고령화가 진행되었으나, 우리나라에서는 65세 이상 인구비중 통계에 의하면 2000년경부터 인구 고령화가 시작되었으며, 앞으로 2025년경에 65세 이상 인구가 20% 이상 되는 초고령사회로 진입할 것으로 예상되고 있다. 고령화의 급속한 진전은 매우 심각한 경제문제를 수반하게 되므로 그 시사하는 바는 매우 크다. 경제협력개발기구(OECD)가 향후 생산인구의 노인부양 문제를 조사한 결과에 의하면 한국은 2014년 직장인 5.26명이 노인 1명을 부양하고 있는데, 2025년 우리나라가 초고령사회로 진입하면 생산인구 3명이 1명, 2036년에는 생산인구 1.96명이 노인 1명을 부양해야 한다고 한다(아시아투데이, 2014.7.21. 재인용). 미래의 청년들은 장차 받을 급여의 50% 가까운 돈을 노인부양을 위한 세금, 연금 등으로 지출해야 하는 현실에 처하게 된다. 따라서 국민연금 등 공적연금도 기금이 모자라게 되어 고부담–저급여의 구조로 바뀌게 되면 소득대체율은 현저히 감소하고, 퇴직금제도도 예전과 달라지고 있다. 따라서 국민연금이나 퇴직금만으로는 길어진 은퇴 후 생활을 안정적으로 지낼 수 없게 되므로 개인적으로 은퇴준비를 해야 한다.

2) 은퇴 후 계속적인 소비활동

이 시기에는 일에서만 은퇴를 하였을 뿐 소비활동은 계속적으로 이어지고 있다. 일반적으로 노후에는 생활비를 대폭 줄일 수 있을 것으로 생각할 수 있다. 의식주 등의 기본생활비는 물론 상당히 줄어들 것이나, 의료비와 수발비 등은 오히려 기하급수적으로 늘어날 수 있음을 염두에 두어야 한다. 국민건강보험공단 통계에 의하면 2007~2014년 건강보험 적용인구 증가 속도가 65세 미만의 인구에서는 연평균 0.29%로 나타났으며, 반면에 65세 이상 노인인구의 경우 연평균 4.59% 증가율로 나타나 상대적으로 빠르게 증가하고 있음을 알 수 있다.

또한 같은 기간에 연령대별 진료비는 65세 미만의 인구에서는 연평균 7.48%로 나타났으며, 반면에 65세 이상 노인인구의 경우 연평균 13.86% 증가율로 나타나 상대적으로 빠르게 증가하고 있음을 알 수 있다(이수연 외 2인, 2015).

4.2 은퇴기 지출추정

은퇴기에 생활비가 어느 정도 들 것인가를 미리 추정하기란 쉽지 않다. 매년 필요한 액수, 은퇴시점, 기대여명 등에 따라 총 생활비는 달라지며, 배우자 유무와 자녀와의 동거 등으로 인한 가족 수에 따라서도 달라질 수 있다. 은퇴 후 필요한 생활비 크기에

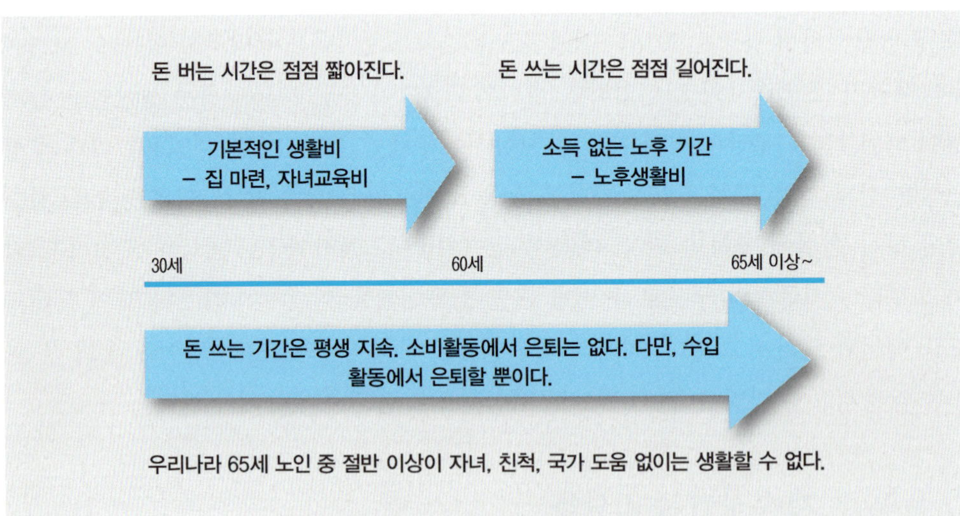

그림 3-3 연령대별 수입활동과 소비활동

자료: 고득성(2009). 마법의 돈 관리. 국일증권경제연구소, 90

가장 중요한 요소는 매년 필요한 생활비와 은퇴 후 기대여명이다.

> 은퇴 후 필요한 생활비 = 매년 필요한 생활비 × 은퇴 후 기대여명

매년 필요한 생활비는 어떠한 수준의 은퇴생활을 원하느냐에 따라 달라진다. 통상적으로 은퇴 이후에도 기존의 생활방식을 유지하기 위해서는 은퇴 전 수입의 60～80%가 필요하다고 한다. 그러나 여행을 한다거나 다양한 여가생활을 계획하고 있다면 소요되는 경비가 더 많아질 수도 있다. 더구나 건강상의 문제로 의료비가 많이 발생된다면 필요액수는 더 증가하게 된다. 가구주가 20～59세인 2인 이상 도시 근로자 가구를 대상으로 은퇴 후 필요생활비를 분석한 결과, 은퇴 연령을 60세로 가정할 때 연간 4,560만 원의 생활비가 필요할 것으로 추산하였다. 그러나 국민연금과 사적 연금, 저축 등을 포함한 예상 은퇴 소득은 은퇴 직전 소득의 44% 수준으로 나타났다. 이는 경제협력개발기구(OECD)가 권고한 적정 소득대체율인 60～70%에 훨씬 못 미치는 수준이다(데일리한국, 2015.4.14.).

고도성장을 이루던 시기에는 정년퇴직하는 것이 일반적이었고, 고금리 시대여서 퇴직금을 은행에 예치하면 이자만으로도 노후대비가 가능하였다. 외환위기 이후에 연봉제로 바뀌면서 조기퇴직하게 되는 경우도 많고, 그만큼 은퇴 후 생활기간이 더 길어져서 필요생활비에도 영향을 미치게 된다.

기대여명이란 특정 연령대에 속한 사람이 앞으로 생존할 것으로 기대되는 평균 생존연수를 말한다. 통계청의 발표에 의하면 2015년 현재 40세인 남성이 60세에 은퇴할 것으로 기대한다면 은퇴 후에 보내게 되는 기간은 22.2년이 되며, 여성의 경우는 27년이 된다(표 3-8 참조). 길어진 기간만큼 개인적인 노후대비가 더 필요하다. 정

표 3-8 연령별 기대여명(2015년 기준)

나이	10세	20세	30세	40세	50세	60세	70세	80세	90세	100세 이상
남	69.3	59.4	49.7	40.1	30.8	22.2	14.3	8.0	4.1	2.1
여	75.5	65.4	55.7	46.0	36.4	27.0	17.9	10.1	4.8	2.3

자료: 통계청(2015). 인구 · 가구_간이생명표(1970～2015년)

부에서는 국민연금 기금을 운영함에 있어서 연금의 소득대체율을 점차 낮추고, 보험료는 점차 높여나갈 계획에 있으며, 연금수급 개시 연령도 점차 높이는 것으로 조정하고 있으므로 사회보장제도가 노후생활을 위해 기여할 수 있는 역할은 줄어들게 된다.

4.3 은퇴 후 소득준비

노후 소득원에는 연금가입자는 연금, 퇴직금, 퇴직금으로부터 받는 이자, 노후준비자금과 그로부터 발생되는 이자, 은퇴 전 마련한 부동산이나 투자로부터 발생되는 파생소득 등이 있다. 노후생활을 위해서는 경제활동이 중단된 시기부터 생존 기간 동안에 일정수준 만큼의 소득을 계속 유지하도록 해야 한다. 인구구조의 변화와 은퇴 후 생활에 대한 향상된 기대수준은 상대적으로 은퇴 후 소득수준에 대한 기대도 높아지고 있다. 따라서 다양한 소득원을 이용하여 은퇴 후 소득을 준비하는 것이 바람직하다. 우선 연금과 같은 사회보장성 공적연금으로 기초생활수준을 보장하고, 좀더 높은 수준의 생활표준을 원한다면 기업의 퇴직연금을 이용해야 하며, 보다 여유 있는 노후생활을 위해서는 개인연금을 이용하는 등 '3층 노후생활 보장' 방법으로 준비해야 한다. 은퇴 후 개인적인 소득준비의 필요성은 두 말할 나위가 없다. 중요한 것은 언제부터 시작하는가이다. 은퇴자산 만들기에서 가장 큰 원칙은 빠를수록 바람직하다는 것이다. 일찍 시작하면 매월 부담이 줄어들 뿐만 아니라 조기퇴직이나 실업 등의 예기치 못한 상황에 대한 대비도 가능해진다.

표 3-9 저축시작 연령별 월 필요 저축금액

(단위: 만 원)

저축시작 연령	25세	30세	35세	40세	45세
2억 원의 은퇴시점 가치	78,922	64,868	53,317	43,823	36,019
수익률	연 6%*				
은퇴준비기간	35년	30년	25년	20년	15년
월 적립액	55	65	77	95	124

* 2017년 기준 제1금융권의 정기적금이자율 1.40~2.0%(세전)

자료: 고득성(2009). 마법의 돈 관리. 국일증권경제연구소. 138

〈표 3-9〉는 노후자금으로 2억 원(현재물가 기준)을 설정하고 60세 시점에 은퇴를 한다고 가정하여 각 저축시작 연령별로 월 필요 저축금액을 계산한 것이다. 25세부터 60세까지 35년 동안 물가는 현재물가를 기준으로 할 때 3.94배 상승하게 된다. 따라서 25세는 7억 8,922만 원을 목표로 저축해야 한다. 35세는 5억 3,317만 원(2.7배), 45세인 사람은 3억 6,019만 원(1.8배)을 저축해야 목표금액인 2억 원을 준비할 수 있다. 노후대비를 미룰수록 월 적립금액의 부담은 더 커지므로, 미리미리 노후준비를 시작해야 하는 이유가 여기에 있다.

생각해보기 3-1

부자 되는 통장관리법

계획적인 소비·투자를 위하여 용도별로 급여통장, 소비통장, 투자통장, 예비통장 등 네 개의 통장 활용

1. 돈의 용도를 구분하여 각기 다른 통장에서 돈의 출입을 관리하는 것이다. 돈의 흐름을 쉽게 파악할 수 있기 때문에 절제된 지출습관을 유지하는 데 도움이 되고, 결과적으로 돈을 한 푼이라도 더 모으는 데 도움이 된다.
2. 매달 급여통장에 급여가 입금되면 우선 '고정지출'이 차례로 자동납부되도록 한다. 그 다음에 한 달의 생활비로 지출할 돈, 즉 '변동지출'을 정해서 소비통장에 이체한다. 급여통장에 남아 있는 돈은 전부 투자통장으로 이체한다. 다음 급여일까지 급여통장의 잔액은 '0원'이 된다. 투자통장에 입금된 돈은 자녀교육비, 주택자금, 노후자금 등의 투자목적에 따라 금융상품에 자동이체로 투자될 수 있도록 한다.
3. 급여통장, 소비통장, 투자통장을 정리해보면 거래내역을 한눈에 확인할 수 있다. 부득이 하게 생활비를 더 지출해야 할 일이 있을 때를 대비하여 예비통장을 마련하여 비상금으로 사용하도록 한다.

이와 같이 네 개의 통장을 활용하면 매달 받는 월급이 평소 어떤 용도로 얼마씩 쓰이는지 쉽게 파악할 수 있기 때문에 지출계획을 세우고, 저축목표를 정하여 실행해 나가는 데 용이하다.

고정지출: 아파트 관리비, 각종 공과금, 통신요금, 보장성 보험료, 대출 원리금, 이자 등 매달 반복적으로 지정된 날짜에 빠져나감. 납부액이 크거나 변동 폭이 크지 않다.

변동지출: 고정지출 이외의 생활비

자료: 고경호(2009). 4개의 통장. 다산북스, 103~119

요약

사회초년생으로서 대학생은 자신의 인생을 스스로 계획하고 미래를 그려보고, 어떻게 살아갈 것인지 생각해보는 기회를 가져야 한다. 경제생활설계란 자신에게 일어날 돈의 흐름을 예측하고 돈이 필요한 때에 대비하는 계획이다. 일상생활 가운데 발생되는 많은 문제들을 최소화하고 삶의 목표를 안정적으로 달성하기 위해서는 미리 계획을 하고 대비해야 할 필요가 있다. 경제생활설계에는 현금흐름 및 소득관리, 투자설계, 위험관리, 노후 및 상속설계, 세금설계 등이 포함된다.

누구든지 자기가 쓸 수 있는 돈을 가지기 위해서는 먼저 돈을 벌어야 하며, 이를 위해서 직업을 갖는 것은 필수적이다. 오늘날 우리는 급변하는 사회에서 지내고 있으며, 그에 따라 인간들의 사고방식이나 가치관은 변화하게 되고, 동시에 필요로 하는 일자리도 달라지므로 트렌드를 정확하게 파악할 수 있어야 하며, 이에 대한 대비가 필요하다.

돈을 벌기도 어렵지만 '돈 쓰기가 벌기보다 더 어렵다'는 말이 있듯이 효율적으로 돈을 쓰기는 매우 어렵다. 생애주기별로 달성하고자 하는 재무목표는 서로 상이하므로, 합리적인 소비지출 관리는 생애주기에 따른 경제생활설계의 과정을 이해하고, 실천하는 것이 필요하다. 경제생활설계의 시작은 재무목표를 정하는 것에서 시작된다. 재무목표를 달성을 위하여서는 자산부채상태표와 가계수입지출상태표를 작성하여 자신의 재무상태가 어떠한지를 파악하는 재무상태평가가 필요하다. 다음은 재무목표 달성을 위한 행동계획을 수립하고, 이를 실행하는 것이다.

평균수명은 늘어나면서 소득 없는 노후기간은 점점 더 길어지고 있는 현실이므로 아름다운 황혼을 맞이하기 위해서는 은퇴계획이 필요하다. 은퇴를 하면 더 이상 근로소득이 발생되지 않으나, 은퇴 직전 생활비의 약 2/3에 해당하는 은퇴 후 예상생활비가 드는 것으로 보고되고 있다. 따라서 소득이 없거나 현저히 줄어드는 은퇴 이후 시기를 대비하여 젊은 시절부터 수입의 일정 부분을 은퇴자금 마련에 할애하는 것이 바람직하다. 일찍부터 매월 적은 금액이라도 적립을 해나가면, 복리로 이자가 발생되므로 일정기간 후에는 큰 은퇴자금이 될 수 있으므로 은퇴준비는 빠를수록 좋다.

활동과제

1. 나에게 적합한 소득-소비지출 비목을 작성해보자. 가계부 프로그램을 찾아서 1개월의 예산을 세워보자.

2. 원금 100만 원을 연 10%(또는 연 2%)의 금리로 5년(또는 10년)간 은행에 예금할 경우 만기에 받게 되는 원금과 이자의 합계액은 얼마인가? 단리와 복리방식으로 계산하여 비교해보자.

3. 은퇴 후 필요한 생활비를 추정하여, 이를 마련하기 위한 생활설계 시나리오를 작성해보자.

C H A P T E R 4

금융자산 관리

CHAPTER 4

금융자산 관리

학습목표

1. 금융시장에 대하여 이해할 수 있다.
2. 돈의 시간가치와 이자율 개념에 대하여 이해할 수 있다.
3. 금융상품의 종류에 대하여 이해할 수 있다.
4. 금융소비자보호제도에 대하여 이해할 수 있다.

현대사회를 살아가면서 우리들은 자산을 모으고, 더 많은 자산을 늘이기 위하여 목표를 세우기도 한다. 특히 저금리 시대가 정착되어 감에 따라 조금이라도 수익을 더 얻기 위하여 어떠한 투자대상을 선택하여 운용할 것인가에 노력을 기울이게 된다. 저금리 시대에 시중의 자금이 은행의 예금 등 저축에서 펀드, 주식시장, 부동산 등의 투자로 이전시키는 촉진요인으로 작용하고 있으며, 따라서 투자의 중요성이 더욱 커지고 있다.

이 장에서는 금융시장, 금융상품, 증권투자 등에 대하여 살펴보고, 이러한 내용들을 이해하는데 필요한 화폐의 시간가치, 이자계산, 포트폴리오 전략 등의 개념에 대하여서도 살펴보고자 한다. 이와 함께 금융소비자보호제도에 대하여 알아보고자 한다.

1. 금융시장의 이해

1.1 금융시장의 개념과 기능

금융시장이란 가계, 기업, 정부 등 경제주체들이 자금이 필요하거나 여유자금이 있을 때 금융상품을 매개로 하여 금융거래가 조직적으로 이루어지는 장소이다. 금융상품이란 현재 또는 미래의 현금흐름에 대한 청구권을 나타내는 증서로서 예금, 주식, 채권, 어음 등이며 금융자산이라고도 한다. 장소라 함은 자금의 공급과 수요가 유기적으로 이루어지는 건물 등의 구체적인 공간뿐만 아니라 추상적인 공간을 포함한다.

한편, 금융거래는 자금의 이동경로에 따라 간접금융거래와 직접금융거래로 나눌 수 있다. 간접금융거래는 은행과 같은 금융기관을 통하여 자금공급자에게서 자금수요자로 자금이 이전되는 거래이며, 직접금융거래는 자금수요자가 자기명의로 발행한 직접증권(주식, 채권)을 자금공급자에게 교부하고 자금을 직접 조달하는 거래이다. 〈그림 4-1〉은 직접·간접금융시장을 통하여 금융거래가 이루어지는 과정을 보여주고 있다.

국민경제에서 금융시장은 거시경제적 측면과 미시경제적 측면에서 다양한 역할을 하고 있다. 거시경제적 측면에서 볼 때 자금중개기능과 소비자효용기능을 들 수 있

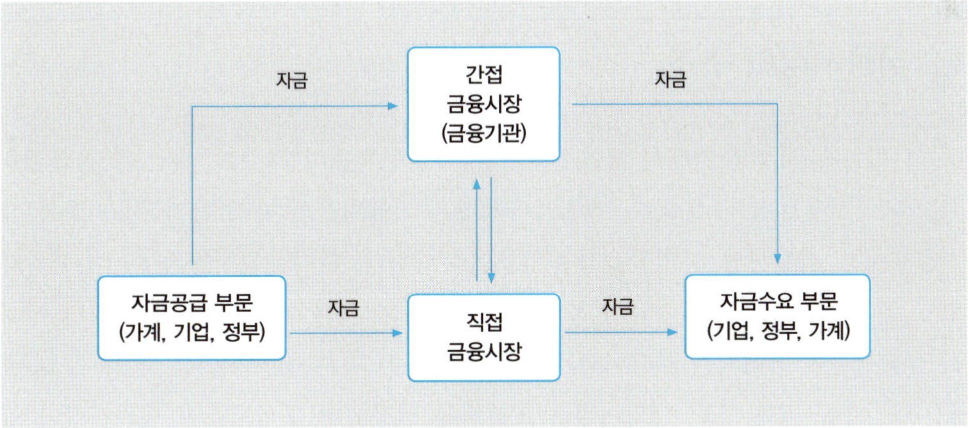

그림 4-1 금융시장과 자금의 흐름

자료: 한국은행(2012), 한국의 금융시장, 4. 재작성

다. 금융시장의 자금중개기능이란 자금잉여 부문에서 남는 자금을 투자수익성이 높은 기업 부문에 이전시킴으로써 국민경제의 생산력을 향상시키는 것을 말한다. 그 결과 기업에서는 자금조달이 이루어져 생산능력과 경제효율이 증가하게 되는 것이다. 소비자효용기능이란 가계의 입장에서 여유자금을 금융자산에 투자하거나 현재의 소비를 위해 자금을 차입함으로써 시간선호에 맞게 소비시기를 선택할 수 있도록 함으로써 소비자효용이 극대화되는 것이다.

미시경제적 측면에서 볼 때 금융시장의 정보생산기능과 거래의 효율성 기능, 유동성 기능을 들 수 있다. 금융시장에서 자금의 수요자와 공급자가 금융시장에서 가격을 탐색하고, 차입자의 신용에 관한 정보가 차입자가 발행한 주식의 가격이나 회사채의 금리 등에 반영되어 유통된다. 이 과정을 통하여 각종 금융자산의 가격정보를 제공받게 되므로 투자자가 정보를 취득하는 데 드는 시간과 비용을 크게 줄일 수 있다는 것이다. 이를 금융시장의 정보생산기능이라고 한다. 이러한 정보생산기능이 활발하면 투자자의 의사결정이 촉진되고, 차입자도 정당한 평가를 통하여 필요한 자금을 원활히 제공받을 수 있게 된다. 다른 한편으로는 금융거래에 필요한 정보 탐색비용이나 정보비용을 줄여줌으로써 거래를 원활하게 해주며, 이를 거래의 효율성이라고 한다. 또한 금융시장에서는 금융공급자가 보유하고 있는 금융자산이 손쉽게 현금화될 수 있도록 유동성을 높여주는 기능을 한다. 금융시장이 발달하고 금융거래가 활발해질수록 금융자산의 유동성이 높아지게 된다.

1.2 금융시장의 구조

우리나라 금융시장은 거래의 책임소재에 따라 직접금융시장(주식, 채권)과 간접금융시장(예금시장)으로 구분된다. 직접금융시장은 거래기간에 따라 단기금융시장과 장기금융시장, 외환시장, 파생금융상품시장으로 나뉜다. 단기금융시장은 자금시장이라고도 하며 일시적인 자금수급의 불균형을 조정하기 위해 통상적으로 만기 1년 이내의 금융상품이 거래되는 시장이다. 장기금융시장은 자본시장이라고도 하며 주로 금융기관, 기업, 정부 등이 장기자금을 조달하는 시장이며 주식시장과 채권시장이 있다. 외환시장은 외화의 수요와 공급에 따라 외화자산이 거래되는 시장이다. 파생금융

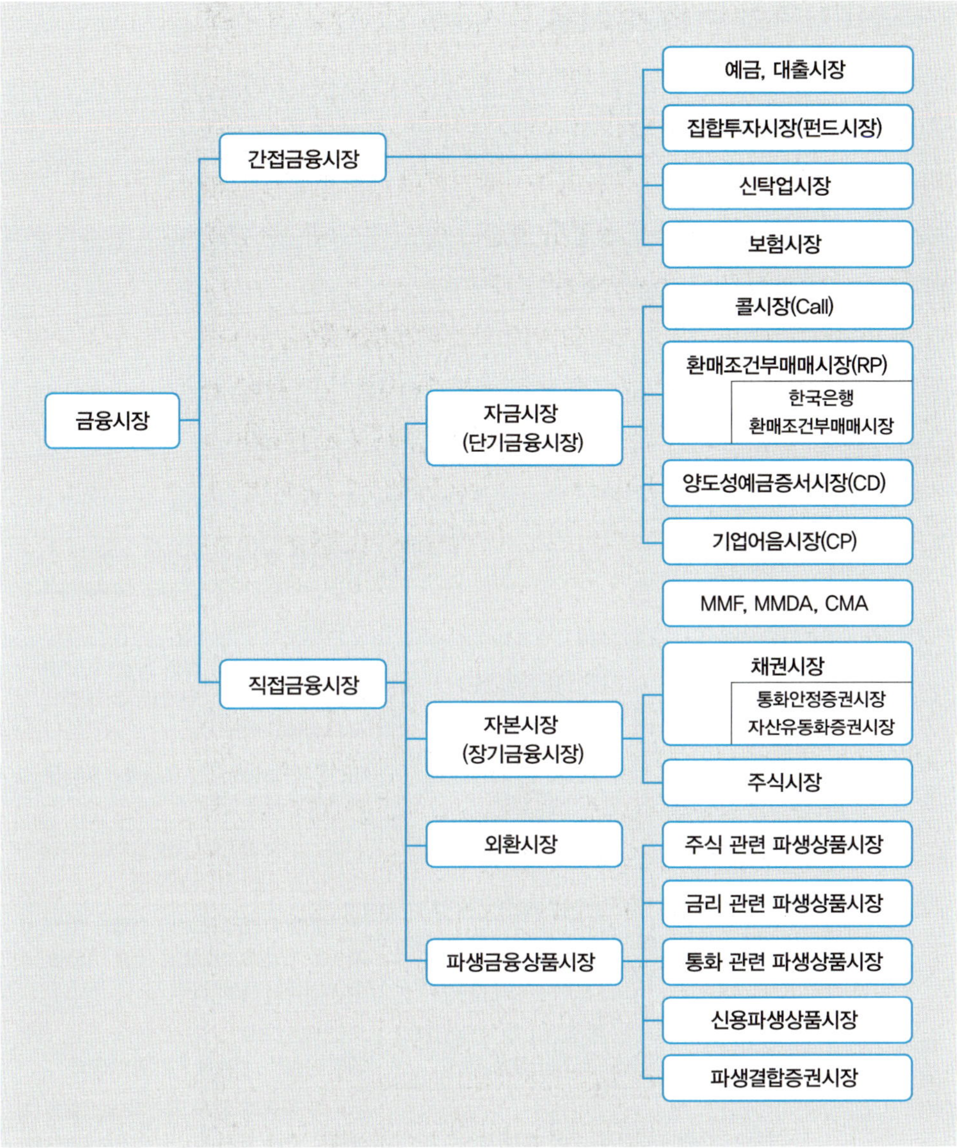

그림 4-2 우리나라 금융시장의 구조

자료: 방영민(2010), 금융의 이해, 법문사, 26; 한국은행(2012), 한국의 금융시장, 8. 재구성

상품시장은 금융상품의 가격변동 위험과 신용위험 등 위험관리를 위해 고안된 파생금융상품이 거래되는 시장으로서 주가, 금리, 통화, 신용 관련 파생금융상품이 도입되면서 거래수단이 다양화되고 거래규모도 확대되고 있다. 우리나라 금융시장의 구조는 〈그림 4-2〉와 같다.

1.3 금융기관의 현황과 이용

1) 금융기관의 체계

금융기관이란 자금공급자의 돈을 운용 · 관리 · 보호하여 증식을 도와주는 한편, 자금수요자가 필요로 하는 자금을 원활히 빌릴 수 있도록 도와주는 조직이다. 금융상품의 거래는 금융기관의 중개기능을 통하여 이행된다.

금융기관은 크게 통화금융기관과 비통화금융기관으로 나뉘게 되는데, 통화금융기

표 4-1 우리나라 금융기관의 체계

<table>
<tr><th colspan="4">구분</th><th>업 무</th></tr>
<tr><td rowspan="3">통화
금융기관</td><td>한국은행</td><td colspan="2">중앙은행</td><td>화폐발행, 통화신용정책의 수립 및 집행, 지급결제제도 운영 및 관리, 외국환업무 및 외환보유액 관리</td></tr>
<tr><td rowspan="2">예금은행</td><td>일반
은행</td><td>시중은행, 지방은행,
외국은행 국내지점</td><td>일반은행법에 따라 설립 운영, 수신업무 · 여신업무 · 환업무, 부수업무로 신용카드업무도 행하고 있음</td></tr>
<tr><td>특수
은행</td><td>기업은행, 한국산업은행,
한국수출입은행</td><td>일반은행에서 자금을 공급하기 어려운 경제부문에 자금 공급</td></tr>
<tr><td rowspan="5">비통화
금융기관
(제2금융권)</td><td colspan="3">(상호)저축은행</td><td>신용도가 취약한 도시자영업자와 지역주민 등 서민을 위한 서민금융기관</td></tr>
<tr><td>여신전문
금융회사</td><td colspan="2">신용카드회사, 리스회사, 할부금융회사, 벤처캐피탈(신기술사업금융회사)</td><td>채권발행, 차입금 등 예금 이외의 방법으로 자금을 조달하여 대출 등 각종 여신서비스를 제공하는 금융기관</td></tr>
<tr><td>상호금융
기관</td><td colspan="2">농 · 수 · 축산업협동조합, 신용협동조합, 새마을금고, 기타 상호금융</td><td>비영리법인으로 설립, 운영되고 있음. 조합원의 사회적 · 경제적 지위 향상 도모</td></tr>
<tr><td>보험회사</td><td colspan="2">생명보험회사, 손해보험회사</td><td>생존과 사망에 관한 사건이 발생했을 때 보험금 지급, 또는 사고로 인하여 발생하는 손해의 보상</td></tr>
<tr><td>금융투자
업자</td><td colspan="2">증권회사, 선물회사, 자산운용회사, 투자자문회사, 증권금융회사</td><td>증권거래에 관련된 금융서비스 제공</td></tr>
<tr><td colspan="2">금융보조기관</td><td colspan="2">금융감독원, 예금보험공사, 신용평가회사, 신용보증기관, 한국거래소, 한국자산관리공사, 금융결제원, 신용회복위원회, 신용평가회사</td><td>금융기관의 업무가 효율적 · 안정적으로 기능하도록 지원하는 기관</td></tr>
</table>

자료: 채정숙 · 김정숙 · 김인숙 · 유두련 · 김정희 · 박명숙(2013), 생활경제와 소비자트렌드, 도서출판 신정, 166; 방영민(2010), 금융의 이해, 법문사, 136~235. 재작성

생각해보기 4-1

예금은행의 통화창출 기능

최초에 한국은행(중앙은행)에서 1만 원의 본원통화를 발행했고, 은행의 지불 준비율은 10%라고 가정하자. 여기서 1만 원의 통화창출 기능을 살펴보기로 하자.

최초에 발행된 1만 원을 지급받은 ○○○ 씨는 1만 원 전액을 A은행에 예금하면 → A은행은 지불준비금 1,000원을 남기고 나머지 9,000원을 B에게 대출해 준다. → B는 이를 다시 전액 B은행에 예금하고 → B은행은 9,000원의 10%인 900원을 지불준비금으로 남기고 8,100원을 C에게 대출해 준다. → C는 이를 다시 전액 C은행에 예금하고 → C은행은 지불준비금 810원을 남기고 다시 D에게 7,290원을 대출해 준다.…….

이런 과정이 반복되면 최초 발행된 1만 원은 예금은행의 통화창출기능에 의해서 10만 원이 된다. 이 과정을 식으로 나타나면 다음과 같다.

$$10{,}000\text{원}(A)+10{,}000\times0.9(B)+(10{,}000\times0.9)\times0.9(C)+\{(10{,}000\times0.9)\times0.9\}\times0.9(D)$$
$$+[\{(10{,}000\times0.9)\times0.9\}\times0.9]\times0.9(E)+\cdots\cdots \rightarrow 10{,}000\text{원}/(1-0.9)=10\text{만 원}$$

관은 한국은행과 한국은행의 예금통화 창출기능의 영향을 받는 예금은행이 해당된다. 한국은행은 은행의 은행 또는 중앙은행이라고 하며, 통화 공급 및 조절기능을 가지고 있다. 일반 예금은행은 한국은행의 통제 하에서 예금통화 창출기능을 가지고 있다.

비통화금융기관은 이른바 제2금융권이라고 하는데, 통화창출 능력이 없거나 미약한 금융기관을 말하며, 여기에는 투자기관, 저축기관, 보험기관, 그리고 기타기관들이 해당된다. 우리나라 금융기관의 현황을 정리하면 다음의 〈표 4-1〉과 같다.

2) 금융기관 선택기준

금융기관에 따라서 취급하는 상품의 종류가 달라지고, 적용하는 금리기준도 다르며, 대출 여부 등 부대서비스에서도 차이가 난다. 금융상품을 이용하기 위하여 금융기관을 선택할 때 다음의 내용을 기준으로 의사결정을 하는 것이 바람직하다.

(1) 안전성

금융기관의 경영부실로 인해 예금에 문제가 생길 수가 있으므로, 안전성은 금융기관 선택의 중요한 선택기준이 된다. 이를 대비해서 예금자보호제도 적용 여부 및 보호방식 등을 확인해야 한다.

(2) 수익성

투자의 제1요소가 바로 수익성이라고 해도 과언이 아니며, 동일 금융기관의 금융상품에서도 수익성의 격차가 크다. 따라서 고정금리 상품을 취급하는지 변동금리 상품을 취급하는지, 단리계산 상품을 취급하는지 복리계산 상품을 취급하는지 여부를 확인하는 것이 중요하다. 복리계산 상품이라면 이자 적립 시기는 몇 개월 단위인지, 중도해지 시 불이익 조건은 어떤지 검토해봐야 한다.

(3) 대출 여부 및 조건

향후 주택 구입 등 특별한 재무목표를 위해서는 대출이 긴급하게 필요할 때가 있다. 따라서 우선대출 또는 자동대출이 가능한 기관인지, 대출이 된다면 대출한도 및 대출금리는 어떠한가를 따져봐야 한다. 예를 들면, 상호신용금고는 은행보다 대출절차가 간편한 대신 대출금리가 높다.

(4) 이용 편의성 및 부대서비스

금융기관의 지역성이 파괴되면서 이들이 제공하는 편의성 및 부대서비스는 금융기관 선택의 중요한 요소가 되었다. 거래의 편의성에서는 홈뱅킹이 가능한지, 온라인 송금 및 각종 부대서비스는 편리하게 제공되고 있는지, 해당 금융기관의 지점 및 현금지급기 등의 이용이 편리하도록 확보되어 있는지, 그리고 야간 및 공휴일 거래가 가능한지 등을 살펴야 하고, 수수료도 따져봐야 한다. 〈표 4-2〉는 금융기관별로 선택기준을 비교한 것이다.

표 4-2 금융기관별 비교

	안전성	수익성	대출 여부	이용편의성
예금은행	높음	낮음	가능	높음
상호금융기관	낮음	높음	가능	중간
투자회사	중간	높음	불가능	낮음

2. 금융상품의 이해

금융상품이란 금융시장에서 자금의 유통수단으로 화폐 또는 화폐적 청구권을 나타내는 일체의 수단을 말한다(강병호, 2010). 금융시장에는 다양한 형태의 금융상품들이 존재하고 있으며, 그 성격에 따라 예금상품, 증권상품, 보험상품, 기타 신탁상품, 자산운용상품 등으로 구분된다. 금융상품의 분류는 먼저, 자금의 안정성을 중심으로 하여 안정성 위주의 확정금리 상품과 수익성을 목표로 하는 실적배당상품으로 대별하기도 한다. 또는 자금운용의 목적에 따라 입출금이 자유로운 상품, 목돈마련 상품, 목돈증식 상품, 주택마련 상품, 노후자금 마련을 위한 연금상품, 보험관련 상품, 대출연계상품, 증권투자 관련 상품 등으로 세분된다.

2.1 금융상품의 종류

1) 입출금이 자유로운 상품

입출금이 자유로운 상품은 기간을 설정하지 않고 일시적으로 은행 등에 맡겼다가 자금이 필요할 때 고객의 요구에 따라 언제든지 자유롭게 인출할 수 있는 금융상품으로서 보통예금, 저축예금, 가계당좌예금, MMDA, CMA, MMF 등이 있다.

보통예금 아무런 제약없이 자유롭게 가입, 입출금 거래를 할 수 있는 대표적인 요구불예금이다. 개인의 경우에는 이자가 낮으므로 이용도가 높지 않으나, 중소상공업자의 경우 현금보관의 위험을 피하기 위한 일시적인 자금관리를 위하여 이용하고 있다.

저축예금 보통예금과 같이 예치금액, 기간, 입출금 거래 등에 제약이 없고, 보통예금보다 이율이 높아 여유자금의 초기에 이용하는 데 적합하다. 이자는 평균 예금잔액에 대하여 복리로 계산하고, 세금혜택을 받을 수 있으며, 예금자보호법에 의한 대상이 된다.

가계당좌예금 은행과 예금계약을 체결한 개인 또는 자영업자인 예금주가 개인수표를 발행하여 현금 대신 지급수단으로 사용하는 예금이다. 예금주는 현금거래 대신에 가계수표를 발행하여 사용할 수 있다. 거래실적이 양호한 경우에는 소액가계자금대출도 가능하며, 예금자보호법에 의한 대상이 된다.

MMDA(Money Market Deposit Account) 은행에서 취급하는 단기금융상품이다. 시장금리부 수시입출금식 예금이며 예치기간, 가입대상, 가입금액에 제한이 없고 시장실세금리를 적용하여 보통예금보다 상대적으로 높은 이자를 지급하고 있어서 목돈을 단기간 운영하는데 유리하다.

CMA(Cash Management Account) 증권회사가 고객의 자금을 모아서 CD, CP, RP 등 단기 우량 금융자산에 투자하는 채권투자 신탁상품이다. 수시입출금이 가능하므로 소액 투자 및 단기자금 운용에 적합하다는 장점이 있으나 예금자보호법에 의한 보호대상은 아니다.

MMF(Money Market Fund) 자산운용회사가 고객의 자금을 모아 펀드를 구성한 후 금리가 높은 만기 1년 미만의 기업어음, 양도성예금증서 등에 집중투자하여 얻은 수익을 고객에게 되돌려주는 초단기 금융상품이다. 가입금액과 자격에 제한이 없고, 수시입출금이 가능하며, 하루만 자금을 예치하여도 펀드운용실적에 따라 수익금을 받을 수 있다. 예금자보호법에 의한 보호대상은 아니다.

2) 목돈마련을 위한 상품

목돈을 마련하기 위해서는 작은 금액을 꾸준히 모아야 하고, 이를 위한 적립식 금융상품이 있으며, 일반적으로 적금이라고 한다. 적금은 일정기간을 정하여 매월 일정금액을 일정일에 납입하기로 약정하고, 이를 만기까지 납입하고 만기일이 되면 납입원금과 약정이자를 지급받게 된다. 만기가 있기 때문에 요구불 예금보다 상대적으로 유동성은 낮으나 수익성은 높다. 여기에는 정기적금, 농어가목돈마련저축 등이 있다.

정기적금 예금자가 계약금액과 기간을 정하고 정기적으로 일정금액을 납입하면 만기일에 계약금액을 지급받는 가장 보편적인 적립식 예금으로서 목돈마련을 위한 장기저축상품이다. 은행뿐만 아니라 저축은행, 신협, 새마을금고, 우체국 등에서 취급하고 있으며, 예금자보호대상 상품이다. 세금우대종합저축 한도 내에서 세금우대혜택을 받을 수 있다.

농어가목돈마련저축 농어민의 생활안정과 재산형성을 지원하기 위한 목적으로 도입된 3년 이상의 장기저축상품이며, 예금자보호를 받을 수 있는 저축상품이다. 가입대상과 가입한도는 제한되어 있으며, 2011년 말까지 가입자에 한하여 비과세혜택을 받을 수 있다.

3) 목돈운용을 위한 상품

목돈을 단기 또는 장기로 운용하고자 하는 목적으로 이용되는 금융상품으로서 일정한 금액을 약정기간까지 예치하기로 약정하고 자금을 예치한 후 약정기간이 만료되면 원금과 약정이자를 지급받는 금융상품이다. 대표적인 상품으로는 정기예금, 정기예탁금, 양도성예금증서(CD), 환매조건부매매(RP), 기업어음(CP) 등이 있다.

정기예금 미리 정해진 금리에 따라 일정금액을 일정기간 동안에 예치하는 장기저축성 예금으로서, 상대적으로 높은 이율이 보장된다. 그러나 약정기간 이전에 해약할 경우에는 현저하게 낮은 중도해지이율이 적용된다.

정기예탁금 은행의 정기예금과 유사한 상품으로서 상호금융, 새마을금고, 신용협동조합 등의 기관 등에서 취급하고 있다. 비과세혜택이 있으며 은행보다 높은 금리가 적용되므로 일반 서민들의 목돈운용에 유리한 저축수단이다. 가입대상은 조합원으로 제한되어 있고, 예금자보호를 받을 수 있는 저축상품이다.

양도성예금증서(CD: Certificate of Deposit) 은행의 정기예금증서에 양도성을 부여한 것으로 제3자에게 양도가 가능한 금융상품이다. 가입대상에는 제한이 없으나 예치기간은 최소 30일 이상으로 제한되어 있다. 중도해지는 불가능하며 시장에서 매각할 수 있다. 수익률이 상대적으로 높아 목돈을 단기간 운용하는 데 적합하다. CD는 할인식으로 발행되며, 은행, 종합금융회사, 증권회사에서 취급하고 있고, 현재로서는 예금자보호 대상에서 제외된 저축상품이다.

환매조건부매매(RP: Repurchase agreement) 은행, 증권회사, 증권금융사, 종합금융회사 등 금융기관이 보유하고 있는 국공채를 매매하고, 일정기간 후에 이자를 가산하여 고객으로부터 다시 매입하겠다는 계약조건에 의거하여 거래를 하는 금융상품이며, 단기여유자금 운용에 유리하다. 가입대상과 금액한도 및 기간의 제한이 없으며, 예금자보호 대상에서는 제외된 저축상품이다.

기업어음(CP: Commercial Paper) 신용상태가 양호한 기업이 단기자금조달을 위하여 자기신용을 바탕으로 발행하는 융통어음을 종합금융회사, 증권회사가 할인, 매입한 후에 투자자에게 다시 매출하게 되는 금융상품이다. 만기 1~3개월을 단위로 하여 1년 이내의 기한으로 발행하는 금융상품이므로 거액의 자금을 단기로 운영하는 데 적합하다.

4) 대출을 받기 위한 상품

일정한 조건을 갖추면 대출의 편의를 제공하는 금융상품이 있으며, 대표적인 예로는 상호부금, 신용부금, 종합통장 등이 있고, 모두 예금자보호대상 저축상품이다.

상호부금 개인 및 중소기업자가 일정한 기간을 정하여 부금을 납입하면 중도 또는 만기에 일정금액을 대출받을 수 있는 자격을 부여하는 저축상품이다.

신용부금 계약기간을 정하여 일정금액을 매월 또는 매일 적립하여 만기가 되었을 때 원리금을 받게 되는 적립식 저축상품이며, 1회차 납입과 동시에 대출이 가능하다.

종합통장 입출금이 자유로운 보통예금, 저축예금, 자유저축예금, 가계당좌예금 등을 기본계좌로 하여 정기예금, 정기적금 등 적립식 또는 거치식 예금을 거래할 수 있는 종합패키지 상품이다. 거래실적, 신용도에 따라 차별화된 고객우대서비스를 제공받을 수 있으며, 마이너스통장이라고도 한다.

5) 주택마련자금을 위한 금융상품

무주택 서민에게 주택공급을 촉진하기 위해 도입된 금융상품으로서 대표적인 주택마련 상품에는 주택청약종합저축, 장기주택마련저축 등이 있다.

주택청약종합저축 기존의 청약부금, 청약저축, 청약예금의 기능을 종합적으로 한데 묶어 놓은 주택청약통장으로서 2009년 5월부터 출시된 상품이다. 가입대상은 주택소유나 가구주 여부에 관계없고, 공공 · 민영주택 등 모든 신규 분양주택에 청약할 수 있다는 장점이 있으며, 1인 1계좌만 청약이 가능하다. 다만 예치금액에 있어서는 청약대상 주택규모와 서울 · 부산 지역, 기타 광역시 지역, 기타 시 · 군에 따라 상이하게 운영되므로 정확하게 확인 후에 의사결정해야 한다.

장기주택마련저축 전 금융기관에서 취급하고 있으며, 무주택자 등 실수요자에게 내 집 마련과 소형주택 소유자의 주거환경 개선을 도와주기 위한 상품이다. 가입 후 만 5년 이상이 경과하고 대출신청일 현재 연체가 없는 경우에 대출이 가능하며, 이러한 조건을 갖추면 비과세혜택이 주어지고 주택구입자금과 신축자금을 장기로 대출받을 수 있는 특별우대상품이다. 장기주택마련저축은 예금자보호법에 의한 예금보호 대상 저축상품이다.

6) 노후자금 마련을 위한 상품

개인 스스로가 소득이 있는 기간 동안에 저축하여 노후생활에 필요한 소득을 확보하기 위한 목적으로 운영되는 금융상품으로서 연금저축과 주택연금 등이 있다.

연금저축 노후 안정된 생활을 목적으로 일정금액을 적립한 후 연금으로 원리금을 수령할 수 있는 장기 저축상품이며, 연간 납입금액 240만 원 한도 내에서 소득공제혜택을 받을 수 있다. 그러나 연금을 받을 때, 소득공제금액과 연금이자에 대해 과세된다.

주택연금(역모기지론) 고령자가 주택을 담보로 금융기관이 제공하는 노후생활자금을 매달 연금처럼 지급받는 대출상품이다.

농지연금 농지를 담보로 65세 이상 고령 농업인들이 매월 연금을 받을 수 있도록 하는 제도이다. 부동산 역모기지와 비슷한 방식으로 지급되기 때문에 농지 역모기지제도로 불리기도 하며 2011년부터 도입되었다.

7) 증권투자 관련 상품

어느 정도의 위험을 감수하면서 수익을 높이고자 증권에 투자하는 것이다. 넓은 의미에서 증권이란 금융시장에서 자금거래 시에 발행되는 것으로서 재산적 권리가 표창된 증서로서 화폐증권, 상품증권, 자본증권 등이 모두 포함된다. 좁은 의미에서는 주식과 채권 등과 같이 자본의 소유와 배당이나 이자 등에 대한 청구권을 나타내는 증서이다.

(1) 직접투자상품

투자자 자신이 주식, 국공채, 회사채, 금융채, 기업어음, 해외증권 등의 유가증권에 직접 투자 · 운용하는 것이다. 증권회사에 일반계좌나 증권저축계좌를 개설하여 정기 또는 수시로 일정금액을 납입한 후 유가증권에 직접 투자하는 저축이다.

(2) 간접투자상품

펀드(Fund)는 자산운용회사가 투자자로부터 모은 자금을 주식, 채권, 부동산 등에 투자하여 운용한 후에 그 수익을 투자자들에게 돌려주는 간접투자상품이다. 투자자는

생각해보기 4-2

우리나라 연금제도

1. 공적연금

우리나라 공적연금제도는 1960년 공무원연금제도가 실시된 이래 현재는 다음과 같이 국민연금제도와 특수직연금제도가 실시되고 있다.

1) 국민연금

국민연금법의 제정으로 1988년부터 전 국민을 대상으로 실시되고 있다. 국민이 노령, 폐질 또는 사망 등으로 인하여 소득능력이 상실되거나 감퇴했을 때 본인이나 그 유족에게 정기적으로 일정액의 연금을 지급하여 국민의 생활안정과 복지증진에 기여하기 위한 사회보장제도의 일종이다. 국민연금 급여의 종류에는 노령연금, 특례노령연금, 장애연금, 유족연금, 반환일시금, 사망일시금 등이 있다.

2) 특수직역연금

공무원연금, 군인연금, 사립학교교직원연금 등이 있다.

- 공무원연금: 공무원의 퇴직, 사망, 공무로 인한 부상, 질병, 폐질에 대하여 적절한 급여를 지급하게 되며, 공무원 및 그 유족의 생활안정과 복지향상을 위한 제도이다. 급여의 종류에는 단기급여와 장기급여가 있다. 단기급여는 근무 중에 지급되는 요양비, 공무상 요양일시금, 재해보조금, 사망조위금 등이 있으며, 장기급여에는 퇴직급여, 장애급여, 유족급여가 있다.
- 군인연금: 군 장교와 장기복무 하사관을 대상으로 하는 연금이다. 군인연금의 재원조달과 급여내용은 공무원연금과 거의 동일하다.
- 사립학교교직원연금: 사립학교교직원의 퇴직, 직무상 질병, 부상, 폐질에 대하여 적절한 급여를 지급하며, 교직원 및 가족의 경제적 생활안정과 복지향상을 위한 제도이다. 급여의 내용은 공무원연금과 유사하게 구성되어 있다.

2. 사적연금

1) 퇴직연금

기업이 근로자의 노후생활보장을 위하여 퇴직금제도로 운영해 오다가, 이의 문제점을 보완하여 2004년 12월 '근로자퇴직급여보장법'에 의해 퇴직연금제도가 도입되었다.

2) 개인연금

개인 스스로가 소득이 있는 기간 중에 저축하여 노후생활에 필요한 소득과 복지서비스를 확보하는 제도이다. 현재 은행, 증권회사, 우체국 등에서 판매하는 연금저축 상품과 생명보험회사가 판매하는 연금보험 상품이 있다.

자료: 강병호·김석동(2010). 금융시장론: 박영사, 493~510

자산운용회사가 운용하는 펀드에 가입하는 것이다.

펀드는 조직형태에 따라 신탁형펀드(투자신탁), 회사형펀드(투자회사), 조합형펀드(투자조합)로 구분하며, 투자대상에 따라서는 증권펀드, 부동산펀드, MMF와 같은 단기금융자산에 투자하는 단기금융펀드로 구분하고 있다. 더 나아가 투자대상 자산에 특별한 비율규제가 없이 운용되는 혼합자산펀드 또는 특별자산펀드가 있다. 특별자산펀드란 증권과 부동산을 제외한 투자대상에 40% 이상 투자하는 펀드이다.

펀드투자의 장점은 적은 돈으로 쉽게 투자할 수 있고, 분산투자로 위험을 줄일 수 있으며, 전문적 지식을 가진 자산운용전문가가 위탁운용을 해주므로 위험을 줄일 수 있다는 점이다. 단점으로는 투자한 자산가격의 변동에 따라 펀드의 가치가 변화되므로 가격이 하락하면 원금손실의 가능성이 있다는 것이다.

펀드의 운용방식에 따라 적립식 펀드, ELD, ELS, ELF 등이 있다.

적립식펀드 매달 일정금액을 일정기간 동안에 펀드에 투자하여 적립하고 만기에 목돈을 찾는 형태의 수익증권상품이다. 또는 수시로 임의의 금액을 펀드에 투자할 수도 있으며, 장기적인 재테크 수단이 된다.

주가지수연동 정기예금(ELD: Equity Linked Deposit) 발행기관이 은행이며, 원금은 안전한 자산에 투자하고 이자는 주가지수의 변동에 연동한 파생상품에 투자하는 것이다. 그러므로 이는 예금의 성격을 띤다고 할 수 있으며, 만기 시에 원금이 보장되고, 사전에 제시된 수익을 확정지급해 주는 상품이다. 예금자보호법에 의한 예금보호 대상 저축상품이다.

주가지수연동 증권(ELS: Equity Linked Securities) 운용자산의 대부분을 국공채에 투자하여 원금을 보전하고, 나머지 부분을 주가와 연동되는 파생상품에 투자함으로써 초과수익을 확보하는 유가증권이다. 예금자보호법에 의한 예금보호 대상에서 제외된다.

주가지수연동 펀드(ELF: Equity Linked Fund) 투자원금과 수익 모두를 주가지수와 연동되는 증권에 투자하는 투자신탁펀드이다. 운용자산의 대부분을 국공채에 투자하여 원금은 보전하고, 나머지를 주가와 연동되는 파생상품에 투자함으로써 추가수익을 확보할 수 있다. 실제 펀드의 운용실적에 따라 그 수익을 배당하므로 원금손실이 발생될 수도 있다. 예금자보호법에 의한 예금보호 대상에서 제외된다.

8) 보험 관련 상품

개인과 가계는 일상생활을 영위하는 가운데 교통사고, 화재, 질병, 가족원의 사망 등과 같은 많은 위험에 직면하게 된다. 이러한 위험으로부터 안정적인 삶의 질을 유지하기 위하여 위험관리를 할 필요가 있다.

보험은 동질적 위험으로부터 위협을 받는 다수의 경제주체가 일정한 보험료를 지불하고 그 위험을 보험회사(제3자)에게 전가하여 피해를 복구시켜주는 경제제도이다. 보험의 운영주체에 따라 사회보험과 민영보험으로 구분하고 있다. 우리나라의 4대 사회보험은 국민연금, 국민건강보험, 고용보험, 산재보험 등이 있으며 가입은 제도에 의하여 의무적이다. 민영보험은 개인의 의사에 따라 가입하게 되고, 기여한 정도에 따라 혜택을 받게 된다.

민영보험은 위험을 보유한 대상에 따라 구분하고 있으며, 사람의 경우에는 생명보험, 물건의 경우에는 손해보험으로 구분되며, 생명보험과 손해보험의 성격을 모두 갖

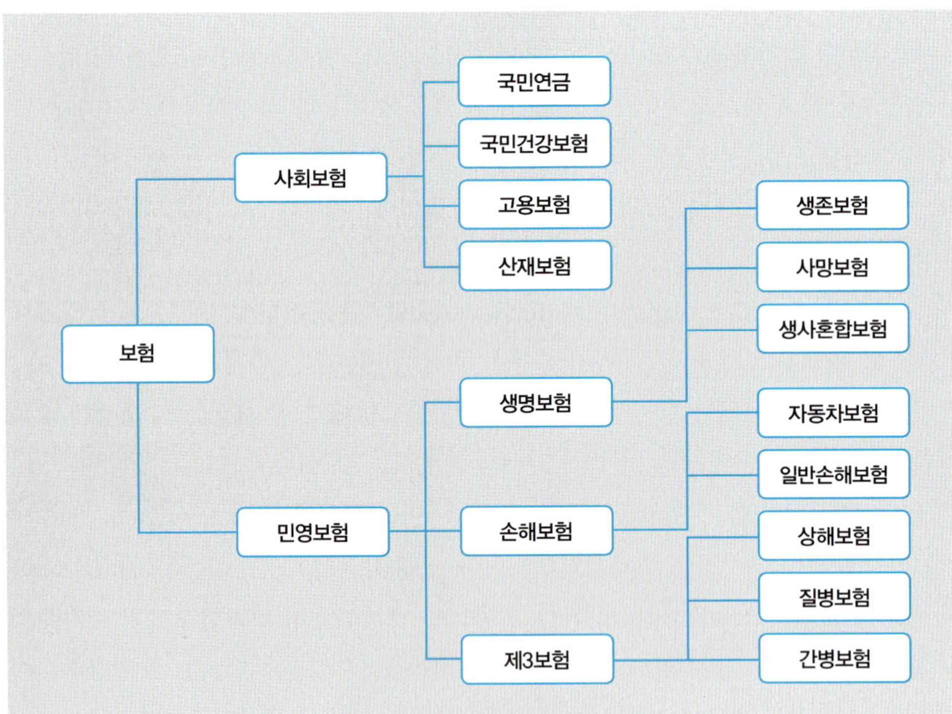

그림 4-3 보험의 종류

자료: 이기춘 · 박명희 · 윤정혜 · 손상희 · 성영애(2009). 소비자재무설계. 학현사. 154

는 보험은 제3보험으로 운용되고 있다. 생명보험은 보험사고가 사람의 생존 또는 사망인 경우를 말한다. 손해보험은 화재보험, 자동차보험 등과 같은 재산상 손실과 위험 발생에 대비하는 것을 목적으로 한다. 제3보험은 사람의 질병, 상해 또는 이로 인한 간병에 관한 경우이다. 또한 보험은 보장의 방법에 따라 보장성 상품과 저축성 상품으로 나눌 수도 있다.

이 절에서는 대표적인 보험 관련 상품으로 건강보험, 종신보험, 자동차보험, 연금보험, 변액보험 등에 대하여 간단히 설명해보고자 한다.

건강보험 국민건강보험으로 충당하지 못하는 개인의 의료비에 대한 부담을 완화하기 위한 목적으로 가입하게 된다. 종신보험과 같이 맞춤형 설계가 가능하다.

종신보험 보장기간이 종신이며 사망원인에 관계없이 보험금이 지급되는 보장성 상품이다. 각 개인에 따라 각종 특약을 부가하여 맞춤형 설계가 가능하므로 다양한 보장을 받을 수 있다.

자동차보험 자동차손해배상보장법의 규정에 따라 자동차보유자가 의무적으로 가입해야 하는 의무보험, 가입자가 가입 여부를 결정할 수 있는 임의보험으로 구분된다. 의무보험에는 대인배상 I(책임보험) 및 대물배상이 있으며, 임의보험에는 대인배상 II, 자기신체사고, 무보험자동차에 의한 상해, 자기차량손해 등이 있다.

연금보험 연금의 경제적 · 사회적 기능의 중요성이 증가함에 따라 생명보험회사에서는 다양한 연금보험 상품을 운용하고 있다. 납입보험료를 적립하는 방식에 따라 일반연금보험, 변액연금보험, 자산연계형 연금보험 등이 있다. 연금수령 시 필요에 따라 종신형, 확정형, 상속형 등의 방법으로 노후자금을 받을 수 있다. 또한 공시이율로 이자를 반영하여 보험금을 적립하므로 비교적 고수익을 보장해주는 저축기능도 있다.

변액보험 보장금액이 정해져 있는 일반보험과는 달리 지급받게 되는 보험금액이 투자수익에 따라 달라지는 보험이다. 투자기능이 추가된 보험상품이므로 물가상승으로 인한 자산의 가치하락을 보완해줄 수 있는 반면에 원금보장이 안 되는 실적상품이므로 주의해야 한다.

보장기능에 따라 변액연금보험과 변액종신보험이 있다. 보험료의 납입이 자유롭고 중도인출이 가능한 변액유니버셜보험도 있다.

생각해보기 4-3

생명보험의 영업보험료 구성

생명보험회사는 예정위험률, 예정이율, 예정사업비율 등을 기초로 하여 보험료를 계산한다. 예정위험률이란 한 개인이 특정시점에 사망할 확률을 미리 예측하여 보험료 계산에 적용하는 사망률이다. 예정이율이란 보험회사가 적립된 금액을 운용함에 따라 기대되는 수익을 미리 예상하여 일정한 비율로 보험료를 할인해 주고 있으며, 이러한 할인율을 의미한다. 예정사업비율은 보험회사가 보험계약을 유지·관리해 나가는데 여러 가지 비용이 발생되며, 보험료 중에서 이러한 경비의 구성비율을 의미한다.

생명보험에서 영업보험료는 순보험료와 부가보험료로 구성되며, 세부적인 구성 내용과 용도는 다음과 같다.

<table>
<tr><th colspan="3">보험료 구성</th><th>용도</th><th>계산의 기초</th></tr>
<tr><td rowspan="5">영업보험료</td><td rowspan="2">순보험료</td><td>위험보험료</td><td>사망보험금, 장애급여금 등의 지급재원</td><td>예정위험률</td></tr>
<tr><td>저축보험료</td><td>만기생존보험금, 해지환급금 등의 지급재원</td><td>예정이율</td></tr>
<tr><td rowspan="3">부가보험료</td><td>예정 신계약비</td><td>신계약체결에 따른 제경비(설계사수당, 진단비, 인쇄비, 전산비, 판촉비 등)</td><td rowspan="3">예정사업비율</td></tr>
<tr><td>예정 유지비용</td><td>회사 및 계약유지 등에 필요한 제경비(인건비, 임차비 등)</td></tr>
<tr><td>예정 수금비</td><td>보험료 수금에 필요한 제경비(자동이체 수수료 등)</td></tr>
</table>

자료: 박광수·양재영·주소현(2016). 개인재무설계 개정판 3. 경문사, 247-248

9) 비과세종합저축 상품

세법 개정에 따라 기존에 운영되었던 세금우대저축은 폐지되고, 2015년 1월 1일부터 비과세종합저축 상품이 신설되었으며, 2019년 12월 31일까지만 가입 가능하다. 가입대상은 2017년 현재 만 63세 이상만 가능, 2018년에는 만 64세 이상부터 가입가능, 2019년에는 만 65세 이상부터 가입 가능하다. 또한 장애인, 독립유공자(유가족 포함), 국가유공자, 기초생활수급자, 고엽제후유증환자, 5·18 민주화운동 부상자 등은 나이와 무관하게 가입 가능하다. 이자소득에 대한 이자소득세 15.4%를 전액 감면받을 수 있다.

1인당 저축원금 기준으로 5천만 원 이내까지 비과세혜택을 받을 수 있으며, 기존의 세금우대저축을 유지하고 있는 경우에는 전 금융기관을 통합하여 5천만 원까지 가능하다.

2.2 금융상품의 선택기준

우리가 가입할 수 있는 금융상품은 매우 다양하며, 각 상품마다 장단점과 특징들이 있다. 일반적으로 금융상품을 선택할 때에는 안전성과 수익성, 유동성(환금성) 등을 고려해야 하고, 이와 함께 저축과 투자의 목적, 기간, 금융기관별로 이루어지고 있는 부대서비스 내용, 금융기관의 건전성 등에 대해서도 종합적으로 살펴볼 필요가 있다.

1) 안전성

투자자들에게는 자신이 선택한 금융상품이 안전한가 하는 점이 매우 중요하다. 안전성이란 금융상품의 투자로 인해 손실이 발생할 가능성이 있으며, 이러한 위험으로부터 자유로운 정도를 말한다. 금융상품 투자로 발생할 수 있는 위험에는 채무불이행위험과 시장위험을 들 수 있다.

채무불이행위험 채권발행자의 지급불능으로 채권에 약정된 이자의 지급과 원금의 상환이 약정대로 이행되지 않을 가능성이다. 예금자 1인당 최대 5,000만 원 한도 내에서 예금자보호법에 의해 보장하고 있다. 금융기관 당 5,000만 원으로 제한되어 있으므로 분할예금 여부도 검토해보는 것이 바람직하다. 보호대상 금융상품은 예금, 보험계약, 예탁금 등의 원금 및 이자이며, 양도성예금증서, 금융투자상품, 금융채 등은 예금자보호법 적용이 제외되는 금융상품이다.

시장위험 금융상품의 시장가격이 매입가격보다 낮은 수준으로 하락할 가능성을 의미한다. 예를 들면, 전체적인 증권시장, 부동산 시장, 또는 특정 증권의 가격이 하락함에 따른 위험으로서 상당한 가격하락이 발생되는 것이다.

2) 수익성

금융상품에 대한 투자로 발생되는 수익에는 소득과 자본이득이 있다. 소득은 이자 또는 배당금으로서 투자한 자본금에 대한 보상으로 발생되는 수익이다. 원금에 대한 이자의 비율로 계산되는 수익률로 측정된다. 실제 수익률은 상품안내 자료에 나오는 표면금리와 다를 수 있으므로 세후(이자소득세 반영)와 세전 수익률을 확인하고 비교하는 것이 필요하다.

자본이득은 증권의 시장가격이 매입가격을 초과함으로써 발생하는 수익을 말한다.

3) 유동성

금융시장환경이 급격하게 변화하고 있고, 새로운 금융상품이 계속 개발되고 있는 상황에서는 투자자가 필요로 할 때 바로 현금화할 수 있는가 하는 유동성(Liquidity)이 상품 선택의 주요 요인으로 꼽힌다. 따라서 투자자는 상품 선택 시 중도해지가 가능한 상품인지, 중도해지가 가능하다면 그에 따른 불이익을 확인해 봐야 하고, 투자목표에 따라 저축기관의 금융상품에 분산투자하는 것이 중요하다. 일반적으로 환금에 소요되는 시간이 오래 걸릴수록, 환금에 따르는 불편 및 거래비용이 클수록, 원금의 손실위험이 클수록 그 금융상품의 유동성은 낮다. 일반적으로 단기상품은 장기상품에 비해 유동성은 크지만 수익률이 낮다.

4) 경제상황

물가상승률에 의한 구매력은 상품 선택에 있어서 매우 중요한 요소가 되는데, 인플레이션이 계속되면 확정금리 상품은 실질구매력이 손실된다. 인플레이션이 높을 때는 금융상품의 이자율 또한 높아진다는 점을 고려해서 단기상품에 투자해서 높아지는 금리의 혜택을 누리는 것이 좋다. 반면에 인플레이션이 낮을 때에는 장기상품에 투자해서 떨어질 금리 손실을 방지해야 한다.

5) 대출 관련 서비스

금융상품과 관련하여 제공되는 다양한 서비스 역시 금융상품 선택의 근거가 된다. 중・장기 금융상품이나 적립식 금융상품들의 경우 대개 부대적인 대출서비스가 제공된다. 적금담보대출이 대표적이며, 거래실적이나 개인의 신용도에 따라 일정 한도의 대출금리를 정하고 필요할 때 자유로이 대출할 수 있도록 하는 자동대출이 보편적이다.

3. 증권투자

자산증식을 위한 목적으로 저축상품과 증권상품이 이용된다. 저축상품은 금융기관에 자금을 맡겨두는 예금이나 적금을 말하며, 위험이 낮은 반면, 정해진 금리 이상의 수익을 기대할 수 없다. 어느 정도의 위험을 안고 상대적으로 높은 수익을 얻고자 할 경우에는 증권에 직접투자할 수 있고, 전문금융기관을 통하여 간접투자할 수도 있다. 직접투자를 하기 위해서는 증권, 즉 주식과 채권의 특성과 증권거래가 발생하는 증권시장과 투자원리를 이해해야 한다.

3.1 증권투자의 기본자세

과거에는 재산 형성의 수단은 주로 저축이었다. 그러나 금리가 낮아지고 물가가 상승하면서 저축보다는 상대적으로 높은 수익을 기대할 수 있는 투자 상품에 관심이 높아지고 있다. 투자는 현재의 희생으로 미래의 더 큰 수익을 기다리는 과정이기는 하나 미래에 대한 불확실성으로 말미암아 위험이 따르게 된다. 일반적으로 투자는 합리적인 전망 하에서 일정한 위험을 감수하고 그에 따른 적정한 수익률을 기대하는 것이다. 반면에 투기란 과도한 위험을 감수하고 단기간 내에 비정상적으로 큰 이득을 얻기 위하여 투자하는 행위이다. 투기는 사행심을 조장하여 단기 차익을 노리는 도박성 거래행위이다.

투자를 위하여 갖추어야 하는 바람직한 자세는 다음과 같다(이기춘 외, 2009).

첫째, 무엇보다도 먼저 투자하고자 하는 이유(목표)를 분명히 해야 할 필요가 있다. 투자목표는 개인의 생애주기 또는 환경적 여건에 따라 다양하다. 예를 들면, 현재수익을 가장 중시하는지 또는 장기적으로 자산증식을 추구하는지에 따라 투자대안이 달라질 수 있다는 것이다.

둘째, 빨리 많은 돈을 벌려는 태도는 삼가야 한다. 빨리 돈을 벌려고 하다가 가진 것까지 잃게 되는 경우가 있으므로 미리 시간적 여유를 가지고 대비하는 것이 중요하다.

셋째, 투자자금을 마련하는데 너무 무리를 하는 것은 금물이다. 투자하는 돈을 다 잃는다 해도 생활을 영위하는데 큰 지장을 초래하지 않도록 해야 하며, 자신과 가정생활에 영향을 미치는 무리한 투자는 삼가야 한다.

넷째, 시간적 여유를 가지고 검토한 후에 정확히 잘 이해하고 투자한다. 주위에서 높은 수익을 보장한다고 투자를 유도하는데 의존하기 보다는 스스로 의사결정하는 것이 중요한 것이다.

다섯째, 투자결정하기 전에 배우자와 반드시 의논하고, 또는 다른 가족원이나 전문가의 자문을 구하는 것이 필요하다.

여섯째, 자신의 투자기질을 먼저 알고, 자신의 기질에 적절한 투자전략을 수립하는 것이 바람직하다. 위험이나 손실을 감당할 수 있는 수준이라고 할 수 있는 투자기질을 미리 알아보는 것은 합리적인 투자활동을 위한 기본적인 자세이다.

3.2 증권시장의 종류

1) 발행시장과 유통시장

증권시장은 유가증권이 발행되고 유통되는 자본시장으로서 발행시장과 유통시장으로 구분된다.

발행시장(primary market)은 신규발행증권이 발행자로부터 투자자에게 최초로 매출되는 시장을 의미한다. 주식이나 채권 등의 증권을 최초로 발행하여 증권회사를 거쳐 투자자에게 매각하여 자금을 조달하는 시장이고, 따라서 1차적 시장이라고도 한다. 발행시장은 구체적 시장이 아니라 추상적 시장이다.

유통시장(secondary market)은 이미 발행된 증권이 투자자 간에 매매되는 시장을 의미한다. 유가증권이 정부나 기업으로부터 일반투자자에게 공급되고, 다시 많은 투자자들 간에 매매되는 시장이다. 개인 투자자 또는 기관 투자자, 예를 들면 증권회사, 보험회사, 은행 등의 사이에서 매매되는 시장이며, 제2차 시장이라고도 한다. 유가증권이 실질적으로 매매되는 시장이며, 거래가 이루어지는 장소에 따라 거래소시장과 장외시장 등으로 구분할 수 있다.

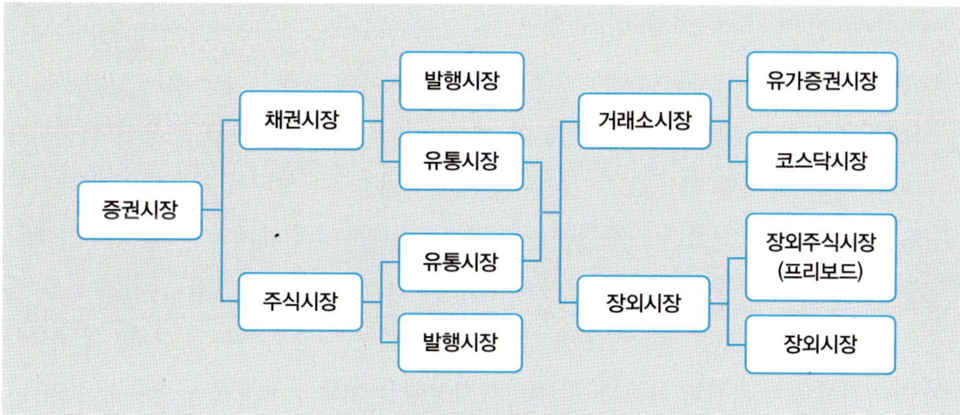

그림 4-4 증권시장의 분류

자료: 이기춘 · 박명희 · 윤정혜 · 손상희 · 성영애(2009). 소비자재무설계. 학현사. 231. 재작성

2) 거래소시장과 장외시장

거래소시장은 일정한 조직과 설비를 갖춘 거래소에 상장된 증권을 경쟁입찰 또는 표준화된 규칙에 따라 집단적으로 매매하는 구체적이고 조직화 된 시장으로서 장내시장((on-board market)이라고도 한다. 거래소에서 거래되기 위해서는 소정의 상장요건을 갖추어야 한다. 거래소는 공정한 거래질서 확립을 통한 시장의 안정과 투자자 보호를 위해 각종 매매제도공시제도의 운영 등 시장관리업무를 수행한다. 주식은 주로 거래소시장을 통한 거래가 집중적으로 이루어지고 있다. 우리나라에는 한국거래소가 있으며, 거래소 내에 사업본부제 형식으로 유가증권시장, 코스닥시장, 선물시장으로 각각 독립적인 시장으로 구분된다.

장외시장(off-board market)은 상장증권은 물로 비상장증권에 대하여 고객 상호 간, 고객과 증권회사 간 1대1의 개별적인 매매거래 형태로 이루어지는 비조직적인 시장이다. 장외시장에서는 매매거래 당사자 간에 자율적으로 거래되기 때문에 거래가격은 동일시간, 동일종목이라고 하더라도 매매당사자 간에 따라 상이하게 형성될 수도 있다. 거래의 대부분이 증권회사의 창구에서 이루어진다고 하여 점두시장(over-the-counter market)이라고도 한다.

일반적인 장외시장과는 달리 조직화된 장외시장으로서 프리보드(free board)가 있다. 유가증권시장 및 코스닥시장에 상장되지 않은 기업들의 증권매매를 위하여 한국금융투자협회가 개설 · 운영하는 새로운 증권시장이다.

3) 유가증권시장과 코스닥시장

유가증권시장이란 유가증권의 매매가 이루어지는 곳이며 거래소시장이다. 일반투자자가 거래소시장에서 주식을 매매하고자 할 때에는 반드시 거래원으로 등록된 증권회사에 위탁해야 하며, 어떤 회사의 주식이나 채권이 유가증권시장에서 거래되기 위해서는 상장을 해야 한다. 상장이란 유가증권을 증권선물거래소에서 매매할 수 있도록 등록하는 것이다. 소정의 상장심사 절차를 거쳐서 매매가능한 것으로 인정을 받은 증권은 상장증권이라 하며, 이러한 상장증권을 발행하는 회사는 상장회사라고 한다. 상장심사 절차는 유가증권의 원활한 유통과 공정한 가격형성을 통해 투자자를 보호하는 것이다.

코스닥시장(KOSDAQ)은 중소기업과 벤처기업 중심의 고수익-고위험을 추구하는 역동적인 증권시장이다. 유망 벤처기업 등에게는 장기적으로 안정적인 자금을 조달할 수 있도록 기회를 부여하고 투자자에게는 유가증권시장에서의 상장주식 이외에 작지만 강한 중소규모의 기업에서 발행하는 주식에 투자할 수 있는 기회를 제공하는 것이다. 코스닥시장에서 매매를 하고자 하는 기업에서는 코스닥시장에 상장해야 한다.

3.3 주식투자와 채권투자

넓은 의미의 증권은 금융시장에서 자금거래 시에 발생되는 금전적인 청구권을 증서로 표시한 것으로서 수표, 어음, 주식, 채권 등 모두 포함된다. 좁은 의미에서는 시장에서 거래되는 자본증권으로서 주식과 채권을 의미한다. 이 절에서는 주식과 채권에 대한 투자를 중심으로 살펴보고자 한다.

1) 주식투자

(1) 주식의 종류

주식이란 주식회사의 출자지분을 나타내는 유가증권이며, 주식의 소유자인 주주는 경영권, 배당권, 잔여재산분배청구권, 신주인수권 등을 가진다. 경영권이란 기업의 주인인 주주로서 기업경영을 위한 의사결정에 참여하게 된다는 것이다. 배당권이란 기업의 이익을 배당받을 수 있는 권리를 의미한다. 그리고 잔여재산분배란 기업이 해체하게 된다면 빚 등을 갚고 남은 재산을 주식소유량 만큼 주주들에게 나누어주는 것을 말하며, 이에 대한 청구권이 있다는 것이다. 신주인수권이란 회사가 주식을 신규로 발행할 때에 우선적으로 신청할 수 있는 권리이다. 의결권과 배당권 중에서 어느 쪽을 강조하느냐에 따라 보통주와 우선주로 구분할 수 있다.

보통주 주주가 가지는 각종의 권리를 골고루 평등하게 가진 주식을 말한다. 먼저 투표권을 행사하여 기업경영의 의사결정에 참여할 수 있다. 또한 기업의 실적이 발생하였거나 잔여자산이 분배될 때에 우선주 다음 순위로 일정금액의 배당금이나 자산분배를 받을 수 있다. 보통주의 시장가격이 상승하므로 자본이득을 얻을 수 있으며, 시장가격이 하락할 때는 자본손실이 발생할 수 있다.

우선주 배당가능이익이 발생하거나 잔여재산이 분배될 때에 일정 금액의 배당이나 자산분배를 먼저 받을 수 있는 주식이다. 배당우선권이 있는 대신 경영참여 의결권은 없다. 우선주는 회사의 경영참여에는 관심이 없고 배당 등 자산소득에 관심이 있는 투자자를 대상으로 회사의 자금을 용이하게 융통하기 위해 발행한다. 우선주에서 의결권이 영속적으로 제한된다는 점을 개선하여 일정기간이 지나면 보통주로 바꿀 수 있도록 하는 신형우선주가 있다.

(2) 기본 용어

주가와 액면가 보통주의 시장거래가격을 의미한다. 주가는 기업의 실적을 나타내는 것이며 수요와 공급에 의해 매시간 변화된다. 주가가 매시간 변동되는 것에 반하여 액면가는 주식의 권면에 기재되어 있는 금액이다.

주가지수 주식의 유통시장에서 형성되고 있는 주식가격의 변동을 종합적으로 표시한 것을 의미한다. 주가지수는 기준시점의 주가수준을 100으로 하여 비교시점의 주가수준을 비교한 것이다. 우리나라의 주가지수는 어느 특정시점에서 채용종목의 시장가치인 시가총액에 따라 가중치를 부여하여 지수를 계산한 것이다. 시가총액은 주가에 발행주식 수를 곱하여 산출하므로 '시가총액식'이라고도 한다.

$$\text{시가총액식 주가지수} = \frac{\text{비교시점의 시가총액}}{\text{기준시점의 시가총액}} \times 100$$

종합주가지수 증권시장에 상장된 모든 종목의 주가변동을 종합한 지표이다. KOSPI(Korea Stock Price Index: 한국종합주가지수)는 우리나라의 대표적인 주가지수로서 유가증권시장에 상장되어 있는 모든 주식을 대상으로 하는 가치가중지수이다. KOSPI는 1980년 1월 4일을 기준시점으로 하여, 매일의 시가총액을 기준시점의 시가총액으로 나누어 계산한다.

$$\text{KOSPI} = \frac{\text{비교시점의 시가총액}}{\text{기준시점(1980.1.4.)의 시가총액}} \times 100$$

KOSDAQ 지수 코스닥시장에 상장된 주식을 대상으로 시가총액식으로 계산된다. 기준일은 1996년 7월 1일이며, 기준지수는 1000이다.

(3) 주식투자의 특성

주식투자는 다음과 같은 장점을 가지고 있다.

첫째, 이자수익에 비하여 상대적으로 높은 수익을 기대할 수 있다. 현재의 저금리 시대에서 주식은 은행저축이나 채권투자보다는 더 높은 수익성이 있다.

둘째, 시장성이 높다. 증권시장을 통하여 수시로 거래가 이루어질 수 있으므로 자금이 필요할 때는 언제든지 현금화할 수 있다. 매매절차가 비교적 간단하며 매매에 따른 모든 부수적인 업무는 증권회사에서 대행해주므로 비교적 편리하게 이용할 수 있다.

셋째, 인플레이션 해지기능이 있다. 주식은 보유한 기업에 대한 소유권을 나타내므로, 물가가 오르면 그만큼의 소유자산 가격이 오르고, 주식의 가격도 오르는 경향이 있다는 것이다.

반면에 주식투자는 다음과 같은 단점이 있으므로 유의해야 한다.

첫째, 시장위험이 크다. 주식은 위험자산이며 높은 수익을 기대할 수 있는 만큼 위험 또한 크다. 경기순환, 증권시장의 변동, 특정 증권의 가격변동으로 주가가 하락할 위험이 있다.

둘째, 유동성위험(liquidity risk)이 있다. 수시로 매도할 수 있는 장점이 있으나, 투자한 증권을 유통시장에서 현금화하려고 할 때 유동성위험이 발생될 수 있다. 거래

일방이 일시적인 자금부족으로 정해진 결제시점에서 결제의무를 이행하지 못함으로써 거래 상대방의 자금조달계획 등에 악영향을 미치게 되는 위험을 말한다.

셋째, 이자율위험이 크다. 예상치 못한 높은 인플레이션이 발생되면 채권 등 다른 투자대안의 이자가 오르고 주가가 하락하게 되며, 이는 투자자들의 자산구성과 자산가치 감소에 영향을 주게 되며, 이를 이자율위험이라고 한다.

2) 채권투자

국가, 지방자치단체, 공공기관, 주식회사, 특수법인 등 채권 발행가능 주체가 일반투자자들로부터 비교적 장기자금을 차입하기 위하여 발행하는 유가증권이다. 일정한 기간 후에 원금반제와 일정한 이자의 지불을 약속한 일종의 차용증서이다. 채권은 발행가능 주체가 법률로써 정해져 있으며, 이는 일반적인 차용증서와 다른 점이다.

(1) 채권의 종류

채권은 발행주체, 이자지급방법, 권리내용, 상환기간 등 분류방법에 따라 여러 가지 종류로 나누어진다.

발행주체에 따른 분류 가장 기본적인 채권의 분류방법이다. 국채, 지방채, 특수채는 통상적으로 국공채라고 부른다.

- 국채: 정부 및 정부기관이 발행한 것
- 지방채: 지방자치단체가 발행한 것
- 특수채: 한국전력공사, 토지공사 등이 특별법에 의거하여 발행한 것
- 금융채: 한국은행, 한국산업은행 등 금융기관이 발행한 것
- 회사채: 국내외 주식회사가 발행한 것

이자지급방법에 따른 분류

- 이표채: 채권의 표면에 정기적으로 지급할 이자(이표, coupon)가 명기되어 있으며, 이자지급일에 약정이자를 지급받게 된다. 우리나라의 경우 보통 3개월, 외국의 경우에는 보통 6개월마다 이자를 지급하고 있다. 대부분의 회사채는 이표채이다.
- 할인채: 만기까지의 이자를 액면금액에서 미리 할인하여 발행하는 것이다. 대부분 1년 만기로 운영된다.

생각해보기 4-4

자동차 구입 시 채권매입

신차를 구입하여 등록을 하기 위해서는 지방자치단체가 발행하는 채권(공채)을 의무적으로 구입해야 한다. 차를 구입하는 지역에 따라 채권의 종류와 구입가격도 다르다. 서울의 경우에는 7년 만기의 서울도시철도채권, 부산은 5년 만기의 부산교통채권 등을 매입해야 한다.

매입하는 공채의 규모는 배기량에 따라 서로 다르다. 신차를 기준으로 할 때 2000cc 이상 대형차는 차가격의 12~20%이며, 1,500~2,000cc 미만의 중형차는 차가격의 8~12%, 1,000~1,500cc 미만의 준중형차는 차가격의 6~9%, 1,000cc 미만의 소형차는 차가격의 3~4%, 그리고 800cc 미만의 경차는 1.5~4.0%이다.

자료: 박광수 · 양재영 · 주소현(2016). 개인재무설계 개정판 3. 경문사, 411. 재구성

- 복리채: 채권의 권면에 표시되어 있는 이자를 중간에 지급받지 않고 재투자하여 만기까지 복리로 계산되며, 만기상환 시에 원금과 이자를 동시에 지급받는 채권이다.

권리내용에 따른 분류

- 보증채: 액면가와 이자상환에 대하여 공신력 있는 정부 또는 금융기관이 보증하는 채권이다. 보증주체에 따라 정부보증채와 신용보증기금, 은행 등이 지급을 보증하는 일반보증채로 구분된다.
- 담보부채권: 발행주체의 특정자산을 담보로 발행하는 채권이다.
- 무보증채: 발행주체의 신용도에 의해 발행되어 유통되는 채권이다.

상환기간에 따른 분류

장단기 채권의 만기는 확정되어 있는 것은 아니다. 통상적으로 단기채는 1년 이하, 중기채는 1~5년, 장기채는 10년 이상 등 3가지로 구분하고 있다.

(2) 기본 용어

채권과 관련된 기본 용어를 정리하면 다음과 같다.

- 액면가: 채권 1장마다 권면에 표시되어 있는 금액을 말한다. 현재 우리나라에서는 액면의 최저한도를 1만 원권 이상으로 발행하도록 정하고 있다.

표 4-3 주식과 채권의 비교

구분	주식	채권
발행자	주식회사	정부, 지방자치단체, 특수법인, 금융기관, 주식회사
자본조달형태	자기자본	타인자본(부채)
증권의 존속기간	영구증권	기한부증권
증권소유자의 지위	주주	채권자
보수의 형태 및 성격	이익발생 시 배당금 수령	확정이자 수령
조달원금 상환의무	상환의무 없음	만기 시 원금상환
가격변동 위험	채권에 비해 크다	주식에 비해 작다

자료: 박광수 · 양재영 · 주소현(2016). 개인재무설계 개정판 3, 경문사, 400. 재구성

- 표면이자율: 채권발행 시 액면금액에 대하여 1년 동안 지급하고자 하는 확정된 이자율을 말한다.
- 잔존기간: 기발행된 채권을 중도매매할 때에 매매일로부터 원금상환까지의 기간을 말한다. 채권의 발행일로부터 원금상환일까지의 기간인 원금상환기간과는 다르다.
- 수익률: 투자원본에 대한 수익비율로서 통상 1년 단위로 계산된다.
- 경과이자: 발행일 또는 직전 이자지급일의 다음날부터 매매일까지의 기간 동안 표면이자율에 따라 계산한 이자

(3) 채권투자의 특징

채권투자는 다음과 같은 장점을 가지고 있다.

첫째, 채권투자는 투자위험이 낮다. 정부, 금융기관, 주식회사 등 공신력 있는 기관만이 발행할 수 있으므로 안전한 투자수단이다. 또한 발행 시에 지급해야 할 이자와 상환금액, 상환조건이 확정되어 있으며, 만기 시까지 보유한다면 원금손실 가능성이 매우 낮으므로 안전한 투자방법 중 하나이다.

둘째, 시장이자율이 하락할 때 채권가격이 상승하여 자본이득을 얻을 수 있다.

셋째, 유동화가 용이하다. 주식과 마찬가지로 유통시장에서 현금화가 용이하며, 따라서 유동성리스크는 상대적으로 적다.

넷째, 자금수급계획수립에 용이하다. 채권의 이자수입과 이자지급시기가 확정되어

있으며, 이는 은퇴생활자의 생활비 충당이나 다른 투자에 소요되는 자금을 확보하는 데 안정적인 수단이 된다.

채권투자는 다음과 같은 단점이 있다.

첫째, 채무불이행위험이 있다. 이자 또는 액면금액의 지급이 이루어지지 못하는 위험을 의미한다. 원리금을 전혀 지급받지 못하는 완전불이행과 원리금의 일부지급 또는 지급연기가 되는 부분불이행이 있다. 일반적으로 발행주체의 신용등급이 낮을수록 채권수익률이 높으며, 이는 채무불이행위험의 차이와 관련성이 있다.

둘째, 이자율위험이 있다. 이자율변동으로 인하여 발생되는 채권투자수익의 불확실성이다. 시장이자율이 상승하면 채권가격은 하락하게 되어 자본손실이 발생된다는 것이다. 이를 채권가격위험이라고도 한다.

셋째, 조기상환위험이 있다. 발행주체가 채권을 조기상환할 때, 발생하는 위험이다. 채권을 발행한 기업은 금리가 큰 폭으로 하락하면 기존의 채권을 조기상환하고 낮은 금리로 채권을 다시 발행하여 이자부담을 줄일 수 있다.

넷째, 구매력위험이 있다. 높은 인플레이션으로 인하여 화폐의 구매력은 감소하나, 채권의 액면가는 인상되지 않기 때문에 발생된다.

4. 금융자산관리를 위한 주요 개념

4.1 화폐의 시간가치와 재무설계

화폐의 시간가치는 화폐의 기회비용의 일종이다. 현재 욕구충족을 위해 화폐를 쓰게 되면 그 화폐의 시간가치, 즉 장래이자를 잃어버리게 되는 것이다. 그러나 저축을 하게 되면, 화폐의 시간가치는 이자율과 투자기간에 따라 증가하게 된다. 투자 시에 제공되는 이자율은 인플레이션으로 인한 화폐의 가치상실을 보상하는 의미로 이해할 수 있다. 화폐의 시간가치는 미래가치와 현재가치로 설명할 수 있다.

미래가치와 현재가치 현재 일정 금액을 투자하여 일정기간이 지나면 가치가 늘어나게 되는데 이것을 미래가치라고 한다. 투자기간이 길수록, 이자율이 높을수록 미래가치는 높아진다. 예를 들면, 현재 100만 원을 연 10%의 이자율로 저축할 때, 1년 후에는 110만 원이 된다. 현재가치 100만 원의 미래가치는 110만 원이다.

적금의 미래가치 한 달에 10만 원씩 이자율 10%로 40년을 모으면, 복리계산할 경우 5억3,000만 원이 된다. 이것이 현재 월 10만 원에 대한 40년 후의 미래가치이다.

$$\text{미래가치} = \text{원금} \times (1 + \text{이자율})^{\text{기간}}$$

연금의 현재가치 장래의 화폐의 양을 현재가치로 환산한 값이다. 투자한 화폐의 미래가치를 알 때 투자원금을 구하는 것이다. 이는 복리계산을 역으로 하는 것이므로 할인(discounting)이라고 한다. 이자율이 높을수록, 기간이 길수록 현재가치는 적어진다. 예를 들면, 20년 뒤 1억 원의 연금을 일시불로 받는다면 물가상승률을 7%로 가정할 때 그 화폐는 지금의 얼마(즉 현재가치)와 같은지를 알아보자. 계산해보면 2,564만 원이 된다.

$$\text{현재가치} = \text{미래가치} \,/\, (1 + \text{이자율})^{\text{기간}}$$

화폐가 시간에 따라 다른 가치를 가지게 되는 이유는 다음의 두 가지로 설명된다(박광수 외 2인, 2016).

첫째, 인플레이션이 발생되면 화폐가치가 떨어지기 때문이다. 일반적인 경제상황에서 인플레이션이 발생되는 현실을 고려하면, 미래의 화폐에 대한 가치는 현재에 비하여 떨어지는 것은 당연하다.

둘째, 인간의 속성상 현재를 미래보다 더 선호하는 경향이 있기 때문이다. 인간은 근본적으로 유한하며, 동시에 미래에 대한 불확실성이 존재하기 때문이다. 미래의 불확실성에는 미래에 대한 위험이 있다는 것이며, 이로 인하여 인간에게는 현재선호 현상이 뚜렷하게 있다는 것이다.

이와 같이 인플레이션과 시간선호의 이유로 인하여 시간에 따라 다른 가치를 가지게 되므로 화폐의 시간가치는 재무설계 시에 고려해야 하는 중요한 사항이다. 특히 주택마련, 자녀교육비 마련 또는 은퇴자금 마련 등의 중·장기 재무목표를 설정함에 있어서 자금계획은 구체적인 금액으로 제시되어야 하며, 이러한 금액의 가치가 현재와 미래의 시점에서 차이가 있다는 것을 반영해야 하기 때문이다.

4.2 이자계산

이자를 계산하는 방법에는 단리(simple interest)와 복리(compound interest)가 있다.

단리 원금에 대해서만 약정된 이자율과 기간을 곱해서 이자를 계산하는 방법이다.

복리 일정기간마다 이자를 원금에 합쳐서 그 합계금액에 대한 이자를 다시 계산하는 방법이다. 복리는 시간의 경과에 따라 원금이 계속 불어나가는 것이 되며, 그에 따라 가치도 올라가게 된다. 종잣돈을 마련하고자 할 때에는 복리상품에 가입하는 것이 유리하다. 노후자금과 같은 장기간 저축상품을 선택할 때는 특히 복리상품을 선택해야 한다.

4.3 포트폴리오 전략

자산배분전략이라고도 한다. "계란을 한 바구니에 담지 말라."는 격언에서 의미하는 바와 같이 분산투자를 통하여 투자위험을 줄이라는 것이다. 개인과 가계는 투자위험을 줄이기 위하여 주식, 채권, 부동산, 현금성 자산 등 여러 종류의 자산이나 여러 종목의 증권에 분산투자하는 전략이다. 분산투자는 성격이 서로 다른 자산의 조합일수록 효과가 크다. 분산이란 서로 다른 위험의 특성을 가진 투자대안을 선택함으로써

표 4-4 단리와 복리의 가입기간별 수령액 비교

	원금	이자율	계산식	저축기간		
				10년	20년	30년
단리	1,000만 원	연 10%	원금×(1+이자율×기간)	2,000만 원	3,000만 원	4,000만 원
복리	1,000만 원	연 10%	원금×(1+이자율)^{기간}	2,594만 원	6,727만 원	1억7,449만 원

한 유형의 투자수익이 내려가면 다른 유형의 투자수익은 증가할 수가 있으며, 전체적인 포트폴리오가 안정적으로 유지되도록 하는 것이다. 유의해야 할 것은 분산의 목적은 위험을 줄이는 것이며, 높은 수익을 얻고자 하는 방법은 아니라는 점이다. 분산은 다양한 방법으로 가능하다(이기춘 외, 2009).

다양한 투자대안 간의 분산투자 주식, 채권, 저축, 부동산 등의 투자대안들은 가격의 변동이 같이 일어나는 경우는 것의 없으므로 경제적 변동으로부터 보호 장치가 될 수

생각해보기 4-5

성공적인 목돈 전략

1. 저축에 꼬리표를 단다.
   목적 없이 저축하다 보면 중간에 깨지기 쉽다. 적금이든 적립식 펀드이든 돈을 모으고자 하는 '목적'을 반드시 부여해야 한다.
2. 저축기간을 정한다.
   목적이 분명히 정해졌다면 그 목적에 맞는 기간을 계산하여 저축기간을 정한다. 예를 들면, 25세 회사원 김 모 양의 '결혼자금 마련'이라는 목적은 3년 또는 5년까지로 생각하여 그 기간에 맞는 저축을 한다.
3. 금융기관과 상품을 선택한다.
   저축기간이나 수익률을 고려하여 금융기관을 선택한다. 안전하고 수익률이 높은 저축을 원한다면 1년 이내는 CMA를 고려해볼 수 있으며, 1년 이상 저축 시에는 저축은행 적금 및 장기주택마련저축에 가입이 가능하며, 10년 이상이라면 연금이나 유니버셜 등과 같은 보험사 상품을 이용할 수 있다. 또는 고수익을 위해 원금손실 리스크를 감수하고 펀드를 가입한다면 3년 이상 지속해야 원금손실 확률을 많이 낮출 수 있다.
4. 금리(수익률)를 확인한다.
   어느 회사의 어느 금융상품이 금리나 수익률이 더 좋은지 따져봐야 한다. 금리는 계산방법에 따라 단리와 복리가 있다. 복리는 최초 원금에 대한 이자는 물론 이자에 대한 이자까지 계산하는 방법이므로 단 1% 포인트 차이라 하더라도 복리계산 시 일정기간 경과 후에는 엄청난 수익률 차이를 가져올 수 있다. 또한 명목금리에서 물가상승률을 뺀 실질금리에 대한 이해도 필요하다.
5. 금리에는 세금이 있다.
   금리는 이자수입이며 이에 따른 세금이 부과되므로, 일반과세 금융상품인지 여부를 확인하고, 반드시 세후 금리를 확인해야 한다. 비과세 혜택이 있는 상품의 수익률이 더 높다.

자료: 채정숙 · 김정숙 · 김인숙 · 유두련 · 김정희 · 박명숙(2013). 생활경제와 소비자트렌드(개정판). 신정, 173. 재작성

있다.

투자대안 내의 분산투자 보통주에 투자하더라도 다양한 회사 간에, 또는 서로 다른 산업분야 간에 분산하는 것을 말한다.

만기일에 따른 분산투자 채권이나 저축구좌와 같이 고정된 만기금액이 있는 투자대안을 만기일에 따라 분산하는 것이다. 시장위험을 줄일 수 있으며, 새로운 투자자본을 마련하는데 도움이 된다.

지역에 따른 분산투자 특정지역에 한정된 투자보다는 여러 지역, 다양한 국가들에 투자할 경우 변동성이 작아서 안정적인 수익을 기대할 수 있다.

5. 금융소비자보호제도

5.1 금융소비자보호의 필요성

금융소비자는 개인이나 법인이 금융회사와 직접 또는 간접적으로 금융서비스를 이용하거나 금융상품 계약을 체결하는 등 거래하는 상대방으로 정의할 수 있다. 이러한 금융소비자에는 은행의 예금자, 금융투자회사의 투자자, 보험계약자, 신용카드이용자 등 거래당사자 뿐만 아니라 잠재적으로 금융회사의 상품이나 서비스를 이용하고자 하는 자를 포함한다(금융감독원, 2011).

금융거래를 함에 있어서 금융소비자는 현실적으로 다음과 같은 어려움을 겪게 된다(김병연, 2009; 방영민, 2010).

첫째, 금융거래를 함에 있어서 상당한 관련 지식과 정보를 필요로 하고 있음에도 불구하고 금융기관과 소비자 간에 정보불균형 하에서 이루어지고 있다는 것이다. 그러므로 금융소비자는 자신의 이익에 가장 부합하는 의사결정을 하는 데 어려움을 겪게 된다는 것이다.

금융시장에서 정보의 비대칭이란 금융상품의 종류가 매우 다양하고 복잡하여 어떠한 상품이 있는지를 파악하는데 어려움이 있을 뿐만 아니라 각 상품의 효용성이나 기능을 파악하는 것이 용이하지가 않다는 것이다. 또한 금융소비자는 자신의 니즈를 정확하게 파악하기가 용이하지 않으며, 따라서 각 상품이 어느 정도의 소비자 니즈와 수익률을 충족시켜줄 수 있는가에 대하여 정확하게 판단하기가 어렵다는 것이다.

둘째, 금융시장에서 소비자의 교섭력이 금융공급자에 비하여 열악한 위치에 있다는 것이다. 소비자의 교섭력이란 선택의 다양성, 가격흥정의 가능성, 거래교체 용이성, 정보력의 우위 등 네 가지 척도로 설명할 수 있다. 금융거래는 대부분 대형 금융기관과 개인과의 거래로 이루어지며, 따라서 금융소비자는 금융상품 선택을 하거나 거래조건을 결정함에 있어서 선택을 할 수 있는 여지가 거의 없다는 것이다. 소비자는 금융기관들이 만든 표준화된 상품을 받아들일 수밖에 없는 현실이며, 금융기관들이 일방적으로 정한 가격에 따라 거래에 임하게 되는 것이다. 또한 일단 거래를 정하고 나면 거래를 변경하기가 어려우며, 변경하고자 할 때에 상당한 손해를 보게 된다는 것이다.

셋째, 최근 금융산업의 글로벌화에 따라 금융상품이 더욱 다양화되고 있으며, 이는 소비자와 공급자 간에 정보의 비대칭성을 심화시키며 교섭력의 불균형을 더욱 확대시키는 결과로 이어지게 되었다.

넷째, 금융기관 간의 판매경쟁이 심화되면서 소비자가 불만족스러운 상태에서 거래가 이루어지는 불완전판매가능성이 증대되고 있는 실정이다,

금융소비자보호제도는 금융공급자에 비하여 금융소비자의 정보 비대칭성과 교섭력 부족에 따른 시장실패를 사후 보정하는 시장 감독기능이다. 금융소비자가 금융회사에 비하여 전문지식이 부족하고 교섭능력이 낮아서 소비자권익과 재산을 보호하기 어려운 불공정한 상태에 빠질 수 있기 때문이다. 이러한 금융소비자문제를 해소하기 위하여 예금자보호제도, 금융거래 약관제도, 분쟁조정제도, 금융소비자 교육제도 등을 두고 있다.

표 4-5 금융소비자보호제도

목적	제도
정보의 비대칭성 해소	예금자보호제도, 약관제도, 공시제도, 공정한 정보 이용, 분쟁조정제도, 금융소비자교육
경쟁촉진	시장구조개선, 불공정거래 규제
경영효율성 제고	경영지도, 효율적 정보 이용

자료: 방영민(2010). 금융의 이해. 법문사, 578

예금자보호제도 금융회사가 고객의 예금을 지급하지 못하게 될 경우 예금보험공사가 일정한 한도 내에서 대신 지급해주는 제도이다.

금융거래 약관제도 금융거래 시에 약관에 대하여 감독당국의 승인을 받도록 하여 거래의 공정성을 높이고 표준화하기 위한 것이다.

분쟁조정제도 거래당사자 간의 금융분쟁을 조정하여 거래질서를 유지하고, 더 나아가 거래결과에 대한 합리적 예측이 가능하도록 하는 역할을 한다.

금융소비자교육 금융시장, 상품, 제도 등에 관하여 정보를 제공함으로서 이해를 높이는 데 기여하며, 결과적으로 금융소비자가 합리적인 의사결정을 하는 데 도움을 주는 것이다.

이에 더하여 금융공급자의 공개 확대를 통하여 시장참여자의 자율적인 감시기능을 촉진하여 공정경쟁을 유지하도록 하는 사전 예방적인 시장규율의 확립방안도 시행되고 있다. 우리나라의 금융소비자보호제도는 금융소비자의 정보의 비대칭성 문제 해소와 금융공급자를 대상으로 하는 금융시장의 공정경쟁 촉진, 금융회사의 경영효율성 제고를 목표로 하고 있다(방영민, 2010).

5.2 예금자보호제도

도입배경 예금자보호제도는 금융환경의 급변으로 금융기관이 부실화되거나 도산할 가능성이 높아짐에 따라 금융기관이 예금 지급정지, 영업 인허가의 취소, 해산 또는 파산 등으로 고객의 예금을 지급하지 못하게 될 경우를 대비하여 금융안전망의 일환으로 도입하게 되었다. 1995년 12월 '예금자보호법'을 제정하고, 1996년 6월 '예금보험공사'를 설립하여 금융기관이 고객의 예금을 지급하지 못하게 될 경우에 이를 보장하도록 하는 것이다.

예금보호대상 금융상품 예금자보호제도 하에서는 가입 금융기관이 예금보험사고가 발생한 경우에 원금과 소정의 이자를 포함하여 1인당 최고 5,000만 원까지 예금을 보장받게 되어 있다. 예금보험사고가 발생한 금융기관의 예금자는 예금보험공사가 신문에 공고한 지급시기와 방법에 따라 예금을 지급받게 된다. 보호받지 못한 예금에 대해서는 채권자로서 파산절차에 참여하여 다른 채권자들과 함께 채권액에 비례하는

표 4-6 예금자보호 및 비보호 금융상품 현황

금융기관	보호대상 금융상품	보호대상 제외 금융상품
은행	- 요구불 예금, 저축성 예금, 적립식 예금, - 금전신탁(연금신탁, 퇴직신탁 등 원금보전형 신탁) - 외화예금	- CD, RP, 은행발행채권 - 실적배당형 신탁 - 간접투자상품(MMF, 수익증권, 뮤츄얼 펀드) - 농·수협중앙회 공제상품
증권회사	- 고객계좌에 현금으로 남아있는 금액(증권저축, 위탁자 예수금, 저축자 예수금, 수익자 예수금 등) - 자기신용대주담보금, 신용거래계좌설정담보금, 신용공여담보금 등의 현금잔액	- 유가증권, 청약자 예수금, 제세금 예수금, 유통 금융대주담보금, RP, CMA, 증권사발행 채권 - 간접투자상품(MMF, 수익증권, 뮤츄얼 펀드)
보험회사	- 개인이 가입한 보험계약(변액보험 제외) - 퇴직연금 및 개인 퇴직계좌 적립금	- 법인보험계약, 보증보험계약, 재보험계약, 변액보험 주계약
종합금융회사	- 발행어음, 표지어음, 어음관리계좌(CMA)	- 수익증권, RP, 종합금융회사 발행채권, 매출어음 등
상호저축은행	- 보통예금, 저축예금, 정기예금, 정기적금, 신용부금, 표지어음	- 저축은행 발행 채권 등

자료: 송지영·구자삼(2015). 재무설계와 자산관리. 삼영사. 271-272; 방영민(2010). 금융의 이해. 법문사. 266

배당을 받을 수 있다.

금융기관별, 예금종류별 예금자보호대상 금융상품은 〈표 4-6〉과 같다.

요약

저금리 시대가 정착되어 감에 따라 시중의 자금이 은행의 예금 등 저축에서 펀드, 주식시장, 부동산 등에의 투자로 이전시키는 촉진요인으로 작용하고 있으며, 따라서 투자의 중요성이 더욱 커지고 있다. 금융자산을 안정적이고 효율적으로 운용하기 위해서는 무엇보다도 먼저 금융시장의 기능과 구조, 금융기관의 체계에 대하여 이해해야 한다.

금융시장에서는 금융기관이 자금을 운용하는 사람들에게 제공하는 금융상품이 거래되며, 따라서 개인과 가계 구성원의 금융자산 관리의 목적을 달성하기 위하여서는 금융상품의 다양한 종류에 대하여 알고 있어야 하겠다.

저축상품은 위험이 낮은 반면, 정해진 금리 이상의 수익을 기대할 수 없다. 어느 정도의 위험을 안고 상대적으로 높은 수익을 얻고자 할 경우에는 증권에 직접 투자할 수도 있고, 전문금융기관을 통하여 간접투자를 할 수도 있다. 직접 투자를 하기 위해서는 증권, 즉 주식과 채권의 특성과 증권거래가 발생하는 증권시장을 이해하고, 투자의 원리에 대하여 이해해야 한다. 일반적으로 경제가 발달할수록 주식, 채권 등의 금융자산투자의 기회가 많아지며, 저축을 통하여 안정적인 이자수익을 얻기보다는 위험이 수반되기는 하나 보다 큰 이익을 기대할 수 있으므로 투자를 통하여 자산증대를 도모하게 된다.

금융거래를 함에 있어서 금융소비자는 현실적으로 많은 어려움을 겪게 된다. 금융소비자보호제도는 금융공급자에 비하여 금융소비자의 정보 비대칭성과 교섭력 부족에 따른 시장실패를 사후 보정하는 시장 감독기능이다. 금융소비자가 금융회사에 비하여 전문지식이 부족하고 교섭능력이 낮아서 소비자권익과 재산을 보호하기 어려운 불공정한 상태에 빠질 수 있기 때문이다. 이러한 금융소비자문제를 해소하기 위하여 예금자보호제도, 금융거래 약관제도, 분쟁조정제도, 금융소비자 교육제도 등을 두고 있다. 예금자보호제도는 금융환경의 급변으로 금융기관이 부실화되거나 도산할 가능성이 높아짐에 따라 금융기관이 고객의 예금을 지급하지 못하게 될 경우에 이를 보장하도록 하는 것이다.

활동과제

1. 자신이 사고 싶은 자동차를 구매할 경우 의무적으로 사야하는 채권의 종류와 액수를 알아보고, 어떠한 절차로 진행되는지 알아보자.

2. 가입하고 있는 예금상품의 이자율은 어떻게 산출되는지 알아보자.

3. 현재 자신이나 가계에서 가입하고 있는 예금상품은 예금자보호대상 상품인지 알아보자.

C H A P T E R 5

소비자 신용

CHAPTER 5 |

소비자 신용

학습목표

1. 소비자신용 관리의 중요성을 인식하고 관리할 수 있다.
2. 신용회복지원제도를 이해하고 필요할 경우 이용할 수 있다.
3. 신용카드의 효율적 사용방법을 알고 실천할 수 있다.

현대사회는 신용사회로 현금을 보유하지 않아도 신용이 있으면 물건을 구매하거나 서비스를 제공받을 수 있으며 돈을 빌릴 수 있다. 신용사회에서는 신용이 곧 재산이고 돈이다. 우리의 경제사회는 물물교환 거래에서 시작되어 화폐를 이용하는 거래로 보편화되었다. 화폐거래는 물물교환보다는 장점이 많았지만 화폐의 보유 · 운반비용과 화폐의 익명성 등의 제약요인이 있다. 화폐거래보다 편리하고 낮은 비용으로 거래할 수 있는 방식이 필요하게 되면서 신용거래가 등장하게 되었다. 신용거래는 상품생산과 유통이 발달하면서 필연적으로 나타난 것으로, 간단하게 말하면 외상거래이지만 거래에서의 신용거래는 단순한 외상거래보다 정교한 형태를 띠고 있으며, 자본주의의 발전과 더불어 급속히 확대되어 자본주의의 중요한 구성요소를 이루게 되었다.

1. 소비자신용

1.1 소비자신용의 개념

신용은 옛날 로마인들이 사용하던 라틴어 크레디투스(creditus, 믿음을 주다)에서 유래되었다. 신용이란 일반적으로 사람에 대한 믿음으로 사람을 신뢰·신임한다는 뜻으로 사회생활에 있어 인간과 인간 간의 관계를 원활하게 이어주는 바탕이 되며 생활을 지탱해주는 근간이 된다. 경제용어로서의 신용은 돈을 빌려 쓰고 일정기간 후 약속한 대로 상환할 수 있는 능력으로 개인의 경제적 지불능력에 대한 사회적 평가를 의미하며, 채권·채무관계를 내용으로 하는 객관적인 인간관계와 사회관계를 가리킨다. 즉 신용이란 금전을 대차하거나 또는 상품이나 서비스의 거래에서 그 대가를 일정기간 후 지급하는 인간관계를 의미하는 것으로, 일정기간 후 상환 또는 지불할 수 있는 능력이 있다고 인정될 때 물건이나 돈을 빌려주거나 그 지불을 연기해 주고 수수료나 이자를 덧붙여 지불하도록 약속하는 상황을 의미한다. 따라서 신용이 좋다거나 나쁘다고 하는 것은 어떤 사람에게 돈을 빌려주었을 때 얼마나 잘 갚을 것인가에 대한 믿음이라고 할 수 있다. 이러한 신용은 사용자의 입장에서 보면 빚 또는 부채라고 할 수 있으므로 철저한 관리가 필요하다.

소비자신용은 소비자에게 신용을 제공하는 것으로 소비자가 미래 지불을 약정하고 현재 현금, 물품, 서비스를 이용하는 모든 거래를 말한다. 소비자가 일정기간 후 상환 또는 지불할 수 있는 능력이 있다고 인정될 때, 금융기관이 소비자에게 현재 소비생활에 필요한 자금을 빌려주거나 판매업자가 상품매매 대금의 상환을 연기해 주는 것으로 이자나 수수료를 덧붙여 빌려준 돈이나 상품 매매대금을 일정기간 후에 받게 되는 것을 의미한다.

1.2 소비자신용의 유형

금융거래의 기본은 신용이다. 신용은 다른 사람을 믿고 신뢰하는 것이므로 상대방을 신뢰할 수 없는 상황, 즉 신용이 없는 경우에는 금융거래가 불가능해진다. 소비자신용은 신용을 제공하는 사람의 입장에서 본 개념이며, 사용하는 사람의 입장에서는 빚이라고 할 수 있다. 소비자신용의 유형은 대출신용, 판매신용, 서비스신용으로 구분할 수 있다.

1) 대출신용

대출신용은 개인이나 가계가 금융기관을 이용하거나 제3금융기관인 사금융을 이용하여 돈을 빌리는 것이다. 은행 혹은 신용카드회사가 소비자에게 자금을 공급하는 것으로 소비자 입장에서는 현금을 빌려 쓰는 것이다. 금융기관은 NH농협은행, KB국민은행, 지역의 지방은행 등 제1금융권과 보험회사, 새마을금고, 신용협동조합 등 제2금융권이 있으며, 사금융은 사채업자, 대부업체, 계 등이 있다. 사금융은 금융기관보다 이자율이 훨씬 더 높으므로 주의가 필요하다.

대출신용은 상환방식에 따라 할부상환대출, 일시상환대출, 한도대출로 구분할 수 있다. 할부상환대출은 일정자금을 대출 받은 후 원금과 이자를 일정기간 동안 정기적으로 상환하는 형태로, 일반적으로 매월 상환하게 된다. 주택 구입 관련 대출에 많이 이용된다. 일시상환대출은 일정기간 동안 일정규모의 자금을 대출 받은 후 매월 이자만 지급하다가 원금은 계약기간이 끝날 때 일시불로 지급하는 경우이다. 한도대출은 개인의 신용에 따라 일정규모의 한도를 정해 놓고 그 한도 범위 내에서 소비자가 필요할 때마다 대출을 받을 수 있는 형태이다. 대표적인 예로는 마이너스통장 대출이 있다.

또한, 대출신용은 담보 여부에 따라 신용대출과 담보대출로 구분할 수 있다. 신용대출은 개인의 신용을 근거로 금융기관에서 자금을 빌리는 것으로, 대표적인 예로는 카드론, 신용카드 현금서비스 등이 있다. 담보대출은 부동산, 예금, 유가증권 등 상환을 보증해 줄 수 있는 경제적 가치가 있는 물적 담보물을 제공하고 대출을 받는 것이다. 인적 담보로 이용되었던 연대보증은 수많은 피해자 양산으로 사회문제가 되면서 은행권은 2012년, 저축은행, 상호금융, 여신전문금융사(카드 · 캐피탈 · 할부 · 리스사), 보험사(생명 · 손해, 보증보험) 등 제2금융권은 2013년 7월1일부터 연대보증제가 폐지되었다(금융감독원 보도자료, 2013.4.26.). 저소득층에게 자금 공급이 끊길 수 있다는 우려로 대부업의 연대보증 폐지는 자율에 맡겼다. 정부는 행정지도나 「대부업법」 개정을 통해 부작용이 큰 대부업체 연대보증도 전면 금지하는 방안을 추진하고 있다. 2016년 6월 기준으로 합법적으로 등록하고 영업하는 대부업체는 대부중개업자 포함 8,980곳이다. 이 중 대형대부업체 33곳만 연대보증 폐지에 동참하여 연대보증인을 요구하지 않고 있다.

2) 판매신용

판매신용은 상품신용으로, 소비자가 상품을 구매할 때 이용하는 수단이다. 상품제조업자나 판매자가 상품대금의 지급을 연기해 주는 할부판매 방법과 신용카드를 이용한 상품구매와 할부 금융을 이용한 상품구매 등이 있다. 소비자입장에서는 상품 가격을 지불하지 않고 구매하여 즉시 상품을 사용할 수 있는 장점이 있으나 외상으로 구매하는 형태이므로 주의가 필요하다.

3) 서비스신용

서비스신용은 전기, 상수도, 가스, 전화, 인터넷 등 서비스를 공급 받고 일정기간 후 사용요금을 지불하는 경우를 말한다.

1.3 소비자신용 사용의 장단점

1) 소비자신용 사용의 장점

① 현재의 구매력을 증가시킨다.

현금이 없더라도 신용카드를 사용하여 상품이나 서비스를 구매할 수 있으며, 대금완불 전에 상품이나 서비스를 미리 이용할 수 있다.

② 현금을 가지고 다니지 않아도 된다.

과다한 현금 보유에 따른 분실이나 도난 등의 위험과 불안에서 벗어날 수 있으며, 거래 시에 거스름돈을 받거나 돈을 셀 필요가 없어 번거로움이 적고 시간을 절약할 수 있다. 또한, 해외여행 시 환전하는 불편함을 줄일 수 있다.

③ 가계의 비상자금을 충당할 수 있다.

급하게 돈이 필요할 때 신용카드를 이용하여 단기카드대출(현금서비스)을 받을 수 있으며, 신용카드 사용대금 결제일을 잘 이용하면 이자나 수수료 없이 신용카드 사용대금을 40일 정도 생활자금으로 활용할 수 있으므로 자동차나 가전제품 등과 같이 고가의 물건을 구매할 경우에 금전적 이득을 얻을 수 있다.

④ 투명한 거래로 공평과세가 가능하여 세수를 증대할 수 있다.

신용카드 사용금액은 신용카드사의 전산망에 투명하게 전액 노출되므로 신용카드 가맹점들은 매출규모나 소득규모를 줄여서 신고할 수 없게 된다. 신용카드사용으로 매출규모가 노출된 소매업자는 그 근거를 마련하기 위해 도매업자에게 영수증을 요구하게 되고 도매업자는 다시 제조업자에게 영수증을 요구하는 선순환이 일어나게 된다. 이러한 과정을 통해 경제가 투명해짐으로써 세금을 현실화하는 공평과세의 기틀을 마련할 수 있게 되며, 국민경제 성장의 밑거름이 될 수 있다.

⑤ 인플레이션에 대비할 수 있다.

신용카드는 사용일과 결제일 사이에 일정기간의 시차가 있으므로 화폐가치가 하락하는 경우에는 현금 대신 신용카드를 사용하면 유리하다.

⑥ 부수적 효과를 얻을 수 있다.

신용카드 사용대금 청구서로 자신의 구매 기록을 쉽게 확인할 수 있으며, 연체 없이 결제를 할 경우 신용 점수 축적으로 신용도를 높일 수 있다. 신용카드를 발급받을 때 개인정보를 제공하게 되므로 카드 소지자의 신분을 보증하는 수단이 될 수 있으며, 인터넷 예약이나 구매를 쉽게 할 수 있다. 또한 신용카드사에서 제공하는 신용카드 사용에 따른 포인트나 마일리지를 이용할 수 있으며 제휴 가맹점에서 할인혜택을 받을 수 있는 등 부대 서비스를 이용할 수 있다.

2) 소비자신용 사용의 단점

① 충동구매 및 과소비의 위험을 초래할 수 있다.

현금 없이도 상품이나 서비스를 구매할 수 있으므로 쉽게 충동구매를 할 수 있으며 어느 정도 구매하고 있는지를 느끼지 못하여 과소비를 초래할 수 있다.

② 미래에 심각한 재무위기를 초래할 수 있다.

소비자신용은 미래에 지불하기로 하고 현재 구매하는 외상거래이므로 미래소득을 차용해 쓰는 것이다. 상환계획을 미리 세워두지 않는다면 미래 재정적 부담을 증가시켜 재무위기를 초래할 수 있다.

③ 금융비용이 수반된다.

신용카드의 발급 · 사용에는 연회비, 수수료, 연체료 등의 금융비용이 수반된다. 신용카드 할부거래 수수료, 카드단기대출 수수료, 이용대금 연체수수료 등은 모두 은행 대출이자보다 훨씬 더 높다.

④ 개인정보가 유출될 위험이 있다.

신용카드를 발급받을 때 여러 가지 개인정보를 제공하게 되므로 개인정보 유출 위험에 주의해야 한다. 신용카드를 사용하지 않을 경우에는 신용카드 해지와 동시에 회원 탈퇴를 해야 한다. 해지만 할 경우에는 회원정보는 신용카드사에 그대로 남아 있게 된다.

2. 신용관리

2.1 신용정보

개인의 신용정보 이용과 관련된 법률은 「신용 정보의 이용 및 보호에 관한 법률」, 「신용정보 업무 운용지침」, 「금융기관 신용정보 교환 및 관리 규약」 등이다. 이들 법률을 기초로 신용정보 수집 기관에 의해 개인 신용정보가 수집 · 관리 · 제공되고 있으며 개인의 연체정보가 등록 · 해제되고 있다.

1) 신용정보의 개념

신용정보란 금융거래나 상거래에 있어서 개인의 신용도를 파악하거나 평가하기 위해 이용하는 정보를 의미한다. 개인이 금융기관에서 대출을 받거나 신용카드를 발급받으려고 할 경우에 금융기관에서는 가장 먼저 그 개인의 신용정보를 조회하게 된다. 개인 신용정보의 유형과 그 내용은 〈표 5-1〉과 같다.

개인 신용정보의 종류는 식별정보, 신용불량정보, 금융거래정보, 능력정보, 공공기록정보 등이 있다. 식별정보는 성명, 성별, 주소 등 개인이 누구인지를 알 수 있는 정

표 5-1 개인 신용정보의 유형

정보유형	내용
식별정보	성명, 성별, 연령, 주소, 주민등록번호, 학력, 주거지, 자가소유 여부, 자녀 수, 결혼 여부, 맞벌이 여부, 가족동거 여부, 직업 정보, 국적 등
신용불량정보	대출금 등 연체, 신용카드 사용대금 미결제 등 신용거래정보, 부정 대출 등 금융거래 질서 정보
금융거래정보	여·수신실적, 신용카드 사용실적 등
능력정보	개인 소득, 재산 등
공공기록정보	법원 재판 관련 정보, 세금·공공요금 등 체납정보

보이며, 신용불량정보는 대출금이나 신용카드 사용대금 연체 등 금융질서나 신용거래 질서와 관련된 정보이다. 금융거래정보는 여·수신이나 신용카드의 사용 실적 등 금융거래 내용을 판단할 수 있는 정보이며, 능력정보는 개인의 소득이나 재산과 납세 실적 관련 정보이다. 공공기록정보는 국세나 지방세 등의 체납, 법원의 재판 관련 정보를 의미한다.

2) 신용정보의 수집 및 관리

개인 신용정보는 전국은행연합회와 신용평가회사(CB; Credit Bureau)에서 집중·관리하고 있으며, 이들 기관은 개인 신용정보를 필요로 하는 기관이나 개인에게 그 정보를 제공해 준다. 신용평가회사의 누리집 주소와 특징은 〈표 5-2〉와 같다.

전국은행연합회는 모든 금융기관들이 제공하는 개인 신용정보를 집중·관리하고 있으며 각 금융기관은 개인 신용정보가 필요할 경우 전국은행연합회로부터 정보를 제공받아 이용하고 있다.

신용평가회사는 금융감독위원회로부터 신용정보업 허가를 받은 기관으로, 전국은행연합회에서 집중·관리하고 있는 개인 신용정보를 제공받는 것 외에 통신사나 백화점 등 유통업자로부터도 통신요금 체납정보, 카드대금 연체정보 등의 신용정보를 수집·가공·평가하여 데이터베이스를 구축하고 신용정보를 필요로 하는 금융기관뿐만 아니라 통신업체, 백화점 등 비금융기관이나 개인에게 무료 또는 유료로 신용정보를 제공하고 있다. 금융기관이나 통신사 등이 개인 신용정보를 전국은행연합회나 신용평가회사에 제공하거나 제공받으려면 개인 신용정보의 제공 및 활용에 대한 동의를 반드시

표 5-2 신용평가회사의 누리집 주소와 특징

신용평가회사	누리집 주소	특징
KISLINE	https://www.kisline.com	온라인 종합 기업정보서비스
NICE신용정보	http://creditlaw.alltheway.kr	채권 신용조사, 채권추심
NICE평가정보	http://www.niceinfo.co.kr	개인신용평가 · 기업정보 서비스
NICE지키미	https://www.credit.co.kr	유료 개인신용정보관리 서비스
SCI평가정보	http://www.sci.co.kr	개인 · 기업 신용조사 · 조회 서비스
서울신용평가(주)	http://www.scri.co.kr	기업 신용평가 서비스
올크레딧(AllCredit)	http://www.allcredit.co.kr	신용등급 · 정보조회 · 관리 서비스
크레딧포유	http://www.credit4u.or.kr	한국신용정보원에서 제공하는 본인신용정보조회 서비스
코리아크레딧뷰로(주)	http://www.koreacb.com	개인신용조회 · 관리, 금융회사 여신관리 서비스
한국기업평가(주)	http://www.korearatings.com	기업신용 · 사업가치 평가 서비스
한국신용정보원	http://www.kcredit.or.kr	종합신용정보집중기관, 전금융업권 신용정보 집중관리, 금융기관 · 신용조회회사에 제공

받아야 한다. 동의 절차 없이 개인 신용정보를 조회하거나 제공하는 것은 불법행위이다. 금융기관이나 통신업체 등 개인 신용정보를 활용하거나 제공하는 기관들은 거래를 개설하거나 회원으로 가입할 때 개인 신용정보의 제공 및 이용 동의서를 받고 있다.

3) 연체정보의 등록과 해제

연체정보에는 금융채무 연체정보와 공공요금 체납정보가 있다. 금융채무 연체정보는 신용카드나 이동통신 사용대금을 비롯하여 금융채무를 약속한 날짜에 갚지 않은 것을 말하며, 이들 정보는 각 금융기관에 의해 전국은행연합회에 등록 · 집중된다. 공공요금 체납정보는 국세, 지방세 등을 정해진 날짜에 납부하지 않은 것을 말하며, 이들 정보는 국세청, 지방자치단체, 법원 등에 의해 전국은행연합회에 등록 · 집중되고 있다.

등록된 연체정보는 돈을 갚는 즉시 해제된다. 금융기관은 연체된 돈을 갚으면 연체정보 등록을 해제한다. 국세나 지방세 체납의 경우는 체납된 세금을 모두 납부하면 연체정보 등록해제와 동시에 등록기록도 삭제된다. 그러나 금융채무의 경우는 연체등록이 해제되어도 등록기록 자체가 모두 해제되지는 않는다. 연체등록기록은 등록사유, 등록금액, 연체기간 등에 따라 신용정보 관리기간(보존기간) 동안 보존 · 관리

표 5-3 금융채무 연체 및 공공요금 체납 정보의 등록

등록 대상	등록 사유	제공기관	이용기관
대출금	대출원금 · 이자 등 3개월 이상 연체	금융기관	금융기관
카드대금 · 카드론	5만 원 이상 3개월 이상 연체		
대위변제 · 대지급금	대지급금 · 구상채무 등 3개월 이상[1]		
어음 · 수표	부도 즉시		
금융질서문란 행위	금융사기 · 부정대출 · 허위서류 제출 · 대출금 용도 외 사용 등 즉시		
국세 · 지방세 · 관세	• 1년 이상 500만 원 이상 체납 • 1년 3회 이상 500만 원 이상 체납	국세청 · 지방자치단체 · 관세청 · 법원 등	

1) 50만 원 초과금액 3개월 이상 연체, 50만 원 이하 2건 이상 3개월 이상 연체 시 등록

2) 자료: 이희숙(2011). 신용관리와 소비생활. 교문사. 105~106에서 재구성

되는 경우가 있으며, 이 경우는 보존기간이 지나야 자동으로 삭제된다.

연체등록기간이 90일 이내이거나 대출금 연체금액이 1,000만 원 또는 신용카드 사용대금 연체금액이 500만 원이하인 경우는 연체등록 해제와 동시에 연체기록도 삭제되지만 연체등록기간이 90일 초과 1년 이내인 경우는 연체된 기간만큼 연체기록이 보존된다. 그러므로 연체등록 보존기간을 고려하여 연체가 등록된 후에라도 빨리 연체금을 상환할 수 있도록 노력해야 한다. 연체등록기간이 1년을 초과하는 경우는 1년 동안, 금융사기 등 금융거래질서를 문란한 경우는 5년 동안 그 기록이 보존된다.

4) 개인 신용정보의 확인

개인도 신용관리를 위해 개인 신용정보를 확인해보는 것이 바람직하다. 신분증을 분실하거나 다른 사람이 신분증을 도용했을 우려가 있는 경우에는 반드시 개인 신용정보를 확인해볼 필요가 있으며 취업을 앞두고 있는 경우에도 개인 신용정보를 확인해 보는 것이 바람직하다.

개인이 신용정보를 확인하는 방법은 금융기관을 이용하는 방법과 신용평가회사를 이용하는 방법이 있다. 금융기관을 이용하는 경우는 거래하고 있는 은행을 직접 방문하여 자신의 신용정보를 확인할 수 있다. 신용평가회사를 이용하는 경우에는 전국은행연합회나 신용평가회사 누리집에 접속하여 회원으로 가입하고 확인할 수 있으며, 직접 신용평가회사를 방문하여 확인할 수도 있다.

신용평가회사들은 개인 신용조회 서비스를 이용하는 회원에게 과거 조회기록도 제공하고 있다. 사채업자로부터 신용조회를 받은 기록은 실제 대출을 받지 않고 상담만 받아도 개인의 신용등급이 떨어질 수 있으므로 주의가 필요하다. 그러나 개인이 자신의 신용정보를 조회한 기록은 자신의 신용등급 평가에 영향을 미치지 않으며, 자신의 신용정보가 제대로 기록되어 있는지 그리고 다른 사람이 자기 개인 신용정보를 부당하게 조회했는지 여부를 확인하는 수단이 될 수도 있다.

2.2 신용등급 관리

현대사회는 신용사회이다. 신용사회에서는 '신용등급 = 재산, 돈'이라는 등식이 적용되므로 각 개인은 자신의 신용등급을 철저하게 관리해야 한다.

1) 신용등급의 의의

신용등급이란 은행, 보험사, 카드사, 저축은행 등 금융기관이 고객들이 빚을 갚을 수 있는 능력을 평가하는 기준을 말하며, 신용등급 평가는 일정한 평가기준에 따라 신용등급을 산정하는 것을 말한다. 금융기관들과 신용평가회사들은 개인신상정보, 자체 금융거래정보, 신용평가업체정보 등을 기준으로 자체 모형에 따라 신용등급을 평가하고 있다. 신용등급 평가방법과 기준은 평가기관에 따라 다르지만 일반적으로 신용등급은 최고 1등급부터 최저 10등급으로 구분되고 있다. 신용등급에 따른 특징은 〈표 5-4〉와 같다.

표 5-4 신용등급과 특징

신용등급		특징
우량등급	1~3등급	• 대출금리는 낮아지고 대출한도는 증가함 • 신용대출 · 신용구매 · 신용할부한도액 증가
중간등급	4~6등급	• 대출금리가 상대적으로 높아짐 • 은행대출 · 신용구매 금액이 제한됨
하위등급	7~10등급	• 은행대출 · 신용구매 · 신용대출이 어려워짐 • 대부업체에서 소액을 대출받을 수 있으나 이자율이 높음

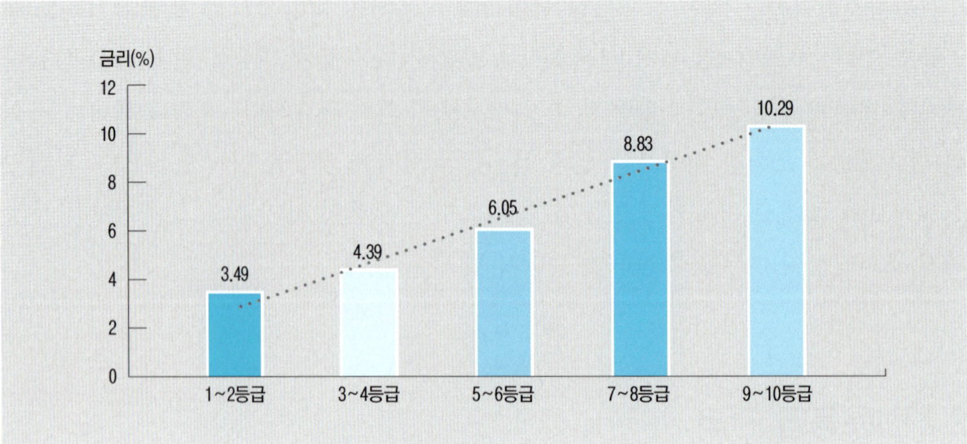

그림 5-1 주요 은행의 신용등급별 일반신용대출 평균 금리(2017.8. 기준)

자료: 전국은행연합회(http://www.kfb.or.kr)

금융기관들은 개인의 인적사항, 연체정보, 소득, 거래실적 등 개인 신용정보를 근거로 평가한 신용등급과 기준은 대출가능·신용거래 여부, 대출상한액, 적용 금리 등 신용거래 조건을 결정하는데 중요한 기준으로 활용하고 있다. 개인의 신용등급에 따라 예금이나 대출 금리, 대출한도, 서비스 이용 수수료 등을 차등 적용하고 있다. 신용등급이 1등급에 가까울수록 금융서비스를 이용하기 쉬워지며. 대출한도와 예금금리는 높아지고 대출금리는 낮아지게 된다. 신용등급에 따른 일반신용대출 금리는 〈그림 5-1〉 및 〈표 5-5〉와 같다.

표 5-5 주요 은행의 신용등급별 일반신용대출 금리(2017.8. 기준)

은행	1~2등급	3~4등급	5~6등급	7~8등급	6~10등급
IBK기업은행	3.61	4.44	6.16	8.63	9.50
KB국민은행	3.69	5.01	6.43	9.64	10.19
KEB하나은행	3.27	4.42	7.69	9.78	–
NH농협은행	3.10	3.72	5.24	7.19	8.20
신한은행	3.78	3.80	4.58	7.25	9.94
우리은행	3.10	4.36	6.33	8.38	13.63
한국씨티은행	4.11	5.53	8.36	10.78	–
스탠다드차타드은행	3.25	3.85	3.59	8.96	10.25

자료: 전국은행연합회(http://www.kfb.or.kr)

2) 신용등급 관리

신용관리에서 가장 중요한 것은 대출 원리금이나 신용카드 사용대금을 연체하지 않고 제때에 잘 상환하는 것이다. 자신의 소득범위 내에서 신용카드를 사용할 수 있도록 소득 및 지출관리를 철저하게 할 필요가 있다. 신용등급 평가에서는 일정한 수준의 월급 생활자가 소득이 불규칙한 고소득 프리랜서보다 더 좋은 신용등급을 받을 수 있으며, 신용카드를 사용하지 않는 경우보다 사용대금 연체 없이 신용카드를 사용하는 경우가 더 좋은 신용등급을 받을 수 있다. 신용등급을 관리하는 전략은 다음과 같다.

① 주거래 금융회사와 거래한다.

주거래 금융회사란 가장 많이 이용하는 금융회사를 말한다. 주거래 금융기관의 거래실적이 신용등급 평가에 많이 반영되므로 신용등급 관리를 위해서는 주거래 금융기관을 정해 지속적으로 이용하는 것이 여러 금융기관으로 분산 거래하는 것보다 좋다. 급여이체, 카드사용대금 결제, 금융상품, 공과금 납부, 자동이체 등의 금융거래를 주거래 금융기관에 집중시켜 거래실적을 꾸준히 쌓으면 자체 신용평가에서 높은 평가를 받을 수 있다. 금융기관들은 고객의 거래실적에 따라 우수고객으로 선정하고 대출, 예금, 환전, 이체 등의 금융거래 시에 금리우대, 수수료 감면 등 다양한 혜택을 제공하고 있다.

② 신용카드를 적절하게 사용한다.

신용카드 거래실적이 없는 경우보다 적절하게 사용하는 것이 신용평가에 유리하게 작용할 수도 있다. 신용카드는 자신에게 맞는 것으로 사용하고 불필요한 카드는 해지한다. 신용카드는 오래 사용했거나 부가 혜택이 많은 한 장 또는 소수의 카드를 집중적으로 사용하는 것이 좋다. 소수의 카드를 집중적으로 사용하여 거래실적을 쌓게 되면 카드회사의 우량고객으로 선정되어 할부거래나 현금서비스에서 낮은 수수료를 적용받게 되는 등 다양한 혜택을 받을 수 있다. 또한, 신용카드의 현금서비스는 꼭 필요한 때에만 이용하도록 한다. 부득이하게 신용카드로 현금서비스를 받았을 경우에는 다음 결제일까지 기다리지 말고 자금 여유가 생기는 대로 조기 상환하는 것이 수수료(이자)를 줄일 수 있는 방법이다.

③ 연체에 유의해야 한다.

어떤 종류의 연체든 연체는 단 하루도 발생하지 않도록 노력해야 한다. 신용을 평가할 때 가장 중요한 기준 중 하나가 연체이력이다. 한 번 연체정보가 등록되면 연체금을 모두 완납했더라도 연체규모나 기간에 따라 최장 5년 동안 연체기록이 신용평가에 활용될 수 있으며 신용등급 상향으로 이어지지 않을 수도 있다. 자동이체를 최대한 이용하여 부주의로 발생할 수 있는 연체를 예방하는 것이 좋다. 자동이체를 이용하면 거래은행의 신용점수도 올라가게 된다. 평상시에 잔액부족으로 연체되는 일이 없도록 통장 잔액을 확인하고 신용카드 사용대금 결제일이나 대출금 만기일을 확인하는 습관을 가지도록 해야 한다. 만약 신용카드 사용대금을 연체하였을 경우에는 연체대금 상환금이 준비되는 대로 바로 결제하는 것이 좋다. 또한 연체가 여러 건 있을 경우에는 금액보다는 오래된 것부터 상환하는 것이 신용평가에 상대적으로 유리하다.

④ 사금융 이용을 자제해야 한다.

불가피하게 사금융을 이용해야 한다면 사전고지사항 등을 충분히 잘 살펴보아야 한다. 만약 불법 사금융으로 피해를 입었다면 지체하지 말고 금융감독원에 신고하는 것이 좋다. 또한, 대부업자들의 신용정보 조회기록이나 거래기록은 개인 신용평가에 부정적 영향을 미치게 되므로 주의해야 한다. 그러나 대출상담이 아니라 단순상담인 경우는 개인 신용평가에서 영향을 미치지 않으므로 대부업자와 상담을 하는 경우에는 이를 분명하게 확인하는 것이 좋다.

⑤ 주소나 연락처가 변경될 경우 금융기관에 통보해야 한다.

주소변경으로 청구서를 수령하지 못해 연체가 발생하는 경우도 있다. 전화 연락이 안 되거나 우편물이 반환되지 않도록 자신의 연락처나 주소가 변경될 경우에는 반드시 변경하고 변경이 제대로 되었는지 확인해야 한다.

⑥ 신용등급에 관심을 가지고 꾸준하게 관리해야 한다.

신용관리는 지속적이고 장기적으로 해야 한다. 평소에 자신의 신용관리에 관심을 가지고 신용정보를 주기적으로 확인하는 것이 좋다. 거래은행이나 신용평가회사 서비스를 이용하면 간편하게 본인의 신용정보를 조회할 수 있다. 자신의 신용정보를 자주 확인하여 잘못된 신용정보가 등록되어 있으면 신속히 수정하도록 한다. 일반적으로 신용평가회사의 신용정보 열람은 1년에 3회, 즉 4개월에 한 번은 무료로 이용할 수 있다. 신용정보를 조회하는 것은 신용등급 평가에 영향을 미치지 않는다.

2.3 채무불이행자가 받는 불이익

신용사회에서 신용관리를 잘못하면 채무불이행자가 된다. 채무불이행자는 은행이나 신용카드사에서 돈을 빌린 후 갚지 못한 사람들을 일컫는 말이다. 과거에는 신용불량자라고 하였으나 신용불량자에 대한 사회 · 경제적 불이익이 지나치다는 비판으로 2005년 4월 28일부터 신용불량자가 채무불이행자라는 용어로 대체되었다. 채무불이행자가 되는 이유에는 여러 가지가 있지만 은행대출금이나 신용카드 사용대금 연체가 대표적이며, 공과금 미납이나 세금체납 등으로 채무불이행자가 되기도 한다. 30만 원 이상의 대출금이나 신용카드 사용대금을 3개월 이상 연체하거나 30만 원 이하 소액연체가 3건 이상일 경우에는 개인 신용정보를 관리하는 전국은행연합회에 채무불이행자로 등록되며 해당 정보는 은행연합회를 통해 금융기관들이 공유하게 된다. 채무불이행자가 되면 금융거래, 일상생활, 재산권 행사 등에서 여러 가지 불이익을 받게 되어 경제인으로 정상적인 경제생활을 영위하기 어렵다.

1) 금융거래 시 불이익

금융기관에서 빌린 대출금이나 신용카드 사용대금 규모가 개인의 상환능력을 초과하여 정상적으로 갚을 수 없다고 판단되면, 금융기관들은 해당 대출금의 정상 상환을 유도하기보다는 신속하게 해당 대출금을 일시에 회수하려고 한다. 이러한 과정에서 빚을 정상적으로 갚지 못한 개인은 금융기관의 독촉으로 경제적 · 심리적 압박을 많이 받게 된다.

① 기존 대출금을 조기에 상환해야 하며 빚 독촉을 받게 된다.
② 신용카드사용에 제약을 받거나 사용이 전면적으로 금지된다. 배우자의 신용불량정보 보유로도 본인의 신용거래는 물론 신용카드 발급에도 제약을 받을 수 있다.
③ 거래 중인 예금통장이 지급 정지될 수 있다.
④ 예 · 적금, 저축성 보험 불입액에 대해 채무상계가 이루어져 금융상의 손실이 발생할 수 있다.
⑤ 당좌예금 개설이 금지되고 사용 중인 당좌예금 거래는 해지 처리된다.
⑥ 금융기관에서 신규 대출 시 자격제한을 받는다.
⑦ 개인사업을 하는 경우 신용카드 가맹점 신청 시에 제약을 받을 수 있다.

⑧ 금융거래 시 대출이자 부담이 커지게 된다.

⑨ 대출금을 연체한 경우 대출금을 모두 갚아도 개인의 신용평점이 정상적으로 회복되는데 많은 시간이 소요될 수 있다.

2) 일상생활에서 받는 불이익

채무불이행자는 취업, 할부구매, 비자발급 등 일상생활에서 다음과 같은 불이익을 받게 된다.

① 취업 시 특히 금융기관 등의 취업 시에 제약을 받을 수 있다.

② 각종 생활용품의 할부구매 등 신용구매 시에 제약을 받는다.

③ 본적지나 거주지 관공서에 비치된 채무불이행자 명부에 등재될 수 있다.

④ 비자 발급 시 제약을 받을 수 있다.

3) 기타 재산상의 불이익

채무불이행자는 금융거래나 일상생활에서의 불이익 이외에 재산권 행사에서도 다음과 같은 불이익을 받게 된다.

① 주택이나 토지 등 본인 명의 부동산이나 자동차에 가압류 및 강제 경매 절차가 진행될 수 있다.

② 본인 거주지에 있는 생활용품인 TV, 에어컨, 냉장고 등 유체동산에 압류 및 경매 절차가 진행되어 생활에 불편을 겪을 수 있다.

③ 전세 보증금에 가압류 절차가 진행될 수 있다.

④ 급여 및 퇴직금에 가압류 및 추심명령 조치가 이루어질 수 있다.

⑤ 재산상 법적 권리 행사에 불이익을 받을 수 있다.

3. 신용회복지원제도

신용회복지원제도는 채무가 너무 많아 정상적으로 상환하기 어려운 개인 연체자 중 일정한 요건을 갖춘 채무자를 대상으로 채무조정 수단을 통해 경제적으로 회생할 수 있도록 신용회복을 지원하는 제도이다. 즉, 신용회복지원제도는 실직이나 사고 등 불가피한 사유로 현재의 소득수준으로는 정상적으로 자신의 금융채무(빚)를 상환하기 어려운 과중채무자를 대상으로 채무감면, 분할상환, 상환기간 연장, 상환유예, 이자율 조정 등의 방법으로 상환조건을 변경하는 채무조정 방법을 활용하여 본인의 상환능력에 맞게 안정적으로 채무를 상환할 수 있도록 지원해 주는 제도이다. 신용회복지원을 지원하고 있는 기관은 한국자산관리공사, 신용회복위원회, 법원 등이며, 이들 기관 외에 각 금융기관에서도 자율적으로 신용회복을 지원하고 있다.

3.1 한국자산관리공사의 신용회복지원

한국자산관리공사는 1997년 외환위기 당시 국내 처음으로 공적 신용회복지원제도를 도입한 이후, 한마음금융, 희망모아 등 배드뱅크(Bad Bank) 설립 · 운영을 통한 맞춤형 채무조정으로 금융채무 불이행자의 경제적 회생을 지원하는 신용회복지원 전문기관의 역할을 하고 있다. 또한, 2008년 글로벌 금융위기로 늘어난 금융소외자 지원을 위해 신용회복기금을 설립하였으며, 2013년 동 기금을 국민행복기금으로 확대 · 개편

표 5-6 한국자산관리공사의 서민금융지원프로그램

구분		지원 개요	지원 내용
국민행복기금	채무조정	금융회사 등이 보유한 장기연체채권을 매입하여 채무감면 · 분할상환 등 신용회복 지원	• 상환능력에 따라 원금의 30~60%, 70%, 90% 및 이자 전액 감면 • 최장 10년간 분할상환
	바꿔드림론	제도권 금융회사 · 대부업체의 고금리 대출을 은행의 저금리 대출로 전환	• 연리 20% 이상 대출을 10% 내외로 전환 • 5년 이내 원리금 균등분할상환
소액대출		채무 성실 상환자에게 긴급생활자금 용도의 소액대출 지원	• 최대 1,500만 원 한도 • 대출금리 연 3~4%, 대출기간 최장 5년
취업지원	행복잡이	금융소외계층의 신용회복, 경제적 재기 지원 등을 위한 취업지원	• 채용기업에 고용보조금 지급(최대 360만 원) • 취업자에게 취업성공수당 지급(최대 50만 원)
	취업성공패키지	고용노동부의 직업훈련프로그램과 연계 지원	• 취업능력 향상을 위해 단계별 지원 • (1단계)경로설정 → (2단계)직업능력 → (3단계)취업알선

자료: 한국자산관리공사(http://www.kamco.or.kr)

하였다. 한국자산관리공사의 서민금융지원프로그램은 〈표 5-6〉과 같다.

한국자산관리공사에서 운영하고 있는 신용회복지원사업은 자체지원, 한마음금융 및 희망모아 등 배드뱅크 프로그램, 국민행복기금(구 신용회복기금)을 통한 지원 사업으로 구분할 수 있다. 한국자산관리공사의 자체적인 신용회복지원은 1997년 이후 한국자산관리공사 및 부실채권정리기금에서 인수한 무담보 채무자에 대한 채무조정을 통해 신용회복을 지원하는 사업이며, 한마음금융 및 희망모아 등 배드뱅크 프로그램은 한시적으로 인수한 금융회사의 연체채권을 보유하고 있으면서 보유 채무자에 대한 채무조정을 통하여 신용회복을 지원하는 것이다. 연체채권은 2014년 3월 10일 기준 채무원금이 5천만 원 미만으로서 6개월 이상 연체중인 채권을 의미한다. 국민행복기금 프로그램은 연체채권 매입 · 채무조정을 통한 신용회복지원뿐만 아니라 서민층을 대상으로 대출, 신용보증 및 취업지원 서비스를 제공하는 프로그램이다. 국민행복기금을 통해 280만 명의 연체채권을 매입하였고, 채무조정, 전환대출(바꿔드림론), 생활안정자금 대출, 지원대상자 취업 및 창업 컨설팅 지원 등 종합적인 서민금융 지원 서비스를 제공하고 있다.

생각해보기 5-1

한국자산관리공사

한국자산관리공사(KAMCO; Korea Asset Management Corporation) 캠코는 「금융회사 부실자산 등의 효율적 처리 및 한국자산관리공사의 설립에 관한 법률」에 따라 설립되어 금융회사 부실채권 인수, 정리 및 기업구조조정업무, 국민행복기금 관리운용 및 금융소외자의 신용회복 지원업무, 국 · 공유재산관리 · 관리업무, 체납조세정리 업무를 수행하고 있는 준정부기관으로, 전자자산처분시스템 '온비드'를 관리 · 운용하고 있다. 공사는 상시 구조조정기구로서 국가경제와 금융산업 발전에 이바지하고 있으며, 국유재산관리 등 정부위탁업무의 효율적 추진을 통한 국가재정 수입극대화를 도모함은 물론 외환위기 및 글로벌금융위기 등 위기극복의 최일선에서 금융, 기업, 가계, 공공부문을 포괄하여 지원하는 국가경제안전판으로서 '국가자산 종합관리기관'의 역할을 수행하고 있다.

자료: 한국자산관리공사(http://www.kamco.or.kr)

3.2 신용회복위원회의 신용회복지원

신용회복위원회는 채무상담 및 조정, 소액금융지원, 신용관리교육 등 개인 채무나 신용문제와 관련하여 종합 컨설팅을 제공하고 있다. 신용회복위원회의 신용회복지원제도는 신용회복위원회가 『서민의 금융생활 지원에 관한 법률』에 근거하여 신용회복지원 협약을 체결한 금융기관의 채무를 조정하는 사적 채무조정제도로, 금융기관과의 자율협약에 의해 이루어지고 있다. 신청방법은 신용회복위원회를 방문하거나 신용회복위원회 사이버지부(https://cyber.ccrs.or.kr)에서 공인인증서 등을 사용하여 본인

생각해보기 5-2

신용회복위원회

신용회복위원회는 채무조정이나 소액금융 지원을 통해 개인의 신용 및 과다부채문제에 대한 해결방안을 제공하고 신용교육 및 채무불이행자들의 취업정보도 제공해주는 신용관리 전문기구로, 개인채무자의 파산을 방지하고 과도한 빚으로 어려움에 처한 금융채무불이행자의 경제적 회생을 지원함으로써 서민가계의 안정을 지원하고, 개인 신용관리 상담 및 교육 등을 통해 올바른 신용관리 문화를 육성하고 건전한 금융질서 확립과 신용사회 정착에 기여하기 위한 목적으로 설립된 공익법인이다. 과중채무자 급증 대책의 일환으로 과중채무자의 조속한 경제적 재기를 지원하기 위하여 '금융기관 간 신용회복지원협약'에 따라 2002년 10월 출범 후 공익적 업무수행과 채무조정업무의 공정성과 객관성을 확보하기 위해 금융위원회의 허가를 받아 2003년 11월 비영리 사단법인으로 전환되었다. 개인채무자에 대한 채무조정 지원 기능을 강화하는 등 수요자 중심의 종합적인 서민금융 지원체계를 구축하기 위하여 「서민의 금융생활 지원에 관한 법률」에 의거 2016년 9월 23일 특수법인으로 재출범하였다. 신용회복위원회 채무조정제도의 장점은 다음과 같다.

- 신청 다음날부터 채권금융기관의 추심활동이 중단된다.
- 신청비 5만 원 이외의 별도 비용이 들지 않는다.
- 신용회복지원협약에 가입된 채권금융기관의 모든 신용채무를 통합하여 조정해 준다.
- 금융기관과 협의를 통한 사적조정제도이므로 신속한 결정이 가능하다.
- 신청절차 및 준비서류가 간편하며 방문 즉시 신청 가능하다.
- 직접 방문이 어려운 사람들은 인터넷으로도 신청할 수 있다.

자료: 신용회복위원회(https://www.ccrs.or.kr)

표 5-7 신용회복위원회의 채무조정제도와 소액금융제도

구분	제도	내용	지원 대상
채무조정제도	프리워크아웃	• 선제적 채무조정을 통해 1~3개월 미만 단기연체채무자 연체 장기화 방지 • 협약가입 금융회사 채무	• 2곳 이상 금융회사 채무가 있고 1곳 이상 31~89일 연체자(1~30일은 연소득 4천만 원 이하, 1년 이내 누적연체일 수 30일 이상) • 총채무액이 15억 원 이하인 자(담보채무 10억 원, 무담보채무 5억 원) • 6개월 이내 신규발생 채무가 잔여 총채무액의 30% 이하인 자 • 연간 채무상환액이 총소득의 30% 이상인 자 • 보유 자산가액이 10억 원 이하인 자
	개인워크아웃	• 3개월 이상 장기연체 채무자 신용회복·경제적 회생 지원 • 협약가입 금융회사 채무	• 총채무액 15억 원 이하인 자(담보채무는 10억 원, 무담보채무는 5억 원) • 3개월 이상 경과된 금융회사 채무가 있는 자 • 최저생계비 이상 수입이 있거나 채무상환이 가능하다고 심의위원회가 인정하는 자
소액금융제도	대학생·청년 햇살론	• 금융회사에서 생활자금·고금리전환 대출을 받을 수 있도록 신용보증 • 최대 1,200만 원 이내, 최대 7년 이내 원금균등분할상환(거치 후), 대출금리 연 4.5~5.4%	• 대학·대학원 재학·휴학 중인 자 • 만 29세(군필자 31세) 이하, 연소득 3천5백만 원(신용등급 6등급 이하 4천5백만 원) 이하로 12학점 이상 학점인정 받은 학점은행제 학습자·청년
	성실상환자 대출	• 생활안정자금, 학자금, 고금리차환자금, 시설개선자금, 운영자금 등 대출 • 최대 1,500만 원 이내, 최대 5년 이내 원리금균등분할상환, 대출금리 연 2.0~4.0% 이내	• 채무조정을 받아 9개월 이상 상환하고 있거나 최근 3년 이내 상환 완료한 자 • 법원 개인회생 변제계획 인가를 받아 2년 이상 상환하고 있거나 최근 3년 이내 상환 완료한 자 • 소액금융기금 출연 주체가 지정한 자

자료: 신용회복위원회(https://www.ccrs.or.kr)

인증 후 인터넷으로도 할 수 있으며, 군복무자의 경우는 신용회복위원회 누리집(http://www.ccrs.or.kr)에서 양식을 내려 받아 작성한 후 구비서류와 함께 우편으로 신청할 수 있다.

신용회복위원회의 신용회복지원제도는 금융기관들이 자발적으로 협약체계를 만들어 개인 채무자에게는 자신의 소득 범위 내에서 계획적으로 상환하도록 하여 신용을 회복할 수 있는 혜택을 주고, 금융기관들에게는 연체된 채무를 안전하게 회수하도록 하여 자산 건전성을 제고할 수 있는 혜택을 줌으로써 채무자와 금융기관 모두에게 이득이 되는 윈윈(win-win)제도이다. 신용회복위원회에서 제공하는 신용회복지원제도로는 프리워크아웃제도와 개인워크아웃제도가 있으며, 소액금융지원제도로는 성

실상환자 대출제도와 대학생 · 청년햇살론 등이 있다. 그 내용은 〈표 5-7〉과 같다.

1) 프리워크아웃제도(사전채무조정제도)

프리워크아웃제도(Pre-work Out)는 신용회복위원회에서 제공하는 사전채무조정제도이다. 채무자가 채무불이행자로 전락하게 되는 것을 방지하기 위해 채무조정이 필요한 단기 연체 채무자를 대상으로 연체이자 전액감면, 이자율 인하, 상환기간 연장 등의 채무조정을 통해 사전 지원하는 제도로 2009년 4월부터 시행하고 있다.

지원내용은 채무감면, 상환기간 연장, 상환유예, 이자율 조정 등이다. 채무감면은 원금 감면 없이 연체이자만 감면해 주며, 상환기간은 무담보채무는 최장 10년 이내, 담보채무는 최장 20년 이내로 연장된다. 담보채무는 제외하고 이자율 연 3%로 최장 1년 이내에서 상환이 유예되며, 이자율은 최초 약정 이율의 50%로 조정되며 최저이자율은 연 5%이다. 신청 관련 서식은 신용회복위원회 누리집(https://www.ccrs.or.kr)의 정보센터-자료마당에 게시되어 있다. 신청 자격은 다음 요건을 모두 충족한 채무자들이다.

① 소득과 관계없이 신청일 기준 연체기간이 1개월 초과 90일 이내(31일~89일)이거나 신청일 직전 1년 동안 반복된 연체 누적일수가 30일 이상이고 연소득이 4천만 원 이하인 경우
② 2개 이상 금융기관의 총채무액이 15억 원 이하로 담보채무는 10억 원, 무담보채무는 5억 원 이하인 경우
③ 최근 6개월 내 신규발생 채무액이 총채무액의 30% 이하인 경우
④ 부채상환비율이 30% 이하인 경우,
⑤ 보유자산가액이 10억 원(부동산은 국토교통부 공시가격 기준) 이하인 경우
⑥ 사전채무조정 없이는 정상적인 채무상환이 어렵다고 인정되는 경우

2) 개인워크아웃제도

개인워크아웃제도(Individual Workout)는 개인채무자의 파산을 방지하고 경제적 회생을 지원함으로써 서민가계의 안정과 채권기간의 자산건전화를 도모하기 위해 도입되었다(신용회복위원회, 2016). 현재 소득수준으로는 정상적으로 채무상환이 어려운

최저생계비 이상의 수입이 있는 과중 채무자를 대상으로 채무조정을 통해 안정적으로 채무상환을 할 수 있도록 지원하는 제도로, 2002년 10월부터 시행되고 있다. 이 제도는 채무를 상환할 여력이 있거나 의지가 있는 사람에게 신용회복의 기회를 주는 데 목적이 있다. 채무상환이 가능하다고 심의위원회가 인정하여 개인워크아웃 대상으로 선정되면 당장 채무를 갚지 않아도 될 뿐만 아니라 채무 일부를 감면받을 수도 있다. 그러나 채무가 너무 많아 갚을 능력이 없을 경우에는 신용회복위원회의 개인워크아웃제도보다는 법원의 개인회생 절차를 밟는 것이 좋다.

신청 대상은 전국은행연합회에 연체 정보가 등록된 사람이나 3개월 이상 연체하고 있는 채무불이행자로 협약 가입 금융기관의 채무가 총15억 원 이하로 담보채무액은 10억 원, 무담보채무액은 5억 원 이하인 사람이다. 지원 내용은 채무감면, 상환기간 연장, 상환유예 등이다. 채무감면은 담보채무의 경우는 연체이자만 감면되지만 무담보채무의 경우는 이자와 연체이자는 전액, 원금은 금융기관에서 손실 처리한 상각채권에 한하여 최대 50%까지 감면된다. 사회소외계층은 최대 70%까지 감면된다. 무담보채무는 최장 2년 이내에서 상환이 유예되지만 담보채무는 제외되며 이자율은 연 2%이다. 상환기간은 무담보채무의 경우는 최장 8년 이내, 담보채무는 최장 20년 이내로 연장된다. 단, 차상위계층 이하 소득자는 최장 10년 이내까지 연장될 수 있다. 국토교통부 부동산 공시가격 기준 10억 원 이하의 부동산을 보유한 사람의 주거용 부동산 담보대출에 한하여 3년 이내 거치 후 20년 이내 원리금을 분할상환할 수 있으며 사업자금용도로 차입한 대출은 제외된다. 신청 관련 서식은 신용회복위원회 누리집(https://www.ccrs.or.kr)의 정보센터 – 자료마당에 게시되어 있다.

3) 대학생 및 미취업청년 신용회복지원제도

신용회복위원회는 대학생, 대학원생 및 미취업청년이나 군복무자(의무복무사병)와 6개월 내 군입대 예정자에 대해서도 신용회복을 지원하고 있다.

대학생 및 미취업청년의 경우는 금융채무 불이행기간이 3개월 이상인 대학생이나 대학원생과 대학을 졸업하였지만 근로의사가 있음에도 취업하지 못한 만 29세 미만 청년을 대상으로 채무감면, 유예기간 연장, 분할상환, 신청비 면제 등의 방법으로 지원하고 있다. 채무감면은 이자채권은 전액면제하고 상각채권은 원금의 최대 60%까지 감면해준다. 유예기간은 대학생은 졸업할 때까지 채무상환을 연장하되, 졸업 후 미취업자에 대해서는 추가로 최장 4년까지 채무상환을 유예해준다. 무담보채무의 경우는 유예기간 및 분할상환 기간 중 이자를 면제해준다. 그리고 분할상환은 유예기간 종료 후 최장 10년까지 할 수 있으며, 신청비 5만 원 납부를 면제해준다.

군복무자(의무복무사병)와 6개월 내 군입대 예정자의 경우는 전국은행연합회에 연체정보가 등록되거나 연체기간이 3개월 이상인 군복무자(의무복무사병)와 6개월 내 군입대 예정자를 대상으로 채무감면, 상환유예, 분할상환 등의 방법으로 지원하고 있다. 채무감면은 이자와 연체이자는 전액, 원금은 금융기관에서 손실처리한 무담보 상각채권에 한하여 60%까지 감면해준다. 상환유예는 전역시점까지 채무상환을 유예(연장)하고 전역 후 취업하여 소득발생점까지 본인의 신청에 따라 6개월 단위로 최장 2년까지 추가로 유예해 준다. 분할상환은 유예기간 종료 후 최장 8년 동안 분할상환할 수 있다. 차상위계층 이하 소득자는 최장 10년 동안 분할상환할 수 있다.

3.3 법원에 의한 신용회복지원

법원에 의해 제공되는 신용회복지원제도로는 개인회생제도와 소비자파산 및 면책제도가 있다. 개인회생과 소비자파산 및 면책절차의 흐름, 신청서류 작성방법, 신청서류, 첨부서류 등은 대한민국법원 전자민원센터 누리집(http://help.scourt.go.kr)－절차안내에서 확인할 수 있다.

1) 개인회생제도

개인회생제도는「채무자회생 및 파산에 관한 법률」에 의거하여 정부에서 시행하는 신용회복지원제도로, 2004년 9월 23일부터 시행되고 있다. 채권자 등 이해관계인의 법률관계를 조정함으로써 변제능력이 있는 채무자의 효율적 회생과 채권자의 이익을 도모하기 위하여 마련된 법적 채무조정제도이다(신용회복위원회, 2016). 즉, 채무상환이 어렵거나 파산상태에 직면한 경우 법원에서 채무를 조정 · 면책하는 제도로, 재정적 어려움으로 파탄에 직면하게 되었으나 장래에 안정적이고 정기적인 계속적 수입을 얻을 수 있는 개인채무자를 구제하기 위한 법적 절차이다.

개인회생제도는 총채무액이 무담보채무의 경우에는 5억 원, 담보부채무의 경우에는 10억 원 이하인 개인채무자로서 장래 계속적으로 반복하여 수입을 얻을 가능성이 있는 자가 가용소득 범위 내에서 일정기간 동안 채무를 변제한 뒤 잔여채무는 법원이 면책하는 결정을 하는 절차로, 채무자가 채무를 조정 받아 법원이 허가한 변제계획에 따라 3년 내지 5년간 채권자에게 일정금액을 변제하면 남은 채무는 면제받을 수 있도록 한 것이다.

개인회생절차를 이용할 수 있는 채무자는 일정한 수입이 있는 급여소득자와 영업소득자로서 현재 과다한 채무로 인하여 지급불능 상태에 빠져 있거나 지급불능 상태가 발생할 염려가 있는 개인만이 신청할 수 있으며, 신용회복위원회의 지원제도를 이용 중인 채무자, 배드뱅크 제도에 의한 지원절차를 이용 중인 채무자, 파산절차나 회생절차가 진행 중인 사람도 신청할 수 있다.

개인회생을 신청하고자 하는 채무자는 개인회생절차 신청서를 작성하여 채무자의 주소지를 관할하는 지방법원의 본원 민사신청과(서울중앙지방법원은 파산과)에 제출하여야 한다. 채무자 성명, 주민등록번호 및 주소, 신청 취지 및 원인, 채무자의 재산 및 채무, 채무자 연락처 등을 반드시 기재하여야 한다. 신청일로부터 14일 이내에 변제계획안을 제출해야 하고 법원이 변제계획안을 허가하면 변제계획에 따라 변제해야 한다. 법원이 선임한 개인회생위원은 채무자의 변제계획 수행 여부를 감독하게 된다. 변제계획을 모두 이행하면 나머지 채무는 면책받을 수 있다.

2) 소비자파산 및 면책

자신의 모든 채무를 변제할 수 없는 지급불능상태에 빠진 사람이라면 영업자와 비영업자 모두 파산 및 면책을 신청할 수 있다. 은행대출, 신용카드 사용, 사채 등 원인을 불문하고, 금액의 많고 적음도 상관없으며 채무불이행자가 아니라도 신청할 수 있다. 채무자는 파산 및 면책 신청서류를 작성하여 자신의 주소지를 관할하는 지방법원 본원(서울특별시 거주자는 서울중앙지방법원)의 접수계(파산과 접수계)에 접수시키면 된다. 신청서류는 지방법원 본원 민사신청과(서울중앙지방법원은 파산과)에 상세한 기재례와 함께 비치되어 있으며, 법원 누리집(http://www.scourt.go.kr) 또는 서울중앙지방법원 누리집(http://seoul.scourt.go.kr)에서 다운받아 사용할 수도 있다.

(1) 소비자파산 및 면책의 의미

소비자파산이란 개인인 채무자가 개인사업 또는 소비활동의 결과로 자신의 재산으로 모든 채무를 변제할 수 없는 상태에 빠진 경우에 그 채무의 정리를 위하여 스스로 파산신청을 하는 경우를 의미한다. 봉급생활자, 주부, 학생 등 비영업자가 소비활동의 일환으로 물품을 구입하거나 돈을 차용한 결과 자신의 모든 채무를 변제할 수 없는 상태에 빠진 경우에 채무 정리를 위하여 스스로 파산신청을 하는 경우를 말한다. 채무자가 파산선고를 받았다고 하더라도, 채권자는 자신의 채권을 행사하는데 아무런 제약을 받지 않는다. 채권자는 소송을 제기하거나 변제를 독촉할 수 있으며, 채무자의 재산에 대한 가압류, 압류, 경매 등 집행행위도 아무런 제약 없이 행할 수 있다. 채무자는 파산선고를 받은 후 진행되는 면책절차에서 면책결정까지 받아야 비로소 채무로부터 해방될 수 있다.

소비자파산제도의 주된 목적은 모든 채권자가 평등하게 채권을 변제받도록 보장함과 동시에, 채무자에게 면책절차를 통하여 남아 있는 채무에 대한 변제 책임을 면제하여 경제적으로 재기 · 갱생할 수 있는 기회를 부여하는 것이다. 개인파산제도는 성실하지만 불운하게도 과도한 채무를 지게 되어 절망에 빠지고 생활 의욕을 상실한 채무자에게는 좋은 구제책이 될 수 있다. 개인파산을 신청하는 이유는 주로 파산선고를 거쳐 면책결정까지 받음으로써 채무로부터 해방되기 위한 것이므로, 개인파산을 신청하기 전에 자신에게 면책불허가 사유가 있는지 여부를 잘 검토해야 한다.

「채무자 회생 및 파산에 관한 법률(채무자회생법)」상의 면책이란 자연인 파산자에 대하여 파산절차에 의하여 배당 · 변제되지 아니한 잔여채무에 관한 변제책임을 면제하는 것을 말한다. 즉, 자연인 중에 자신의 잘못이 아닌 자연재해나 경기변동 등과 같은 불운으로 인하여 파산선고를 받은 성실하나 불운한 채무자에게 새로운 출발의 기회를 주기 위한 것으로서 파산절차를 통하여 변제되지 아니한 잔여채무에 대한 파산자의 변제책임을 파산법원의 재판에 의하여 면제시킴으로써 파산자의 경제적 갱생을 도모하는 절차로, 개인에게만 인정되는 제도이다. 파산채권의 일부만 면책을 구하는 일부면책을 신청할 수는 없다. 면책결정이 확정되면 파산자의 신원증명업무를 관장하는 본적지 시 · 군(구) · 읍 · 면장에게 면책선고사실이 통지되어 신원증명서에 신원증명사항의 하나로 기재되어있던 사항을 말소하게 된다.

면책 신청권자는 파산선고를 받은 파산자(자연인)이며, 신청 시기는 파산선고 시부터 파산절차 해지 시까지 할 수 있다. 동시폐지결정이 내려진 경우에는 폐지결정이 확정(결정문 신문 공고 게재일 다음 날부터 14일 경과)된 후 1개월 이내이다. 면책 신청은 지방법원 파산과 또는 민사신청과 접수계에 하면 된다.

(2) 파산선고의 불이익

파산선고가 내려지면 채무자는 파산자가 되고 파산자는 다음과 같은 불이익을 받게 된다. 그러나 이러한 불이익은 파산자 본인에게 한정되고, 가족 등 다른 사람에게는 불이익이 없다. 또한, 전부면책결정이 확정되면 불이익은 모두 소멸하게 되고, 파산자의 신원증명업무를 관장하는 등록기준지 시 · 군(구) · 읍 · 면장에게 면책결정 확정사실이 통지되어 파산선고를 받은 사실이 신원증명사항에서 삭제된다. 면책이 되지 않은 채무자가 복권이 된 경우도 마찬가지이다. 개인 파산으로 받게 되는 불이익은 다음과 같다.

① 사법상 후견인, 친족회원, 유언집행자, 수탁자가 될 수 없다. 다만, 권리능력, 행위능력 및 소송능력은 제한받지 아니한다.
② 공법상 공무원, 변호사, 공인회계사, 변리사, 공증인, 부동산중개업자, 사립학교 교원, 건축사 등이 될 수 없다. 다만, 대통령, 국회의원, 지방자치단체장의 선거권 및 피선거권은 계속 보유한다. 자격증에 관한 자세한 사항은 자격증을 발급해주는 기관에 확인할 필요가 있다.
③ 상법상 합명회사, 합자회사 사원의 퇴사 원인이 된다. 주식회사, 유한회사와 위임관계에 있는 이사의 경우 그 위임관계가 파산선고로 종료되어 당연 퇴임하게 된다. 회사 사규나 취업규칙에 파산선고를 받는 것이 당연 퇴직 사유로 규정되어 있는지 확인할 필요가 있다.
④ 경제활동의 제한으로 파산선고 결정이 확정되면 파산자의 신원증명업무를 관장하는 등록기준지 시 · 군(구) · 읍 · 면장에게 파산선고사실이 통지되고 신원증명서에 신원증명사항의 하나로 기재되어 각종 금융거래와 취직 등에 있어서 불이익을 받을 수 있다. 가족관계등록부에는 등재되지 않는다.

(3) 면책불허가 사유

모든 파산자가 법원으로부터 면책을 허가받을 수 있는 것은 아니다. 즉, 파산자가 면책신청을 하면 법원은 파산자를 심문하여 사정을 듣고, 채권자로부터도 의견을 청취한 다음 면책허가 결정을 할 것인지를 판단한다. 일정한 사유가 있는 경우에는 원칙적으로 면책허가 결정을 받을 수 없다(채무자회생법 제564조). 면책이 허가되지 아니한 경우에는 파산 원인이 된 채무를 다 갚을 때까지 계속하여 변제하여야 할 뿐만 아니라 파산자로서 여러 가지 제약을 받게 된다. 이점 신중히 검토해야 한다. 면책불허가 사유가 있는 경우라도 파산에 이르게 된 경위, 그 밖의 사정을 고려하여 상당하다고 인정되는 경우에는 면책을 허가할 수 있다. 면책불허가 사유는 다음과 같다.

① 채무자가 자기 재산을 숨기거나 부수거나 다른 사람 명의로 바꾸거나 채권자에게 불이익하게 처분하는 행위가 있다고 인정하는 때
② 채무자가 채무를 허위로 증가시키는 행위가 있다고 인정하는 때
③ 채무자가 신용거래로 구입한 상품을 현저히 불리한 조건으로 처분하는 행위가 있다고 인정하는 때
④ 채무자가 파산원인 사실이 있음을 알면서 어느 채권자에게 특별한 이익을 줄 목적으로 채무자 의무에 속하지 않는데도 변제하거나 담보를 제공하는 행위가 있다고 인정하는 때
⑤ 채무자가 파산선고 전 1년 이내에 파산 원인 사실이 있음에도 불구하고 그 사실이 없는 것으로 믿게 하기 위하여 그 사실을 속이거나 감추고 신용거래로 재산을 취득한 사실이 있는 때
⑥ 채무자가 허위의 채권자목록 그 밖의 신청서류를 제출하거나 법원에 그 재산 상태에 관하여 허위 진술을 한 때
⑦ 채무자가 면책 신청 전에 면책을 받은 경우에는 개인파산 면책 확정일부터 7년, 개인회생 면책 확정일부터 5년이 경과되지 아니한 때
⑧ 채무자가 과다한 낭비, 도박 그 밖의 사행행위를 하여 현저히 재산을 감소시키거나 과대한 채무를 부담한 사실이 있는 때

(4) 면책의 효력

면책허가결정이 확정되면 파산자는 당연히 복권되고, 공・사법상의 신분상 제한이 소멸된다. 그러나 일부면책 결정은 일부불허가 결정이기도 하므로 면책결정이 확정된 때에 해당하지 아니하여 당연히 복권되지는 않는다. 일부면책을 받은 경우에는 면책 받지 못한 채무를 변제한 후 복권절차를 이행해야 한다.

파산채권은 파산자의 면책허가 결정 확정에 의하여 그 책임이 소멸된다. 면책결정(일부면책은 제외)이 확정되면 은행연합회 신용불량정보는 해제가 되나(신용정보관리규약 제12조 제8항), 대출정보는 명확한 규정이 없어 당연히 삭제되는 것은 아니다. 면책허가를 받은 파산자는 채권자들에게 면책결정문을 직접 제출하는 것이 좋다. 면책결정은 신문에 공고만 하고 채권자들에게 송달은 하지 않으므로 금융기관에서는 면책허가 결정 내용을 모르는 경우가 있기 때문이다.

면책은 파산채권자가 파산자의 보증인, 기타 파산자 채무를 부담하는 자에게 가지는 권리 및 파산채권자에게 제공한 담보에는 영향을 미치지 않는다. 그러므로 보증인은 변제하여야 하며, 변제하더라도 채무자에게 구상권을 행사할 수 없다. 보증인이 보증 지위를 벗어나기 위해서는 전부 변제를 하거나 파산을 신청할 수는 있다. 면책에서 제외되는 채무는 다음과 같다.

① 조세채권
② 벌금, 과료, 형사소송비용, 과징금, 과태료
③ 파산자가 악의로 가한 불법행위로 인한 손해배상청구권
④ 고용인의 최후 6개월분 급료, 임치금 및 신원보증금
⑤ 파산자가 알면서 채권자명부에 기재하지 아니한 청구권
⑥ 비면책채권 여부에 다툼이 있는 경우

(5) 파산절차의 종결과 면책결정의 취소

소비자파산의 경우 대부분 채무자에게 배당할 수 있는 재원이 될 만한 재산이 거의 남아있지 않아 이를 금전으로 환가하여도 파산절차 비용에도 충당할 수 없기 때문에 파산관재인의 선임, 파산채권의 조사・확정, 파산재산의 관리・환가, 배당 등의 절차를 진행하지 않고, 파산선고와 동시에 파산절차를 종결하는 동시폐지 결정을 하게 된

다. 동시폐지 결정이 내려지면 파산절차는 끝나게 되고, 다음으로 면책절차로 넘어가게 된다. 면책결정이 확정된 후에도 사기파산죄로 파산자의 유죄 판결이 확정되거나 파산자가 부정한 방법으로 면책을 얻은 경우에는 파산채권자 신청 또는 파산법원 직권에 의하여 면책이 취소될 수 있다.

4. 신용카드

신용카드(credit card)는 신용을 이용하는 대표적 발명품으로 'plastic money' 또는 '제3의 화폐'라고 불리고 있다. 신용카드라는 명칭은 신용을 바탕으로 거래가 이루어진다는 의미를 내포하고 있다. 가벼운 플라스틱 카드 한 장으로 자신의 신용을 증명할 수 있으며, 원하는 상품이나 각종 서비스를 현금 없이도 원하는 즉시 구매할 수 있다. 「여신전문금융업법」 제2조에서는 신용카드란 이를 제시함으로써 반복하여 신용카드 가맹점에서 금전채무상환이나 금융상품 등을 제외한 사항을 결제할 수 있는 증표(證票)로서 신용카드업자가 발행한 것으로 정의하고 있다. 즉 신용카드는 신용카드사가 신용이 있다고 평가한 사람에게 신용을 이용할 수 있도록 주는 증표로서 그것을 소지한 사람이 적정한 신용을 갖추었다는 증표 역할을 한다. 신용카드는 소지자가 가맹점에서 그것을 제시함으로써 상품을 구입하거나 용역을 제공받고 그 대금지불을 일정 기간 동안 연기할 수 있도록 제도적으로 만든 것으로, '신용보증과 동시에 지급수단' 역할을 한다. 현금 없이 물건이나 서비스를 획득할 수 있는 증거이며 대금을 지급하기 전에 물건이나 서비스를 이용할 수 있는 수단이라고 할 수 있다. 신용카드는 현금을 대신하여 사용할 수 있으므로 현금과 같은 역할을 하고 있으나 제시만 하고 다시 소지하므로 반복적 사용이 가능하며 사용자가 정해져 있어서 다른 사람에게 대여하거나 양도할 수 없는 것이 현금과 다른 점이다.

4.1 신용카드의 종류

신용카드는 사용가능한 지역, 발행회사, 사용대금 지불방법 등에 따라 여러 유형으로 분류될 수 있다.

1) 사용가능지역에 따른 분류

신용카드는 사용가능한 지역에 따라 국내카드와 국제카드로 구분할 수 있다. 국내카드는 카드를 발급받은 국내에서만 사용이 가능한 카드이며, 국제카드는 국내는 물론 국외에서도 모두 사용할 수 있는 카드로, 국내카드에 국제카드의 기능을 추가하여 발행한다. 소비자가 직접 국제카드를 신청하여 발급받기 어렵기 때문에 우리나라 신용카드사가 외국의 대표적인 신용카드사인 비자, 마스터, 다이너스클럽, 아메리칸 익스프레스와 제휴하여 국제카드 발행업무를 대행하고 있다.

국제카드를 국내에서 사용할 경우, 신용카드사는 국내에서 사용한 금액에 대해서도 일정비율의 사용료(로열티)를 제휴한 외국의 신용카드사에 지급해야 한다. 국내에서는 국내카드만을 사용하는 것이 외화낭비를 줄일 수 있는 방법이다.

생각해보기 5-6

신용카드의 유래

1949년, 미국의 사업가인 프랭크 맥나마라(Frank McNamara)는 고급레스토랑에서 고객들에게 저녁식사를 대접했다. 그런데 계산을 하려다 지갑을 호텔에 두고 온 것을 깨닫고 매우 당황했다. 그는 다른 사람도 이러한 곤란한 일을 겪을 수 있다고 생각하고, 현금 없이 신용도로 결제할 수 있는 방법을 고민하게 되었다. 변호사 친구의 도움을 받아 1950년에 최초의 신용카드사인 다이너스클럽(Diners Club)을 설립하고 다이너스클럽카드를 발급하였다. 저녁식사를 하면서 겪은 곤란한 기억이 얼마나 컸던지 회사이름을 저녁식사(Diners)와 동료(Club)란 뜻을 합쳐 만들었다.

2) 발행회사에 따른 분류

신용카드는 카드를 발행하는 회사에 따라 은행계카드와 비은행계카드로 구분할 수 있으며, 비은행계카드는 전문회사카드와 유통업체카드로 나누어질 수 있다.

은행계카드는 은행에서 부대업무로 신용카드업무를 제휴하여 예금유치 및 대고객 서비스를 향상시킬 목적으로 발급한 카드이다. 은행계카드는 현금서비스 기능이 있고 현금서비스나 할부거래 및 연체수수료 부담이 전문회사카드보다 적고 부대서비스가 다양하며 가맹점 및 거래은행이 많아 편리하게 이용할 수 있는 장점이 있다. 그러나 대출서비스가 전문회사카드보다 단조롭다는 단점이 있다. 은행계카드로는 BC(Bank of Credit)카드, 신한카드, 국민카드, NH농협카드 등이 있다.

전문회사카드는 신용카드업무를 목적으로 세워진 전문회사가 발행한 카드이다. 전문회사가 카드회원과 가맹점을 모집하며 여러 가맹점을 두고 있다. 전문회사카드는 현금서비스기능이 있고 각종 부대서비스가 다양하며 대출서비스가 용이한 장점이 있다. 반면에 현금서비스나 할부구매 및 연체수수료가 은행계카드보다 높고 연회비가 비싼 것이 단점이다. 전문회사카드로는 LG카드, 삼성카드, 현대카드 등이 있다.

유통업체카드는 백화점 등 유통업체가 자체매장이나 계열회사를 가맹점으로 하여 판매촉진을 목적으로 발행한 카드이다. 대표적인 예로 백화점에서 발행하는 백화점카드가 있다. 유통업체카드는 물품구매 시에 구매한도금액이 높고 할부구매 수수료 부담이 적어 편리한 장점이 있으나 연체료 부담이 크고 도난 · 분실 시에 보상범위가 제한되어 있으며 가맹점이 한정되어 있는 것이 단점이다.

3) 사용대금 지불방법에 따른 분류

카드는 사용대금 지불방법에 따라 신용카드, 직불카드, 체크카드, 선불카드로 분류될 수 있다. 신용카드, 직불카드, 체크카드 및 선불카드의 특징은 〈표 5-8〉과 같다.

신용카드는 상품이나 서비스를 구매한 후 일정기간 후에 그 사용대금을 결제하는 후불카드이다. 선불카드(prepaid card)는 돈을 미리 지불하고 카드를 구매한 다음 카드의 잔액 범위 내에서 사용하는 카드이다. 대표적인 선불카드는 교통카드이며, 이외에 백화점 상품권카드, 기프트카드 등이 있다. 직불카드(debit card)와 체크카드(check card)는 모두 카드를 이용하여 물건을 구입하면 즉시 그 사용대금이 개인 은행계좌에서 인출되어 판매자의 은행계좌로 자동이체되는 카드로 현금지급과 동일한 효과가 있는 카드이다. 개인 통장의 잔액 범위 내에서만 카드를 사용할 수 있으므로 충동구매나 과소비 등 무절제한 사용을 방지할 수 있는 장점이 있다.

직불카드는 신용카드의 편리성과 현금 특수성을 조합한 카드로 전용단말기가 별도로 필요하고 이용시간이 은행의 일정 영업시간 내로 제한되어 있는 단점이 있다. 체크카드는 직불카드와 신용카드의 장점을 혼합한 카드로 신용카드와 마찬가지로 신용

생각해보기 5-3

신용카드의 리볼빙(회전결제)서비스

리볼빙서비스(Revolving Services)는 신용카드 사용대금 결제일에 사용금액의 일정 비율을 결제하면 미결제된 금액을 다음 결제일로 이월시킬 수 있는 서비스로, 결제일에 최소금액의 입금만으로 연체자로 등록되지 않고 계속 신용도를 유지하며 신용카드를 사용할 수 있다. 이월된 결제금액에는 리볼빙서비스 수수료가 붙는다. 일반적으로 최소결제율은 3~10%이며 리볼빙 원리가 할부거래와 유사하기 때문에 리볼빙서비스 수수료는 할부수수료와 비슷하다. 리볼빙서비스와 할부구매가 다른 점은 할부구매는 매월 지불해야 하는 할부금이 정해져 있고 이를 지불하지 않으면 연체수수료가 붙지만 리볼빙서비스는 최소결제율만 지키면 할부기간과 할부금을 자유롭게 정할 수 있다는 것이다. 리볼빙서비스는 부득이하게 연체를 할 수밖에 없는 경우에 높은 이자를 지불하는 대신 연체자의 신분을 면할 수 있고 연체수수료보다는 리볼빙서비스 수수료가 낮다는 점에서는 유용하지만 습관적으로 이용하게 되면 높은 수수료로 경제적 손실이 큰 서비스이다.

표 5-8 신용카드, 직불카드, 체크카드 및 선불카드의 특징

구분	신용카드	직불카드	체크카드	선불카드
발급기관	은행·신용카드사	은행	은행·신용카드사	신용카드사
네트워크	신용카드망	직불카드공동망	신용카드망	신용카드망
연회비	있음	없음	없음	없음
사용장소	신용카드가맹점	직불카드가맹점	신용카드가맹점	신용카드가맹점
이용시간	24시간	은행공동망시간	24시간	24시간
이용한도	신용한도액	예금잔액	예금잔액	충전잔액
결제방법	구매 후 지정결제일	구매 즉시	구매 즉시	구매 즉시
할부구매	가능	불가능	불가능[1]	불가능
현금서비스	가능	불가능	불가능	불가능

1) 신용 제공 기능이 있는 경우는 가능함

카드 단말기를 그대로 사용함으로써 신용카드가맹점에서는 모두 사용할 수 있으며 24시간 사용이 가능하다. 그러나 할부거래나 현금서비스는 불가능하다. 최근에는 일정금액의 범위 내에서 신용 제공 기능이 있는 체크카드가 출시되고 있다. 체크카드가 직불카드보다 사용하기 편리하여 더 많이 사용되고 있다.

4.2 신용카드 거래구조

신용카드를 잘 이용하기 위해서는 신용카드의 거래구조를 이해할 필요가 있다. 신용카드 거래구조는 기본적으로 소비자(신용카드 회원), 신용카드 발행인(은행 · 신용카드사), 신용카드 가맹점(상점), 은행 간의 거래로 이루어진다. 은행계카드는 은행이 곧 신용카드 발행인이 된다. 신용카드의 거래구조는 〈그림 5-2〉와 같다.

① 신용카드 발행인은 카드회원 신청자인 소비자의 신용상태와 적격성을 심사하여 일정기준에 해당하는 사람에게 신용을 인정하는 증표로 신용카드를 발급한다.
② 소비자는 신용카드 발행인과 계약을 맺은 신용카드 가맹점에 신용카드를 제시하고 매출전표에 서명한다.
③ 신용카드 가맹점은 신용카드 뒷면의 서명과 매출전표의 서명이 일치하는지를 확인한 후 물품 또는 서비스를 제공한다.
④ 신용카드 가맹점은 일정기간(보통 7일~10일) 내에 매출전표를 신용카드 발행인에게 제출하고 소비자가 사용한 신용카드 대금을 청구한다.
⑤ 신용카드 발행인은 신용카드 가맹점이 제출한 매출전표의 대금에서 수수료를 공제하고 나머지 금액을 거래은행 예금구좌에 입금한다. 소비자가 할부로 구매한 경우에도 신용카드 발행인은 소비자신용을 담보로 일시불로 그 대금을 입금한다.
⑥ 신용카드 발행인의 거래은행은 신용카드 발행인 예금구좌에서 신용카드 가맹점의 예금구좌로 신용카드 시용대금이 일시불로 이체되도록 한다.
⑦ 신용카드 발행인은 매월 발행인이 정해준 결제일 중 소비자가 선택한 결제일 전에 소비자가 일정기간 동안 사용한 신용카드 사용대금을 소비자에게 청구한다.
⑧ 소비자는 신용카드 발행인이 청구한 신용카드 사용대금을 결제일까지 거래은행의 신용카드 결제구좌에 입금한다.
⑨ 소비자의 거래은행은 결제일에 신용카드 사용대금이 소비자의 신용카드 결제구좌에서 신용카드 발행인 예금구좌로 이체되도록 한다.

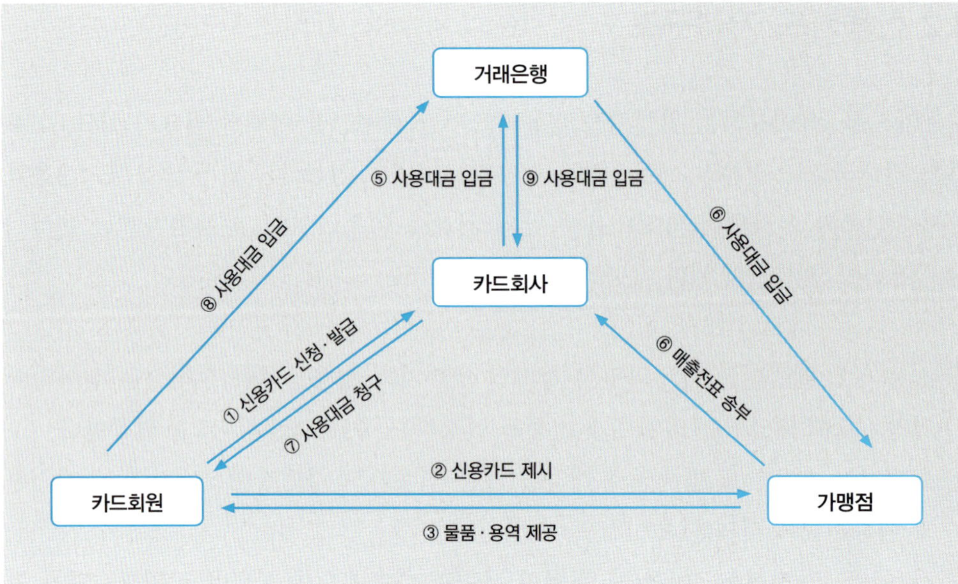

그림 5-2 신용카드의 거래구조

자료: 이희숙(2011). 신용관리와 소비생활. 경기도: 교문사. 78에서 재구성

4.3 신용카드 관리전략

신용카드는 현금처럼 사용할 수 있으므로 소홀하게 관리하면 도난이나 분실 등으로 의외의 많은 피해를 입을 수 있다. 신용카드의 관리전략은 다음과 같다.

① 신용카드 회원 가입 시 약관을 잘 읽어보고 카드의 이용방법, 회원책임, 도난·분실 시 보상책임 등을 확인한다.

② 신용카드를 카드사로부터 받는 즉시 카드 뒷면의 서명란에 서명하고 서명한 부분을 복사하여 보관한다. 카드를 분실하였을 경우에 서명을 입증해 줄 수 있는 자료가 될 수 있다. 서명하지 않은 채로 분실하거나 도난을 당할 경우 부정사용 시에 카드사로부터 보상받기 어렵다.

③ 카드의 비밀번호는 본인만 알 수 있는 것으로 정하고, 타인에게 노출되지 않도록 주의한다. 비밀번호는 전화번호, 자동차번호 등 생활 관련 번호를 이용하지 않도록 한다. 생활 관련 번호를 비밀번호로 사용할 경우에는 부정사용 시에 보상받기

어려워질 수 있다. 또한, 부득이하게 여러 개의 카드를 사용해야 할 경우에는 비밀번호를 다르게 정하는 것이 좋다.

④ 카드 발급 시에는 직접 수령하거나 함께 사는 가족이 수령한다. 카드의 배달이 지연될 경우에는 카드사에 확인해야 한다. 카드를 대신 수령하여 부정사용하는 사고가 발생될 수도 있으므로 주의하는 것이 좋다.

⑤ 카드 결제 시에는 매출전표의 내역이 정확한 지 꼼꼼하게 확인하고 서명한다. 구매 업체명과 전표의 업체명이 다르면 이의를 제기하고 신고한다. 또한 실수나 고의로 5만 원을 50만 원으로, 3만 원을 30만 원으로 적는 경우가 있을 수 있으므로 주의해야 한다. 이러한 사례가 발생할 경우, 사실 여부를 확인하는데 많은 시간과 에너지가 요구될 수 있다.

⑥ 도난을 당하거나 분실하였을 경우에는 즉시 전화로 카드사에 신고하고, 서면을 이용하여 신고하도록 한다. 전화 신고 시에는 접수번호, 접수일시, 접수자 성명 등을 기록해 두도록 한다. 사고신고 전화번호를 확인하고 기록해 두어야 한다.

⑦ 카드는 다른 사람에게 빌려주지 않는다. 신용카드는 현금처럼 사용할 수 있으므로 카드를 빌려주는 것은 현금을 빌려주는 것과 같다. 신용카드를 빌려주었다가 발생한 피해는 보상받을 수 없다.

⑧ 여러 개의 카드를 가지고 다니지 않고 포토카드를 발행한다. 여러 개의 카드를 가지고 다니면 위험할 수 있으므로 가능한 한 하나의 카드를 집중적으로 사용하는 것이 관리하기 편하다.

⑨ 주소가 변경될 경우에는 즉시 그 사실을 카드사에 통보한다. 소비자에게 알려야 할 사실이 적절한 시기에 도달하지 않아서 손해를 볼 수도 있기 때문이다. 우체국에 주소변경 사실을 알리면 약 3개월간 새로운 주소로 우편물을 배달해주는 서비스가 있다.

⑩ 사용하지 않는 카드는 절단하여 폐기하고 카드사에 해지신청을 하고 회원에서 탈퇴해야 한다. 신용카드의 해지는 결제 등 서비스 사용권을 포기하는 것으로 회원자격은 유지된다. 그러나 탈퇴는 계약관계가 종료되는 것이므로 개인정보가 완전히 삭제된다.

4.4 신용카드 사용 관련 문제

1) 신용카드의 분실과 보상

신용카드 사용 중 가장 문제가 되는 것은 신용카드 분실이나 도난이다. 신용카드는 카드를 제시하는 것만으로 물품이나 서비스를 구매할 수 있기 때문에 제3자에 의해 부정사용되는 경우가 많다. 그러므로 신용카드를 분실하거나 도난당한 경우에는 즉시 신용카드사에 전화로 통지하고 서면으로 그 내용을 신고하여야 한다. 신용카드 회원은 분실이나 도난 신고접수일로부터 60일 전 이후에 발생한 제3자의 부정사용 금액에 대해서는 신용카드사로부터 보상받을 수 있다. 현금인출이나 현금서비스의 경우에는 신고 시점 이후부터 보상받을 수 있다. 부정사용 조사를 신청할 경우에는 카드 1매당 최고 2만 원의 부정사용 수수료를 부담해야 한다. 분실 · 도난 사고로 보상받을 수 없는 경우는 다음과 같다.

① 회원의 고의나 가족 · 동거인에 의한 부정사용
② 미서명, 관리소홀, 대여, 이용위임, 담보제공, 불법대출 등에 의한 부정사용
③ 분실 · 도난 사실을 알고도 정당한 사유 없이 신고를 지연한 경우
④ 부정사용 조사를 위한 카드사나 은행의 요청에 협조하지 않은 경우
⑤ 카드 비밀번호 유출로 인한 부정사용
⑥ 분실 · 도난 신고일부터 1년 이내에 정당한 이유 없이 보상신청을 하지 않은 경우

2) 사용대금에 대한 이의 신청

부정사용 거래가 있는지 카드 사용대금 명세서를 잘 확인한다. 신용카드 사용대금에 대해 이의가 있을 경우에는 결제일로부터 14일 이내에 서면으로 이의를 제기할 수 있다. 소비자의 이의 신청을 접수한 카드사나 은행은 사용 일시 · 내용 · 주체 등을 조사하여 그 결과를 서면으로 통보하게 된다. 조사결과에 이의가 있을 경우에는 조사결과를 통보 받은 날로부터 7일 이내에 금융감독원에 분쟁조정을 신청할 수 있다.

금융감독원에 분쟁조정이 신청될 경우에는 분쟁조정이 완료될 때까지 신용카드 사용대금 결제를 유보할 수 있다. 금융감독원의 분쟁조정 결과, 카드 사용과정에서 카

드사나 은행의 책임이 인정되면 카드 사용대금의 전부 또는 일부를 카드 발행인이 부담하게 된다. 그러나 소비자 책임이 인정되면 미뤄진 미결제대금에 대해 소정의 연체료를 부과할 수 있다.

3) 신용카드 할부거래 시 유의사항

신용카드를 이용하여 할부로 구매할 때 소비자가 주의해야 할 점은 다음과 같다.

① 판매자는 판매고를 높이기 위해 소비자에게 고가의 상품을 구매하도록 유도한다.

② 신용카드 할부거래 수수료율은 이자에 관리비 등을 포함하고 있다. 할부거래 수수료는 금융기관의 대출금리보다 높은 경향이 있기 때문에 자동차 등 고가의 상품을 구매할 경우에는 신용카드 할부구매보다 금융기관으로부터 돈을 빌려서 구매하는 것이 유리하다.

③ 할부거래 수수료율은 소비자의 신용등급, 신용카드회사, 할부기간 등에 따라 다르다. 할부거래 수수료는 은행계카드보다 전문회사카드가 높으며, 신용등급이 낮을수록 높아지고 할부기간이 길수록 높아진다. 그러므로 할부거래를 할 경우에는 할부기간과 수수료의 관계를 고려해야 한다. 4개월 할부보다는 3개월 할부가 소비자에게 유리하다.

요약

경제용어로서의 신용은 개인의 경제적 지불능력에 대한 사회적 평가를 의미하며, 소비자신용은 소비자에게 신용을 제공하는 것이다. 소비자신용의 유형은 대출신용, 판매신용, 서비스신용 등이 있으며, 소비자신용 사용의 장점은 구매력증가, 현금소지 불편해소, 가계 비상자금 충당, 공평과세 실현, 인플레이션 대비, 인터넷 예약 등의 부수적 효과가 있으며, 단점은 충동구매·과소비 위험, 미래 재무위기 초래, 금융비용 수반, 개인정보 유출 위험 등이다.

개인의 신용도를 파악·평가하기 위해 이용되는 신용정보로는 식별정보, 신용불량정보, 금융거래정보, 능력정보, 공공기록정보 등이 있으며, 전국은행연합회와 신용평가회사에서 집중 관리하고, 기관이나 개인에게 제공해 준다. 금융채무·공공요금 체납정보는 전국은행연합회에 등록되며, 금융기관은 자체 모형에 따라 평가한 신용등급에 따라 금리·이용한도·수수료 등을 차등적용한다. 채무불이행자가 되면 금융거래, 일상생활, 재산권 행사 등에서 불이익을 받게 된다.

신용회복지원제도는 채무자를 대상으로 채무조정을 통해 경제적으로 회생할 수 있도록 지원하는 제도이다. 한국자산관리공사는 종합적으로 서민금융을 지원하고 있으며, 신용회복위원회는 프리워크아웃, 개인워크아웃, 소액금융 등을 지원하고 있으며. 법원은 개인회생과 소비자파산·면책을 지원하고 있다.

신용카드는 국제카드와 국내카드, 은행계카드와 비은행계카드로 구분할 수 있으며, 결제대금의 지불방법에 따라 신용카드, 직불카드, 체크카드, 선불카드로 나눌 수 있다. 신용카드는 현금처럼 사용할 수 있으며, 도난·분실 등으로 의외의 많은 피해를 입을 수 있다.

활동과제

1. 금융기관과 신용평가회사의 신용평가 기준을 조사하고 비교해보자.

2. 신용회복지원제도를 이용하여 신용을 회복한 사례를 조사해보자.

3. 은행계카드와 전문회사카드의 종류를 조사하고 그 특징에 대하여 비교해보자.

PART 3

소비자의사결정과 문제해결

C H A P T E R 6

소비자의사결정

CHAPTER 6

소비자의사 결정

학습목표

1. 소비자욕구와 사용가능한 자원과의 균형의 중요성을 이해할 수 있다.
2. 소비자의사결정의 의의와 소비자의사결정과정을 설명할 수 있다.
3. 소비자의사결정에 영향을 미치는 요인을 이해할 수 있다.

소비자가 제한된 자원으로 자신의 욕구를 충족시키기 위해서 어떻게 해야 하는가? 소비자는 우선 자신이 진정한 욕구가 무엇인지, 그리고 사용 가능한 자원은 어느 정도인지를 파악하고 욕구와 자원간의 균형을 고려해 무엇을 선택할 것인지에 대해 의사결정을 해야 한다.

본장에서는 소비자가 욕구 충족을 위한 선택과정인 소비자의사결정을 설명하기 위해서 소비욕구란 무엇이며, 소비욕구와 사용 가능한 자원의 균형을 어떻게 맞춰야 하는 지에 대해서 생각해보고, 가치소비시대에 소비자의사결정의 의의와 소비자의사결정과정이 어떻게 이루어지는지 학습하고자 한다. 그리고 소비자의사결정에 영향을 미치는 요인을 외적 요인과 소비자 개인적 요인으로 나누어 살펴보고자 한다.

1. 소비자욕구

1.1 소비자욕구

욕구란 개인소비자의 생활방식에서 나오지만 개인의 생활방식은 자신의 속한 사회제도에 의해서도 영향을 받는다. 개인소비자에게 필요한 필수적인 욕구는 인간이 생존하는데 필요한 최소한의 욕구를 충족시킬 수 있는 재화나 서비스를 의미하지만 실상 필수적 욕구를 제외한 대부분의 선택적 욕구는 사회에서 학습된 욕구라고 할 수 있다(박명희 외 2인, 2005). 이런 측면에서 소비는 그 사회를 반영한다고 할 수 있다.

인간의 욕구와 관련된 가장 대표적인 이론은 매슬로의 욕구 위계론을 들 수 있다. 매슬로는 욕구의 계급을 다섯 가지 다른 층의 피라미드 형태로 제시하고, 낮은 것에서부터 높은 것으로 계층을 이룬다고 하였다(그림 6–1).

피라미드의 가장 넓은 밑바닥 층은 숨쉬고, 먹고, 자고, 의복을 갖춰 입고 싶다는 '신체적 필요'로 구성되는 것으로서 '생리적 욕구'라고 한다. 그 위에는 '안전과 안정

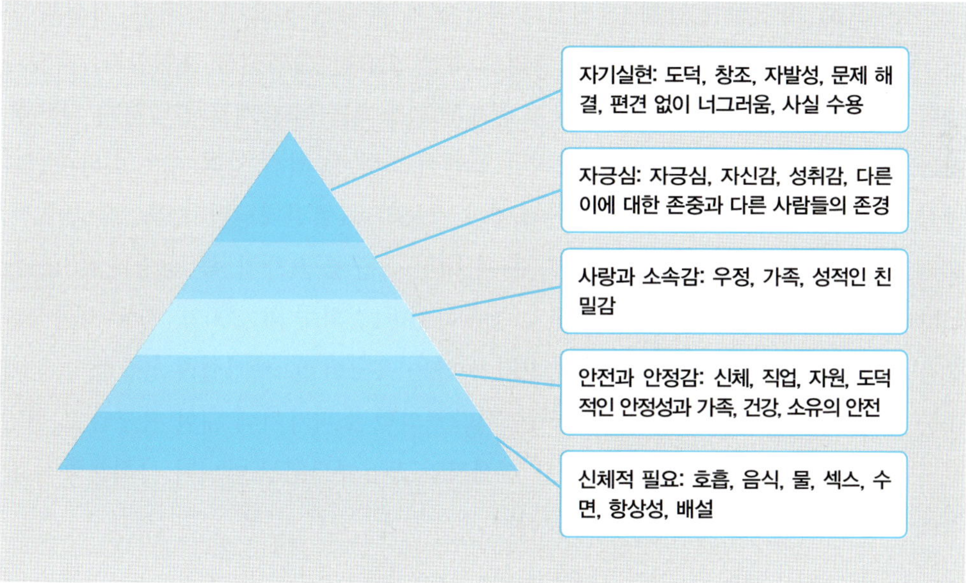

그림 6–1 매슬로의 욕구단계

자료: 앨런 패닝턴 지음. 김선아 역(2011). 이기적 이타주의자. 사람의 무늬. 306

감'에 대한 욕구가 있다. 이것은 살 곳과 사회적 안정, 건강, 그리고 직업에 대한 안심과 안정감을 포함하는 것으로서 '안전의 욕구'라고 한다. 다음 단계는 '사랑과 소속감'이다. 성적인 친밀감, 가족, 우정, 그리고 일체감에 대한 욕구를 반영한다. 이러한 욕구들은 인간의 기본적인 욕구로서 매슬로는 이를 D가치, 즉 결핍가치(deficiency values)라고 하고, D가치 충족을 위한 욕구를 필수적 욕구라고 설명하였다(김외숙 외, 2007).

필수적 욕구인 인간의 기본적 욕구가 충족되면 '자긍심'에 대한 열망이라는 다음 단계에 도달하게 된다. 자신감, 성취감, 다른 사람에 대한 존중과 더불어 다른 이들의 존경을 받고 싶은 마음, 사회적 지위, 주도권, 그리고 허영심을 포함한다. 피라미드의 이 자긍심 단계가 사람들이 왜 과시적 소비에 집착하는 지에 대한 이유를 설명해 준다. 모든 기본적인 욕구를 충족시키고 나면 우리는 자긍심과 지위를 높이고 싶은 욕구를 느끼고 자기중심적 삶을 살기 시작한다. 우리 사회는 물질적으로 더 풍요로워졌으며 이 단계에 도달하기까지가 점점 쉬워졌다. 많은 사람들이 기본적인 욕구를 충족시키고 더 직접적으로 과시적인 소비를 통해 사회적 지위와 칭찬, 그리고 자긍심을 누리고자 하는 부의 수준에 이르렀고, 이러한 부는 자신의 자신감을 과시하는 과시적 소비로 나타난다고 볼 수 있다.

마지막으로 '자기실현 단계'는 인간의 욕구단계 맨 위에 있으며 창조성, 사실의 수용, 문제해결, 내재 가능성과 의미, 그리고 가장 중요한 도덕성을 포함한다. 개인과 사회는 자긍심을 포함한 인간의 욕구가 충족된 다음에는 이 단계로 진입하게 되는데, 이는 최근 우리 사회가 왜 윤리적 소비나 협력적 소비 등 훨씬 사려 깊은 소비패턴에 관심이 높아졌는지, 그 이유에 대한 설명이 가능하다(앨린패닝턴 지음, 김선아 역, 2011). 매슬로는 자긍심과 지기실현 등에 대한 욕구를 B가치 즉 생명가치(being values)로 설명하고 이를 선택적 욕구로 분류하였다(김외숙 외, 2007). 결국 자긍심과 같은 욕구는 소비자가 사회에서 인정받고자 하는 욕구라면, 자기실현 욕구는 자신에 대한 인정을 넘어 함께 공유하고자 하는 이타주의적 소비가치에 대한 욕구라고 설명할 수 있다. 이런 점에서 소비자욕구를 경제적인 관점에서뿐만 아니라 사회문화적 관점에서 접근해야 하는 것은 타당한 것이다.

1.2 사회문화적 관점에서의 소비자욕구

오늘날과 같은 풍요한 소비사회에서는 '얼마나 많은 것을 소비할 수 있는가'보다 '왜, 무엇을, 어떻게' 소비하는가에 관심이 높다. 따라서 현대의 소비를 이해하려면 소비의 경제적 평가보다는 소비 이면의 사회적, 문화적 맥락에 대한 이해가 전제되어야 한다. 소비에 대한 사회 문화적 의미를 이해하기 위해 다음 세 학자의 이론을 소개한다.

1) 베블렌의 유한계급론

사회학에서 일반적으로 바라보는 욕구는 인간의 내재적인 성향에 의해서 발생되기도 하지만, 또한 시대적 관계에 따라 발생하고 그 사회적 관계 속에서 다양하게 변화된다고 본다. 미국의 사회학자이며 경제학자였던 베블렌은 그의 저서 《유한계급론(The Theory of the Leisure Class 1899)》을 통해 사회문화적 관점에서 소비는 사회적 지위 부여의 수단이며, 커뮤니케이션 수단이라고 정의하였다. 그에 따르면 인간은 사회적으로 인정받고 싶은 욕망이 있고 자신의 부를 들어내고자 하는 욕망이 과시소비로 표현된다는 것이다. 따라서 소비행위는 선천적으로 주어진 고유의 욕구에 의해서 나타나는 것이라기보다는 자신이 속해 있는 사회의 제도, 규범 등과 같은 환경들과의 상호작용에 의해 형성된 욕구들이 반영되어 표출된다고 할 수 있다(김민정, 김기옥, 2008).

2) 보드리야르의 소비 상징성

프랑스 철학자 보드리야르는 그의 저서 《소비의 사회(The Consumption Society 1970)》에서 소비는 더 이상 사물의 기능적 사용이나 소유 또는 개인이나 집단의 단순한 위세과시 기능이 아니라 커뮤니케이션 체계로서 끊임없이 보내고 받아들이며 재생산 되는 기호의 코드로서의 언어활동이라고 하였다(보드리야르, 이상률 역, 1991). 언어활동으로서의 소비는 집단적 개인적 정체성 의식을 상징적으로 구성하는 과정에서 중추적인 역할을 한다고 보았다. 즉 옷, 음식, 장신구 등의 소비를 통해서 내가 누구인가에 대한 생각을 표현할 뿐만 아니라 내가 누구인가에 대한 의식을 만들어 나간다는 것이다.

3) 브르디외의 구별짓기 이론

프랑스 사회학자인 브르디외는 음식, 의복, 실내장식, 음악 등 사람들의 일상생활의 다양한 소비영역에서 소비방식에 차이가 있는데 상이한 지위집단 사이의 차별과 구별을 낳은 수단으로서 경제자본 이외의 문화자본이 개입된다고 하였다. 각 계급은 문화자본 수준에 따라 각기 다른 취향을 가지게 되는데 브르디외는 취향을 칸트적 취향과 대중적 취향으로 구분하고 있다. 문화자본이 증가할수록 보다 고급의 우월한 칸트적 취향을, 문화자본이 낮은 계층은 즉각적이고 감각적인 것을 선호하는 반칸트적(대중적) 취향을 선택하는 경향이 있다는 것이다(박명희 외 5인, 2006). 브르디외가 제기하고자 했던 문제는 취향이 개인적 선택의 결과가 아니라 사회적으로 구조화되었기 때문에 계층간 소비는 차이를 보이며, 이를 통해 계층 간 구별짓기가 가능하다는 것이다.

1.3 소비자욕구와 자원

욕구충족을 위한 소비자자원(consumer resources)은 금전적 자원과 비금전적 자원으로 구분할 수 있다. 금전적 자원은 소비자가 재화와 용역을 구매할 수 있는 직접적인 자원인 소득을 의미하고, 비금전적 자원은 재화와 용역을 구매하는데 필요한 시간, 정보, 에너지 등을 말한다. 소비자욕구를 충족시켜 줄 수 있는 금전적, 비금전적 자원은 모두 제한되어 있기 때문에 소비자는 자신의 사용 가능한 범위 내에서 욕구충족을 위한 자원을 선택해야만 한다. 금전적, 비금전적 자원 모두 소비자가 선택 시 고려해야 할 중요한 변수이지만, 여기에서는 금전적 자원인 소득을 중심으로 소득과 소비자욕구 충족을 통한 행복과의 관계를 설명하고자 한다.

일반적으로 사람들은 소득이 행복에 긍정적인 영향을 미친다고 생각하는데, 그 이유는 소득이 소비활동과 밀접한 관계가 있기 때문이다. 금전적인 여유가 있으면 원하는 재화를 쉽게 구입할 수 있어 부담감을 줄여주기 때문에 소비활동이 전반적으로 풍요로워지면서 행복감으로 연결될 수 있다는 추론이 가능하기 때문이다(Ahuvia, 2002). 그러나 소득과 행복과의 관계를 조사한 연구에 따르면 소득수준의 증가가 행복감에 대하여 긍정적인 영향은 미치지만 생각하는 것만큼 큰 영향을 미치지는 않는 것으로 보고하고 있다.

소득이 행복에 기여하는 정도가 일반인들이 예상하는 것보다 낮다는 연구결과들이 발표되면서, 소득 대신 소비와 행복과의 관계가 제기되었다. 행복에 긍정적 영향을 미치는 소비활동으로 거론되는 변수들은 타인을 위한 지출, 시간을 사용하는 방법이나 사회적 관계에 대한 투자, 경험적 소비 등이 있다. 사람들이 자신을 위한 지출보다 타인을 위하여 지출을 수행하거나 혹은 좋은 인간관계를 통하여 친한 사람들과 시간을 보내면서 행복을 느낀다는 것이다. 또한 소비 시점에서 물질에 집중하는 방식보다 소비를 통하여 경험을 얻는 목적에 집중할수록 삶의 행복에 대하여 긍정적인 결과를 얻을 수 있다는 것이다(성영신 외 5인, 2013). 소비생활의 궁극적인 목적은 욕구충족을 통한 만족, 즉 삶의 행복에 있다고 할 때 소비자들이 자신의 욕구와 자원과의 관계를 잘 이해하고 자원을 어디에 어떻게 분배하고 할당할 것인가는 중요하다.

2. 소비자의사결정의 의의

2.1 소비자의사결정의 의의 및 중요성

오늘날은 가치소비시대이다. 오늘날의 소비자들은 물건을 사면서 '가치'도 함께 산다. 따라서 가치소비시대는 소비자가 소비가치를 어디에 두느냐에 따라 의사결정이 달라질 수 있다.

소비자의사결정은 개인적 차원의 관점과 사회적 차원의 관점으로 설명할 수 있다. 개인적 차원에서의 소비자의사결정은 사용가능한 자원의 범위 내에서 개인의 욕구충족을 위한 수단으로 설명이 가능하다. 반면에 사회심리학자들은 욕구는 사회문화적 성격을 지니고 있고, 욕구는 상호의존적이지만 합리적인 계산의 결과라기보다 학습에 의해 형성된다고 보고 있다(박명희, 2002). 즉 선택은 우연히 이루어지는 것이 아니라 사회적으로 통제되며 또 그 내부에서 선택이 행해지는 문화모델을 반영하므로 한 사회 내에서의 재화의 생산과 소비는 재화의 가치체계와 관련된 어떤 의미를 지니고 있다는 것이다. 따라서 사회적 차원에서의 소비자의사결정은 선택이라는 행위가 사회마다 다르면서도 한 사회 내부에서는 유사하기 때문에 하나의 사회현상으로 볼 수 있으며, 궁극적으로 이를 통해 그 사회를 이해할 수 있는 자료가 될 수 있다는 데 의의가 있다.

소비자의사결정은 소비자 자신의 복지뿐만 아니라 기업의 경쟁력과 국민경제에도 영향을 미친다. 즉 소비자는 화폐투표(dollar vote)를 통해 기업에게 무엇이 생산되어야 할 것인가를 알릴 뿐만 아니라, 합리적 선택을 하도록 훈련된 소비자는 기업이 제시한 가격을 받아들이기도 하고, 거절하기도 하면서 기업의 경쟁력을 통제할 수도 있다. 또한 소비자의 소비행태는 국민경제에도 영향을 미침으로서 소비자의사결정 자체가 개인의 복지는 물론 사회적 차원의 복지를 결정하기도 하는 중요한 요소인 것이다. 따라서 소비자가 어떤 가치를 기반으로 자신의 선호체계를 형성하고, 상품을 선택하는가 하는 것은 개인과 사회의 소비수준을 결정하는 중요한 요인이다.

2.2 소비자의사결정의 어려움

소비자가 무엇을 선택하는가는 개인의 복지는 물론 국민경제에도 영향을 미치는 중요한 일이다. 소비자가 의사결정을 할 때는 비누나 샴푸 등의 비교적 저가의 일상용품을 구매하는 것에서부터 자동차, 가전제품 등 고가의 내구재를 구매하기까지 소비자가 제품을 결정하기까지는 갈등과 어려움이 있다.

소비자의사결정은 왜 어려운가? 소비자의사결정 분야에서 선택의 어려움은 인지적, 감정적 개념을 포함한다(Bettman, Luce, and Payne, 1998). 즉 의사결정을 어렵게 하는 요인에 대해서는 여러 가지로 생각해볼 수 있지만, 우선 소비자가 선택해야 할 제품의 대안이 너무 많고 복잡하다는 것을 들 수 있다. 그리고 그 대안들을 비교 평가할 수 있는 정보와 정보를 평가할 수 있는 역량이 충분하지도 않다. 나아가서 소비자 자신이 진정 원하는 것이 무엇인지에 대한 확신도 어렵다는 것을 들 수 있다. 즉 소비자는 선호에 대한 불확실성과 속성간의 비교 평가에서 느끼는 갈등과 부정적 감정, 비교 평가를 위해 사용하는 전략, 환경의 복잡성 등으로 인해 선택에 어려움을 겪고, 선택의 어려움을 많이 느낄수록 현 상태를 유지하거나 선택을 보류 혹은 포기의 가능성이 크다는 것이다.

오늘날의 시장의 특징 중의 하나는 제품의 다양성을 들 수 있는데, 제품의 다양성은 소비자에게 선택의 폭을 넓혀주는 긍정적 요인임에도 불구하고, 제품의 다양성이 소비자 선택의 어려움을 야기하는 요인으로 작용하고 있는 것으로도 보인다. 선택대안의 수가 선택연기에 미치는 영향을 조사한 류가연, 손영석(2013) 연구에 의하면 선택대안의 수가 증가할수록 선택을 연기하는 비율은 감소하다가 증가하는 현상을 보이며, 선택대안의 수가 늘어날수록 선택하는 비율은 역 U자 형태가 나타난다고 제시하고 있다.

소비자의사결정의 어려움은 시장환경의 변화와 소비자 역할의 변화에서도 찾아볼 수 있다. 오늘날 시장환경은 빠른 속도로 변화하고 있고, 그에 따라 기업환경과 소비자 영향력도 변화하고 있고, 이러한 가변적 상황은 소비자의사결정의 어려움을 가중시키는 요인이되고 있다.

1) 시장환경의 변화

경제가 성장하면서 소비자시장은 소비자의 다양성과 개인주의가 지배할 것이다. 따라서 전통적인 시장 형태는 무너질 것이고 새로운 형태의 소비자시장이 형성되며, 새로운 업태의 등장은 가속화될 것이다. 또한 다이렉트 마케팅이 일반화될 뿐만 아니라, 소매업의 양극화도 심화될 것이다. 이와 같이 다양한 차원에서 시장이 양분화 됨

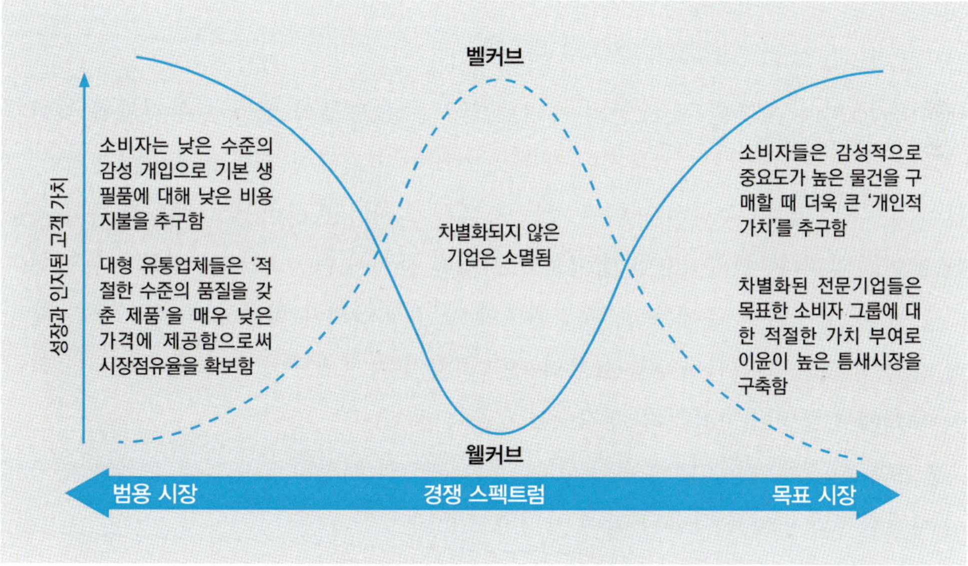

그림 6-2 양극화되는 소비자 시장

자료: IBM 비즈니스가치분석 연구소 분석(2004). 박동배(2007). 소비자 시장의 2010 가트렌드. 한국경제신문. 16. 재인용

생각해보기 6-1

차값 빰치는 초프리미엄 가전의 경제학

1000만 원 TV, 800만 원 냉장고… 초프리미엄이 가전업계 큰 흐름으로 LG전자 4,000만 원대 TV까지 출시 예정.. 65인치 TV 1,100만 원, 정수기 달린 양문형 냉장고 749만 원, 용량 21kg 드럼세탁기 222만 원…. 가전제품 몇 가지를 골라 계산기를 두드려 보니 2천만 원이 훌쩍 넘었다. 준중형급 자동차 한 대 값이다. 제품마다 살펴보니 편의 기능이 눈에 띄었지만 '최첨단 신기술'이라고 부를 만하지는 않았다. 디자인과 음향을 신경 쓴 올레드(OLED · 유기발광다이오드) TV이거나 각종 관리 기능을 강화한 냉장고, 인체공학적 설계를 담은 세탁기 정도였다. 만만찮은 가격표를 단 이들의 정체는 뭘까? 요즘 가전매장에서는 '초프리미엄'이라는 표현이 낯설지 않다. 삼성전자 · LG전자 등 주요 가전업체가 대중적인 TV · 세탁기 · 냉장고 제품보다 1.5~3배까지 비싼 제품을 경쟁적으로 내놓고 있다. 일반 제품군보다 비싼 프리미엄급조차 훨씬 뛰어넘는 값을 매겨 초프리미엄이라는 '언어 인플레'가 불가피해졌다. 이런 제품들은 가전매장 안에서도 판매 공간을 구분하거나, 아예 배달과 애프터서비스를 다른 방식으로 해 '특별함'을 강조한다. 가전업계에서 초프리미엄 가전제품을 구분하는 기준은 앞서 밝혔듯 가격을 제외하고는 똑 부러지지 않는다. 우리나라와 일본 · 중국 · 미국 등의 많은 가전업체들이 경쟁하는 세계 시장에서 TV, 에어컨, 냉장고, 세탁기, 진공청소기 등을 한데 묶은 '생활가전(Home Appliances)'의 한 해 매출은 500조 원 가량이다. 초프리미엄 가전제품은 이 가운데서 소득 상위 5%에 해당하는 이들을 겨냥한 제품이라고 보는 게 일반적이다…. (후략)

자료: 한겨레(2016.7.4), 차값 빰치는 초프리미엄 가전의 경제학

에 따라 소비자 시장은 종 모양의 벨커브에서 우물 모양의 웰커브로 전환될 것이다(그림 6-2). 즉 소비자는 기본적인 생필품 가격이 저렴해야 된다고 요구하겠지만 그들이 개인적으로 더 중요한 의미를 갖는 제품에 대해선 프리미엄 가격을 기꺼이 지불할 것으로 보인다. 결과적으로 경쟁의 스펙트럼 상에서 한쪽 끝에는 대형 유통업체와 대형 브랜드가, 다른 쪽에는 전문 브랜드와 그 유통업체가 확장해 나갈 것이다(박동배, 2007). 최근 가전시장에서 고가의 초프리미엄 가전제품이 등장하는 이유도 이러한 맥락에서 설명이 가능하다(생각해보기 6-1 참조).

한상만(2015)은 지난 10년 동안(2004~2014년)의 시장환경 변화를 분석한 연구에서 시장환경의 변화를 다음과 같이 설명하고 있다.

① 온라인에서 모바일 플랫폼 등장과 변화에 따른 적용

2000년대 초반에는 온라인 쇼핑몰의 출현 등으로 온라인 쇼핑 환경이 지배적이었다면, 2010년대 진입하면서는 스마트폰의 보급으로 인해 새로운 모바일 환경을 맞이하게 되었다. 모바일 환경은 이동하면서 정보 탐색, 구매, 지불 등 다양하고 편리한 기능을 제공하는 최첨단 디바이스로서의 기능을 제공함으로서, 소비자에게 새로운 시장환경을 제시하고 있다.

② SNS(Social Network Service)의 등장

SNS는 자신의 취향과 활동을 공유하거나 타인의 취향과 활동을 관찰하고자 하는 사람들의 공동체를 위한 온라인 사회관계의 형성에 중점을 둔 서비스이다. SNS는 이용자 간의 관계망을 통해서 실시간적인 소통과 더불어 쌍방향적인 소통을 가능하게 만들고, 정보 전달이 쉬울 뿐만 아니라 빠르게 공유되는 특징이 있다.

2) 소비가치의 변화

기존의 소비자의사결정은 경제적 의사결정에 초점을 맞추어 소비자는 기본적으로 효율적 의사결정을 추구한다는 가정 하에서 시작되었다. 그러나 오늘날의 소비자의사결정은 가격과 품질의 역동관계에 기초한 가치지향성 구매패턴에서 개인의 윤리적 신념이나 자기표현에 기초한 가치지향성 구매 양상이 점차 시장을 지배하고 있다. 따라서 앞으로 소비자들은 기업과 사회적 윤리에 대한 개인 견해, 건강, 프라이버시, 정치, 세계무역, 환경 등 훨씬 더 많은 요인을 고려하여 의사결정을 하게 될 것이다. 또한 소비자의사결정에 영향을 미치는 가치 중의 하나로 부상하고 있는 새로운 트렌드는 사람들은 개인적으로 중요하다고 의미를 부여할 수 있는 것들을 점점 더 중시할 것이라는 것이다. 이러한 소비패턴은 서로 다른 성향의 소비자들에게 동일한 제품군 내에서도 상향거래 또는 하향거래를 하도록 만든다. 즉 어떤 상품에 대해 독특한 가치를 찾을 수 없다고 판단되면, 이 특정 소비자는 그 부문에서는 그저 '적당한' 품질을 최저가에 제공하는 공급자와 하향거래를 한다. 그리고 소비자가 개인적으로 좀 더 중요하다고 여기는 부문에서는 자신의 특정 요구와 니즈를 충족하는 '새로운 사치품' 제공자에게 상당한 프리미엄 가격을 지불하며 상향거래를 한다. 반면 어느 한쪽의 소비자에게도 충분히 차별화되지 않고 그저 중간에 위치한 기업들은 고전을 면치 못할 것이다. 즉 소비자의 다변화된 새로운 가치는 '적당한 가격'에 '적당한 가치'를 지닌 제품을 외면할 수도 있다는 것을 말해 주는 것이다.

생각해보기 6-2

쏘카 회원 수 250만 돌파… 5년만에 800배 늘어

10분 단위로 차량을 빌릴 수 있는 '카셰어링' 1위 업체인 쏘카 회원이 5년 만에 250만 명을 돌파했다.

쏘카의 폭발적 성장과 함께 국내에 카셰어링 시대가 본격적으로 열렸다는 평이다. 16일 쏘카는 지난 1일자로 회원 250만 명을 넘어섰다고 밝혔다. 창립 이듬해인 2012년(3000명)과 비교하면 800배 이상 팽창한 셈이다. 회원 수뿐만 아니라 같은 기간 100대였던 차량은 6,400대로, 쏘카 차량을 이용할 수 있는 주차장인 '쏘카존'은 50개에서 2,950개로 늘었다.

자료: 매일경제(2017.2.16.) http://news.mk.co.kr/newsRead.php?&year=2017&no=111654

2011년 블랙프라이데이에 아웃도어 브랜드인 파타고니아는 '이 재킷을 사지 마세요 Don't buy this jacket' 라는 카피의 광고를 〈뉴욕타임스〉에 게재했다. 파타고니아의 메시지는 신제품을 사기보다는 기존 제품을 고쳐 입고 더 오래 입으라는 것이다. 파타고니아의 옷은 소재의 40%가 재활용으로 만들어지며 내구성 또한 10년 이상 입을 정도로 강하지만, 아무리 친환경적으로 만들어도 최소한의 온실가스가 배출되고 천이 버려지므로 가능하면 입던 옷을 고쳐 입으라는 것이다(이랑주, 2016). 이러한 파타고니아의 기업철학은 소비자 가치와 조화를 이루면서 2013년 미국 아웃도어 의류시장에서 점유율 2위를 기록하는 실적을 보였다.

2.3 소비자의사결정과정

소비자의사결정과정은 소비자 단위에 따라 차이를 보인다. 소비자 단위(consumer unit)는 개인소비자(individual consumer), 가족소비자 (family consumer) 그리고 조직소비자(organization consumer)로 구분하여 살펴볼 수 있다. 이 장에서는 개인이 소비자로서 의사결정할 때 그 과정이 어떻게 이루어지는가를 살펴보고자 하는 것이므로, 소비자 단위를 개인소비자로 보고 소비자의사결정 유형과 과정에 대해 살펴보기로 한다.

1) 소비자의사결정의 유형

일반적으로 소비자는 구매의 필요성을 느끼면 적절한 대안을 선택하기 위해 정보 탐색을 하고, 탐색한 정보를 근거로 대안을 비교한 후 자신에게 적합하다고 생각하는 하나의 대안을 선택하게 된다. 그러나 구매의 필요성을 느낄 때마다 이런 과정을 모두 거치지는 않는다. 이러한 차이를 설명해주는 개념이 관여도(involvement)이다. 관여도란 '특정 상황에 있어 자극에 의해 유발되어 지각된 개인적인 중요성 혹은 관심도의 수준'을 말한다. 관여도는 개인, 대상, 상황에 따라 달라진다. 관여도는 엄밀히 말하여 연속적이며 상대적인 개념인데, 보통 고관여(high-involvement)와 저관여(low-involvement)로 구분된다.

소비자행동은 의사결정의 정도와 관여도의 두 가지 측면에 따라 서로 다른 네 가지 행동 유형을 보인다.

① 복잡한 의사결정(complex decision making)

관여도가 높고 처음으로 구매하는 경우 소비자는 복잡한 의사결정과정을 거친다. 이 유형의 소비자는 적극적으로 정보를 탐색하고 평가기준을 이용해 여러 상표들을 평가한다. 이것은 인지적 학습이론에 기초한 것으로서 신념 → 평가 → 행동의 단계를 따라 구매의사결정이 이루어진다.

② 상표애호적 의사결정(brand loyalty decision making)

소비자가 제품을 여러 번 구매한 후에는 복잡한 의사결정을 거치지 않고 과거의 만족스러웠던 구매경험에 비추어 동일한 상표를 구매하게 된다. 이 경우의 의사결정 과정은 복잡한 의사결정처럼 신념 → 평가 → 행동의 순서를 거치기도 하고, 이미 상표에 대한 애호도가 형성되어 있어 신념이나 평가 없이 바로 구매로 이어질 수도 있다.

③ 제한적 의사결정(limited decision making)

저관여 상황에서도 새로운 제품이 등장했을 때 또는 기존 제품에 변화가 있을 때 소비자는 제한적 의사결정과정을 거치게 된다. 관여도가 높지 않더라도 신제품의 등장은 소비자의 관심과 호기심을 불러일으켜서 정보 탐색이나 상표평가 없이 시험삼아 구매가 이루어질 수 있다. 그러므로 상표에 대한 어느 정도의 신념이 형성되고 행동으로 이어진 후 사후적으로 평가가 일어나 신념 → 행동 → 평가의 과정을 거친다. 이것은 소비자가 기존 제품에 불만족해서 상표를 바꾸는 것이 아니라 변화와 새로운 것을 추구하는 소비자의 다양성 추구 때문이다.

④ 관성적 의사결정(inertia decision making)

관여도가 낮고 습관적으로 구매하는 경우에는 관성적 의사결정이 일어난다. 이러한 상황에서 신념은 수동적으로 형성되고 정보처리과정 없이 의사결정이 내려지기 때문에 사후적으로 상표에 대한 평가가 이루어진다. 즉 구매한 상표가 어느 정도의 만족을 주기만 하면 재구매로 이어지는데, 동일한 상표를 몇 번 구매한 뒤에는 이것이 고객 애호도처럼 보이기 때문에 이를 가식적 애호도라고 한다. 관성적 의사결정은 상표전환이 쉽게 일어날 수 있는데, 예를 들어 경쟁상표가 가격할인이나 경품제공을 할 경우 소비자는 상표를 전환할 수 있다.

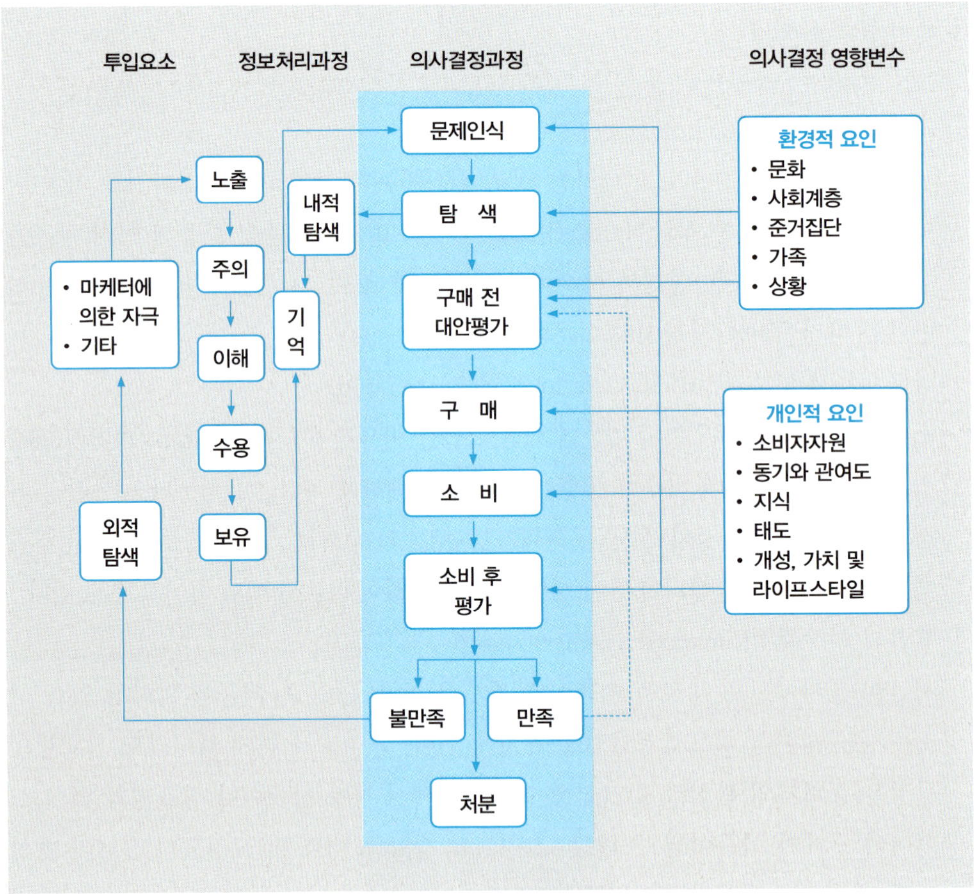

그림 6-3 소비자행동모델

자료: Blackwell, R.D.,Miniard, P.W.,& Engel J.F.(2001). Consumer Behavior 9th ed., Harcourt College Publisher. 85

2) 소비자의사결정과정

관여도가 높고 처음으로 구매하는 경우 소비자는 복잡한 의사결정과정을 거치는데, 엥겔 등의 소비자행동모델에 의하면 복잡한 의사결정과정은 문제인식을 시작으로 정보 탐색, 대안평가, 구매(소비), 구매 후 평가(소비 후 평가) 단계를 거친다.

(1) 문제인식

소비자의사결정은 문제(욕구)인식에서 출발한다. 소비자에게 있어 문제(욕구)인식은 소비자의 현재 상태(actual state)와 희망 상태(ideal state)가 불일치할 때 일어난다. 이러한 문제인식은 문제의 심각성 정도가 일정 수준 이상인 식역(threshold)을 넘어야만 인식하게 되며, 문제를 인식했다고 해서 모든 소비자가 다음 행동으로 넘어가는 것은 아니다. 식역 수준을 넘어서 문제가 인식되더라도 집단규범과의 갈등, 가족들의 반대, 금전적, 시간적 자원 부족 등과 같은 제약조건이 있을 수 있기 때문이다(그림 6-4).

(2) 정보 탐색

소비자가 문제(욕구)를 인식하게 되면 다음 단계는 이를 해결하기 위한 정보를 얻고자 하며, 정보를 얻는 과정을 정보 탐색이라고 한다.

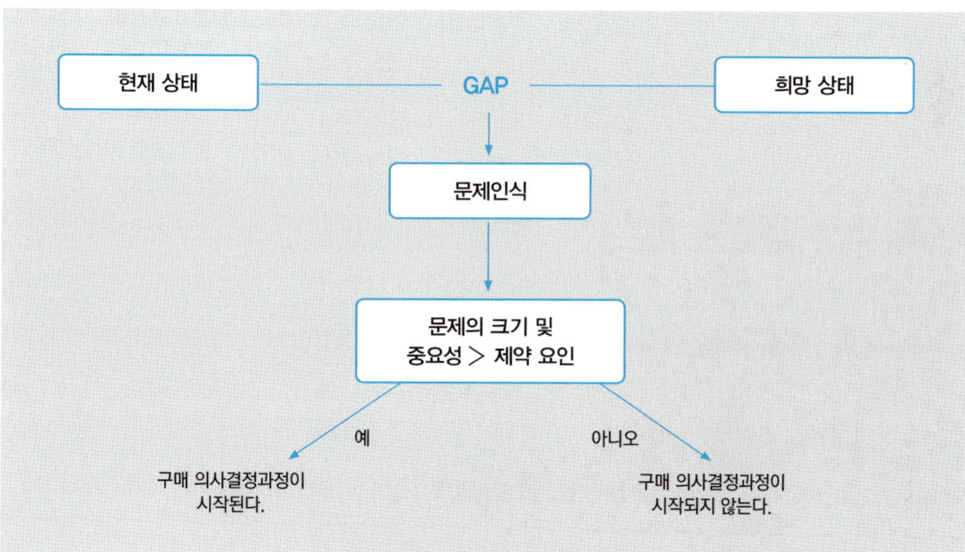

그림 6-4 문제인식과 구매 의사결정

정보 탐색의 첫 단계는 내적 탐색으로 이는 자신의 기억 속에 저장된 정보를 회상하고 검토하는 심리적 과정이다. 소비자의 기억 속에는 자신의 구매경험이나 마케팅 노력 등에 의해 능동적 혹은 수동적으로 정보가 저장되어 있으며 이러한 정보는 필요한 시점에 회상하여 활용할 수 있다.

그러나 문제해결을 위해 내적 탐색만으로 정보가 부족할 경우에는 추가적인 정보를 외부로부터 얻게 되는데, 이를 외적 탐색이라고 한다(외적 탐색 시 정보원천에 대한 설명은 7장 참조).

(3) 대안평가 및 구매

소비자들은 획득한 정보를 기초로 대안에 대한 평가 후 선택을 수행한다. 이 과정에서 소비자들은 바람직하다고 생각되는 몇몇 선택 대안들로 이루어진 '선택 집합(choice set)'을 구성해 나가는 것이 일반적이다(하영원, 2000).

① 대안평가 과정: 신념, 태도, 의도와의 관계

소비자가 정보 탐색을 통하여 여러 가지 대안에 대한 정보를 수집하게 되면 일정

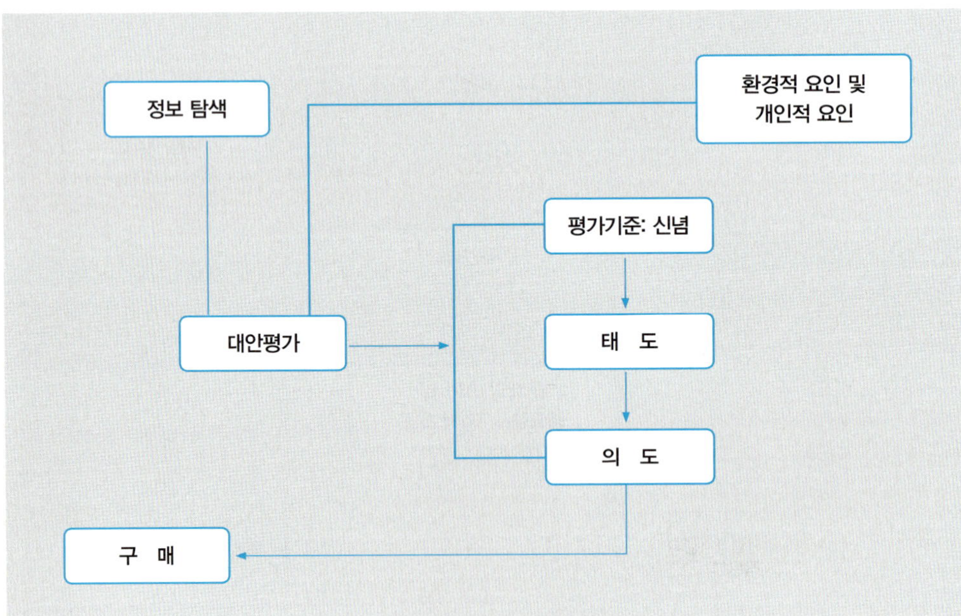

그림 6-5 대안평가과정

한 평가기준에 근거하여 선택하고자하는 대안들을 비교, 평가함으로서 자신의 욕구에 부합하는 하나의 대안을 선택하게 된다(채정숙 외 2인, 2004).

대안평가 과정은 신념 → 태도 → 의도 과정을 거쳐서 선택 및 구매에 이른다.

신념(belief)은 대안에 대한 소비자의 주관적인 인식을 말하며 상표 이미지로 언급되기도 한다. 장기기억에 저장되어 있는 정보는 신념의 한 요소이다. 신념은 또한 외부 탐색을 하는 동안 얻게 되는 정보에 의해 형성되기도 하며 추리과정의 결과로서 나타나기도 한다.

태도(attitude)란 일반적으로 어떤 대상에 대한 전반적인 긍정적(혹은 좋아함) 또는 부정적(혹은 싫어함) 평가라고 정의할 수 있다. 즉, 태도는 특정 사물이나 특정 행동에 대하여 나타내는 호의적 또는 비호의적 반응이다. 피쉬바인 모델에서는 이러한 감정적 태도는 인지적인 신념에 근거하여 이루어진다고 본다(박명희, 2003). 그런데 태도는 한 가지 신념만으로 형성되는 것이 아니고, 여러 신념들을 종합하여 좋고 나쁨으로 요약한 것이라고 볼 수 있다. 심사숙고 끝에 대안들 중 어느 하나가 최선이라고 생각되면 소비자는 그 대안을 구입할 의도를 형성하게 된다.

대안평가의 마지막 요소인 의도(intention)는 특별한 행동이 한 개인에 의해 수행될 것이라는 주관적 가능성이다. 그러나 이러한 구매의도가 반드시 구매행동으로 연결되는 것은 아니며 시간 간격, 예상하지 못한 사건 등에 의해 선택이 달라지기도 한다.

② 평가기준

소비자는 여러 가지 평가기준(evaluative criteria)에 비추어 상표를 평가하고 있는데 그러한 기준은 소비자가 제품과 상표를 평가하는 데 사용하는 표준(standards) 내지 명세(specifications)라고 할 수 있다. 따라서 평가기준은 소비자가 구매할 때 추구하는 제품이나 상표의 특성으로서 주관적일 수도 있고 객관적일 수도 있다. 예를 들면 승용차를 구매할 때 소비자들은 안전성, 경제성, 디자인과 같은 객관적인 기준은 물론 승용차의 사회 계급적 이미지와 같은 주관적인 기준을 함께 사용할 수도 있다. 또한 평가기준은 소비자 개인에 따라서도 적용하는 기준이 다를 수 있다. 위의 예에서 어떤 소비자는 승용차가 갖는 사회적 이미지를 중요시하는 반면, 다른 소비자는 승용차의 안전성이나 경제성을 중요시하여 선택할 수도 있다.

이와 같이 소비자들은 많은 대안을 평가하는데 나름대로의 객관적 · 주관적 기준을 사용하게 된다. 그러나 아무리 많은 평가기준을 가지고 있다 하더라도 실제로 사용하는 평가기준은 가장 중요한 몇 개에 불과하며 평가에 결정적인 기준이 되는 속성들을 결정적인 속성(determinant attribute)이라고 한다(박명희, 2002).

(4) 소비 후 평가

① 소비자 만족 · 불만족

소비자 만족 · 불만족은 소비자 구매 의사결정과정의 결과변수이다. 소비자 만족 · 불만족에 관한 개념은 심리적 이론을 중심으로 설명가능하다.

심리적 이론은 소비자 만족 · 불만족 개념을 소비자의 기대함수로 설명한다. 즉 소비자 만족 · 불만족은 구매 전 소비자가 제품에 대해 갖는 기대와 제품 사용 후의 제품에 대한 성과의 차이로 설명할 수 있다는 것이다. 즉 소비자의 기대와 평가의 차이가 만족 · 불만족으로 나타나는데, 기대보다 실제 평가가 높으면 만족이, 기대보다 실제 평가가 낮으면 불만족이 발생한다고 보고 있다. 즉, 소비자 기대와 지각된 제품성과 간의 불일치 정도를 만족 · 불만족 수준으로 보는 것이다. 이 견해에 따르면 소비자 만족은 엄밀히 말하면 제품의 질적 수준보다는 소비자의 기대가 충족되었는지의 여부와 기대 충족을 위한 기업의 노력 등이 영향을 미친다는 것이다. 그러나 만족 · 불만족을 기대의 함수로만 설명하기에는 상당한 문제점이 있다. 왜냐하면 기대가 너무 높았기 때문에 제품 성능 자체가 좋아도 만족수준이 낮게 나타날 수 있을 뿐만 아니라, 이와는 반대로 실제로 제품이 좋지 않더라도 기대수준이 낮아 만족할 경우가 있기 때문이다.

② 구매 후 부조화

구매 후 부조화란 한 대안을 선택한 후, 선택하지 않은 다른 대안에 바람직한 속성이 있다는 신념을 지님으로써 야기된 선택 후 의심이다. 구매 후 부조화를 느끼면 소비자는 심리적으로 불안하기 때문에, 마음의 평정을 찾기 위해 추가적인 정보를 탐색함으로써 부조화를 감소시키려고 노력하게 된다. 그 이유는 인간의 행동은 자신의 의견과 지식 및 가치 사이에서 내적 조화와 일관성을 유지하려고 하는 속성을 가졌기 때문이다. 이러한 점에 착안하여 기업은 자사 제품의 장점을 강조하는 광고를 내보내거나 판매 직후 감사의 서신이나 안내책자 혹은 전화 등으로 구매자에게 자신이 잘 선택했음을 확인시켜 줌으로써 부조화 감소에 도움을 줄 수 있는 마케팅 전략을 사용하고 있다.

(5) 구매 후 의사결정과정: 소비자 대응행동 과정

일반적으로 소비자 대응행동(불평행동)은 제품 선택 후 결과가 불만족했을 때, 이를 해결하려고 하는 일련의 과정을 말한다(그림 6-6).

소비자 대응행동 과정은 만족 · 불만족 평가 → 귀인 평가 →대체안 평가(사적 혹은 공적 대응행동) → 산출로 이어진다(Richins, 1982).

만족 · 불만족 평가는 인지된 제품 성과가 기대수준과의 일치/불일치 여부에 의해서 만족 혹은 불만족으로 결과가 나타나며, 불만족 했을 경우의 다음 단계는 불만족의 원인이 어디에 있었는지에 대한 귀인 평가를 하게 된다. 이 과정에서는 주로 불만족에 대한 인과관계의 귀인과, 누구의 책임인지에 대한 책임의 귀인으로 구분된다. 귀인평가가 끝나면 평가결과에 따라 어떻게 불평행동을 할 것인가를 결정하게 된다.

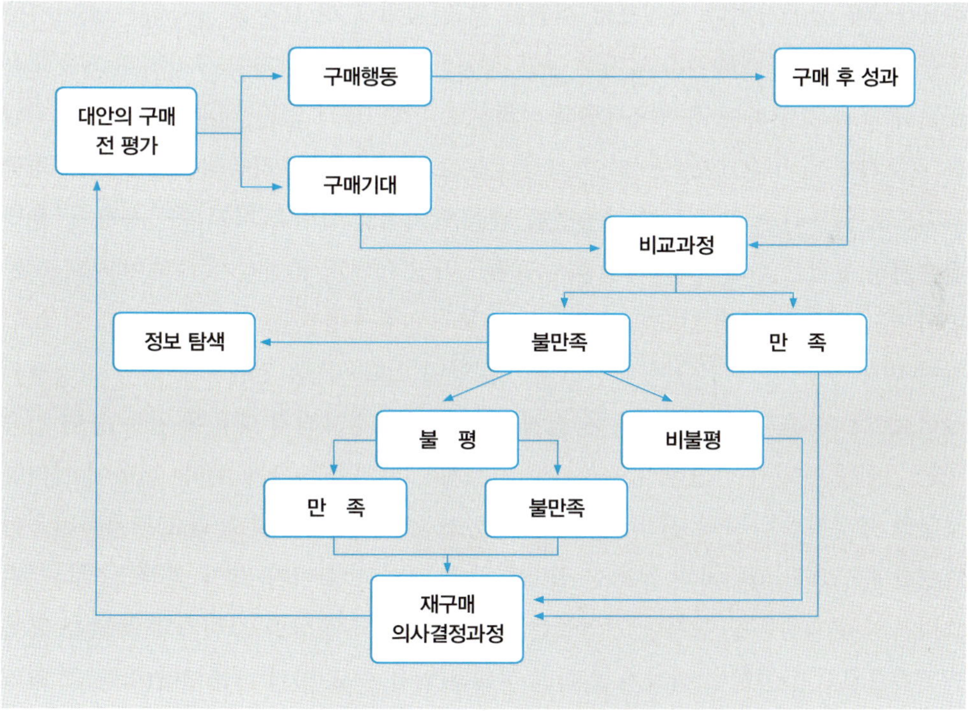

그림 6-6 소비자 구매 후 과정 모델

자료: Andreasen, A.R.(1977). "A Taxonomy of Consumer Satisfaction/ Dissatisfaction Measures". Conceptualization and Measurement of Consumer Satisfaction and Dissatisfaction, 14

이때 불만족을 해결하는 데 가장 바람직하다고 생각되는 대안을 평가하여 적합하다고 판단된 대응행동을 하게 된다. 소비자 불만족에 대한 대응행동 유형을 비어덴과 틸(Bearden & Teel, 1983)은 무행동, 사적 행동, 공적 행동으로 분류하였다.

불만족을 경험한 모든 소비자가 이에 대한 대응행동을 하는 것은 아니다. 특히 우리 문화는 불평하는 사람이 되는 것을 장려하지 않았을 뿐만 아니라, 실제로 대응행동을 하는 데는 시간과 노력 등 비용이 수반되는 값비싼 행동이기 때문이다(박명희. 2002). 그러나 문제가 있는 사안에 대해 정당한 요구를 하고 문제를 제기하는 것은 소비자의 당연한 권리이자 책무로서 소비자와 사업자 모두가 인정해야 할 가치 있는 일이다. 다만, 문제제기를 할 때 너무 감정에 얽매이지 말고, 문제 자체를 설명하고 이에 대한 정당한 요구를 할 수 있는 소비자로서의 자세가 필요하다.

요즘 사회적으로 부당한 소비자 불평행동이라고 할 수 있는 블랙컨슈머(Black Consumer)가 문제 제기되는 것은 정당한 불평행동이 아니라는데 문제의 초점이 있는 것이다. 블랙컨슈머란 구매한 상품의 하자를 문제 삼아 기업을 상대로 과도한 피해보상금을 요구하거나 거짓으로 피해를 본 것처럼 꾸며 보상을 요구하는 소비자를 말한다. 상품을 구입하여 일정기간 동안 사용한 후 상품의 하자를 주장하며 제품교환 또는 환불을 요구하는 유형에서부터 상품으로 인한 근거 없는 신체적 · 정신적 피해를 호소하면서 반품 · 환불을 넘어 보상금을 요구하는 유형, 거액의 보상금을 수령할 목적으로 일부러 식료품 등에 이물질을 넣어 악의적인 민원을 제기하는 유형 등 블랙컨슈머의 유형은 다양하다. 기업들은 제품 · 기업 이미지 손상을 우려하여 사회적 논란이 되지 않도록 블랙 컨슈머의 요구를 암묵적으로 수용하는 경우가 많은데 이로 인하여 더욱 많은 블랙 컨슈머가 양산되는 경향이 있다. 블랙 컨슈머가 늘면 사업자의 서비스비용이 증가되고 그 비용은 전체 소비자에게 전가되기 때문에 일부 블랙 컨슈머는 기업뿐 아니라 선량한 다수의 소비자에게도 악영향을 주게 된다. 더욱이 이러한 부당한 불평행동은 사회 전반적으로 불신을 조장하게 됨으로써 불필요한 사회비용이 발생할 수 있다. 왜냐하면 부당한 불평행동은 기업과 소비자 간의 신뢰를 악화시켜 소비자의 문제행동을 경험한 기업들은 비슷한 유형의 정당한 소비자의 불만을 잘못 인식함으로서 선량한 소비자가 오히려 피해를 입을 수도 있기 때문이다(박중필, 최영은. 2016).

(6) 처분행동

처분행동이란 제품 사용 후의 처리행동 또는 제품의 원래 기능을 상실하였을 때 그 제품에 적용하는 행동을 뜻한다. 오늘날은 지속가능한 소비와 관련하여 환경친화적 처분행동에 대한 관심이 높다.

지속가능한 소비는 환경 손상 혹은 자연체계의 기능손실을 최소화하고, 현재 및 미래세대의 욕구를 충족시킬 수 있는 소비양식으로, 홍연금과 송인숙(2010)은 지속가능한 소비에 대한 책임과 동시대 인류를 위한 책임에 따른 윤리적 소비 실천 영역의 필요성을 제시하면서 환경친화적 소비, 소비절제, 자발적 간소화, 친환경적 제품에 대한 구매운동 등을 제시하였다.

환경친화적 처분행동으로 우선 관심을 가져야 할 것은 재사용과 재활용에 대한 관심이다(그림 6-7). 재사용과 재활용은 이타주의적인 처분활동으로 개인적 차원에서 다른 사람에게 필요한 물건을 제공한다는데 의의가 있지만, 사회 전체적으로 볼 때 자원을 순환시켜 자원을 관리하고 환경보호를 한다는 데 의의가 크다.

그러나 자원관리와 환경보호 측면을 고려할 때 우선시해야 할 것은 물건을 쓰고 난 후의 처분행동에 대한 방안보다 물건을 구매하기 전 꼭 필요한 품목인지에 대한 욕구

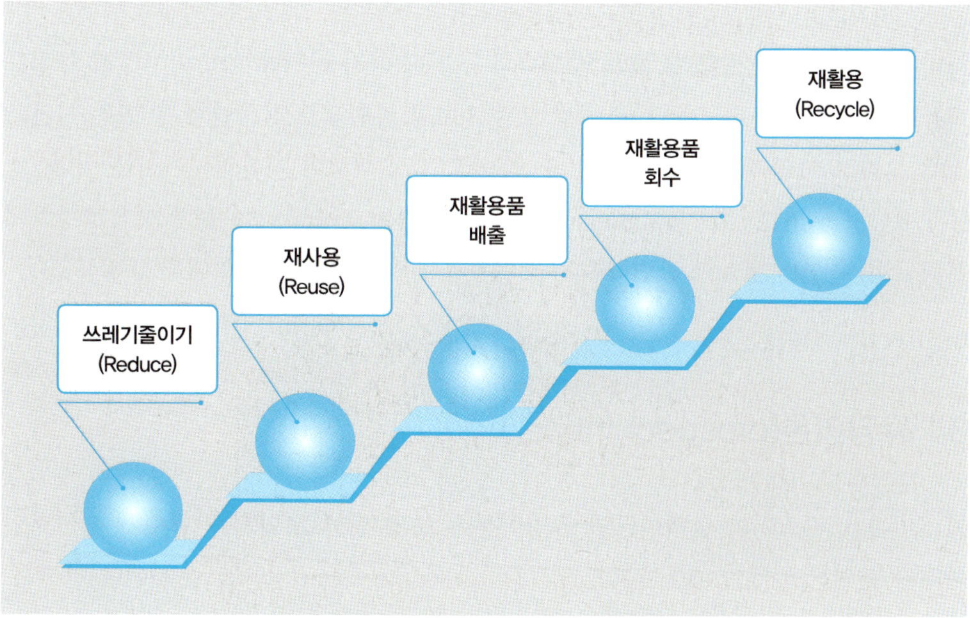

그림 6-7 환경친화적 소비자행동-재활용의 단계

통제와 욕구확인이 무엇보다 중요하다.

이와 관련하여 송인숙(1999)은 일찍이 현대사회의 지나친 소비를 지양하고 환경과 자원문제를 고려하는 '자발적으로 간소화한 생활방식(voluntary simplicity lifestyle)'을 대안적 소비방식으로 제안한 바 있다. 자발적으로 간소화한 생활방식의 근본가치는 물질적 간소화, 인간 중심, 자기 스스로의 결정, 인간과 자연의 상호의존 인식, 내적 생활을 탐색, 계발을 위한 인격적인 성장 등으로 삶의 목적을 단일화 시키고, 삶의 주목적에 적합하지 않은 소유물과 외부의 혼잡함을 피함으로써 삶을 좀 더 풍요롭게 하는 것을 뜻한다.

최근 공동체와 나눔의 경제라는 대안적 관점인 공유경제가 관심을 받으며 협력적 소비에 대한 관심이 높아지고 있는 것은 고무적인 일이라고 할 수 있다. 대학생을 대상으로 협력적 소비에 대한 소비자교육효과를 분석한 최경숙, 박명숙(2016) 연구에 의하면 대학생들의 협력적 소비에 대한 참여 동기가 '즐거움'과 '친환경성'으로 나타났는데, 이러한 결과는 지속적인 소비와 관련하여 긍정적인 결과라고 할 수 있다.

3. 불확실한 상황에서의 소비자의사결정

소비자들이 제품을 선택 할 때는 상황이나 조건에 따라 나름대로의 의사결정 규칙을 적용한다. 소비자들은 선택 상황에서 모든 정보를 종합적으로 판단할 수 있는 시간과 정보 그리고 이를 해석하고 활용할 수 있는 인지적 역량이 제한적이기 때문이다. 행동경제학자인 카너먼(D. Kahneman)과 트버스키(A. Tversky)는 불확실한 상황하에서의 소비자 선택 행동과 관련하여 유망이론과 휴리스틱과 편향에 대해 설명하였다.

3.1 유망이론(prospect theory)

카너먼과 트버스키의 선택이론인 유망이론은 모델 안에 포함되는 함수가 심리적인 특징을 반영하고 있기 때문에 기술적 이론(descriptive theory)으로 분류된다(안서원. 2014). 이 이론은 사람들의 선택과정을 편집단계와 평가단계로 구분한다. 편집단계에서 사람들은 자신이 가지고 있는 준거점(reference point)을 기준으로 선택상황을 이득과 손실로 구분한다. 즉 상황의 틀을 대안선택의 결과로 얻을 수 있는 이득과 잃을 수 있는 손실로 구성하는 것(framing)이다. 준거점은 절대적인 영점을 가리키는 것이 아니라 선택을 하는 사람의 현재 상태를 기준으로 형성된다. 이 준거점을 기준으로 사람들은 자신이 얼마만큼 얻는지, 잃는지를 평가하게 되는데 이는 사람들이 객관적 가치의 절대량보다 그 변화량에 더 민감하게 반응함을 시사한다.

선택상황 또는 대안의 편집이 끝나면 평가단계로 들어가는데, 평가단계에서는 가치함수와 결정가중치에 기초하여 객관적 가치의 주관적 가치와 객관적 확률에 대한 주관적 반응을 평가한다.

다음은 카너먼과 트버스키가 사용한 선택문제의 예이다.

상황 1: 여러분이 10,000원을 가지고 있다고 가정하고 다음의 두 대안 중 하나를 택하라.

A: 50%의 확률로 10,000원을 받거나 50%의 확률로 아무것도 받지 못한다.

B: 100%의 확률로 5,000원을 받는다.

상황 2: 여러분이 20,000원을 가지고 있다고 가정하고 다음의 두 대안 중 하나를 택하라.

A: 50%의 확률로 10,000원을 잃거나 50%의 확률로 아무것도 잃지 않는다.

B: 100%의 확률로 5,000원을 잃는다.

카너먼과 트버스키의 실험결과 위의 선택문제에서 상황 1의 경우 참가자의 84%가 B를 선택했고, 상황 2에서는 참가자의 68%가 A를 선택하였다. 두 상황 모두 기댓값이 5,000원이므로 기대효용이론에 의하면 두 상황에서 모두 같은 대안을 선택해야 한다. 그러나 사람들의 선택은 다르게 나타났다. 두 상황에서 다른 대답이 나온 것은 각 상황이 이득과 손실로 표현되었기 때문이다. 이득 영역에서 사람들은 불확실하지만 보다 많은 금액을 받을 수 있는 위험한 대안보다 금액이 적더라도 확실하게 받을 수 있는 대안을 더 선호한다. 반면 손실 영역에서는 위험을 추구하는 성향을 보이면서 확실하게 적은 금액을 잃는 것보다 더 많은 금액을 잃거나 하나도 잃지 않을 수 있는 불확실한 대안을 더 선호하게 된다(안서원, 안광호. 2015).

3.2 휴리스틱과 편향

휴리스틱(heuristics)은 시간이나 정보가 불충분하여 합리적인 판단을 할 수 없거나 굳이 체계적이고 합리적인 판단을 할 필요가 없는 상황에서 경험이나 직관, 추론 등 비본질적 요소에 의해 문제를 해결하는 편의적, 자기발견적 의사결정 방법을 의미한다. 즉 휴리스틱이란 단계에 따라 논리적으로 프로그램된 알고리즘에 의해 문제를 해결하기보다는 우연한 방법으로 문제를 해결하는 것이다. 이는 알고리즘과 달리 문제해결의 성공을 항상 보장해주지는 않지만 성공하는 경우에는 알고리즘에 의한 해결보다 적은 정보와 빠른 시간을 요하기 때문에 효율적이다. 카너먼과 트버스키가 사람의 판단과정을 휴리스틱이라 칭한 것도 어떤 논리적인 방식에 따르기보다는 대략의 주먹구구식 방법으로 판단에 이르기 때문이다(안서원, 2014).

편향(bias)은 휴리스틱을 사용한 결과로 나타나는 잘못된 판단을 의미한다. 카너먼과 트버스키는 많은 연구를 통해 확률지식이 있는 사람들이라도 직관적인 판단을 하는 경우에는 대개 휴리스틱한 방식으로 판단을 내리게 되고, 그 결과 편향된 판단을 할 수도 있음을 보여주었다. 편향된 판단의 예로는 이미 나타난 결과에 대해 그럴 수밖에 없었다고 결정론적으로 판단하는 사후판단 편향이나, 일부 사례만 선택적으로 처리하여 실제로 관련이 없음에도 관련이 있다고 판단하는 경향인 상관의 착각 등을 들 수 있다(안서원, 2014).

4. 소비자의사결정에 영향을 미치는 요인

소비자의사결정은 소비자의 개인적 특성과 소비자를 둘러싸고 있는 사회적 환경의 영향을 받게 된다.

4.1 환경적 요인

1) 문화

문화는 사람들이 여러 세대를 거치는 동안 남겨 놓은 사회적 유산으로 한 집단이 공유하는 공통된 가치관, 생활방식, 소비습관 등 그 사회 특유의 라이프스타일, 즉 그 사회가 환경에 적응하며 살아가는 방식을 반영한다. 따라서 그 사회의 공유된 가치나 행동, 감정들은 소비자행동에 영향을 미친다.

소비자가 속한 또는 경험한 문화에 따라 선택은 달라지며, 기업도 문화를 고려하여 상품 마케팅을 하게 되는 것이다.

2) 사회계층

사회계층(social class)이란 한 사회 내에서 거의 동일한 지위에 있는 사람들로 구성된 집단으로, 이들은 아주 비슷한 가치관, 흥미, 라이프스타일 및 행동 패턴을 갖는다. 한 사람의 사회적 계층은 직감적으로 가늠하기는 용이하나, 이를 명확한 기준을 제시하여 기계적으로 서술하는 것은 쉽지 않다. 사회계층은 여러 요소들이 복합적으로 작용하여 결정되기 때문이다. 그렇다면 사회계층을 결정하는 요소는 무엇인가? 사회계층을 결정하는 요소가 정해져 있지는 않지만 교육, 직업, 소득이라는 세 가지 요소를 고려하여 구분짓는 것이 일반적이다(로버트 B 외, 2003).

사회계층에 따라 소비자행동은 차이를 보이는데, 사회계층에 따라 어떤 상품을 선호하며, 어떤 상점을 주로 이용하는지, 어떤 의복을 좋아하고, 어떤 가정용품을 사용하는지, 그리고 어떤 여가생활을 즐기는지 등이 사회계층과 소비자행동과의 관계를 연구하는 사람들의 관심사이다.

3) 준거집단

준거집단은 한 개인의 태도, 의견 및 가치관에 직접 또는 간접적으로 영향을 미쳐 개인행동의 지침을 제공하는 집단이다(그림 6-8). 준거집단은 목적에 따라 다양하게 분류될 수 있는데, 집단 구성원으로 소속될 수 있느냐에 따라 회원집단(membership group)과 비회원집단(non-membership group)으로 분류된다. 회원집단은 다시 빈

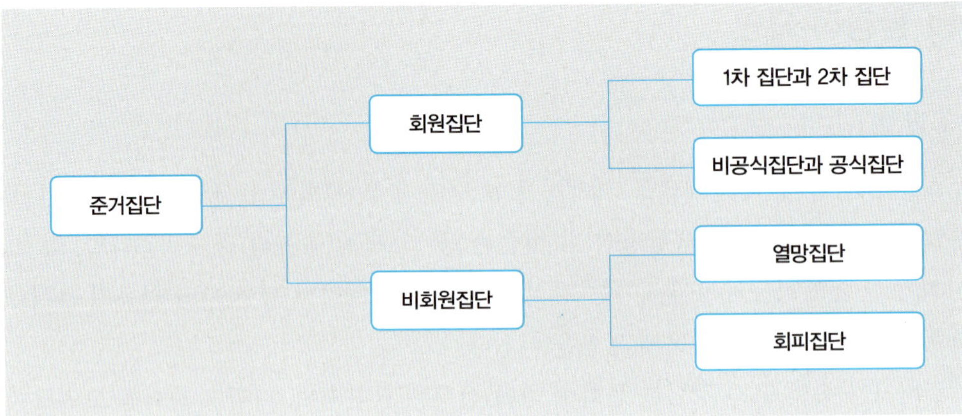

그림 6-8 준거집단의 유형

도 접촉에 따라 1차적 집단과 2차적 집단으로, 공식적 역할과 조직구조에 따라 공식집단과 비공식집단으로 분류되며, 비회원집단은 열망집단과 회피집단으로 나누어진다. 열망집단이란 개인이 소속되기를 원하는 집단이고, 회피집단이란 그 집단의 가치관이나 행동을 거절하는 집단이다.

소비자에게 영향을 미치는 집단은 크게 세 가지로 분류된다. 첫 번째는 '소속그룹'으로 소비자가 그 그룹에 속해 있고, 다른 구성원들과 접촉하면서 상호간에 영향을 주고받는다. 두 번째는 '동경그룹'으로서 소비자가 속하고 싶거나 합류하려고 하는 그룹이다. 따라서 영향력은 일방적이다. 세 번째는 '상징그룹'으로서 소비자가 속해 있지 않고 합류하려는 계획도 갖고 있지 않지만 소비자에게 영향력을 행사하는 그룹이다.

소비자는 그 그룹에 속해 있을 때 자신의 구매나 소비유형에 가장 많은 영향을 받게 된다. 그러나 동경 그룹의 경우에는 아주 큰 영향력을 발휘하게 되며, 가끔은 소속그룹보다도 더 큰 영향력을 짧은 기간에 걸쳐 미치게 된다. 한 그룹에 합류하려는 계획을 갖고 있어서 이를 대비하는 소비자의 경우, 한동안 '기대에서 비롯된 과소비'라는 행동을 보인다. 이들은 새로운 상황에서 어떠한 제품이 필요한지 정확히 알고 있지 못할 수도 있다. 그러나 그들이 생각하는 이미지가 정확한지와는 무관하게 그들은 새로운 그룹과 역할에 적합하다고 여겨지는 제품을 기꺼이 구매한다. 끝으로 상징 그룹은 매우 광범위한 제품과 서비스에 대하여 오랜 기간에 걸쳐 영향력을 미치게 된다. 그렇지만 그 영향력은 다른 그룹이 미치는 것에 비해 훨씬 약하게 나타난다(로버트 B. 외, 2003).

이렇게 개인이 자발적·비자발적으로 준거집단의 태도와 행동을 따르다 보면 자연히 제품이나 상표의 선택에서 그 집단의 영향을 받게 된다. 이러한 현상은 특히 자동차, 가구, 의복 등과 같이 비교적 값이 비싸거나 남의 눈에 띄는 상품의 선택에서 많이 나타난다. 또 신제품 구매 시 소비자들이 정보를 모를 때에는 준거집단의 의견 선도자(opinion leader)의 영향을 받는다.

준거집단이 소비자에게 미치는 영향은 정보제공 기능, 규범제공 기능, 가치표현적 기능의 세 가지 기능으로 설명가능하다.

① 정보적 영향

소비자는 준거집단 구성원의 의견을 신뢰성 있는 정보원천으로 받아들이는 경우가 많다. 특히 관찰에 의해 제품의 특성을 평가하기 어려울 때에 소비자는 신뢰성이 높은 정보원천에 의해 제공되는 정보로부터 영향을 받을 가능성이 커진다. 또한 제공된 정보의 신뢰도는 소비자들에 의해 지각되는 준거집단의 전문성에 의해 결정된다. 예컨대 광고에 등장하는 모델이 전문가라고 지각된다면 이들이 제공하는 정보의 영향이 커지게 된다.

② 규범적 영향

준거집단의 규범적 영향은 소비자가 보상을 기대하거나 처벌을 피하기 위해 다른 사람의 기대에 순응(compliance)하고자 할 때 발생한다. 규범적 영향을 실용적 영향(utilitarian influence)이라고 부르기도 한다.

③ 가치표현적 영향

사람들은 특정 집단에 소속된 것을 나타내고 싶거나 그 집단에 소속되고 싶을 때 그 구성원들의 규범, 가치, 행동을 따른다. 이때 그 집단은 준거집단으로서 가치표현적 기능을 수행한다. 즉, 사람들은 심리적으로 특정 집단과 연관을 가지려는 욕구를 가지고 있으며, 특정 집단의 규범·가치·행동을 받아들이게 되고, 그 결과 타인의 눈에 비친 자아 이미지가 강화될 뿐 아니라 자신이 존경하는 사람들과 일체감을 느끼게 된다. 사람들은 자아 이미지를 강화시켜주는 집단의 주장을 받아들이거나 그들과 비슷한 행동을 하게 된다.

4.2 개인적 특성

소비자의사결정에 영향을 주는 개인적 요인으로는 지식, 개성, 라이프스타일, 관여도 등을 들 수 있다.

1) 지식

일반적으로 지식은 기억 내에 저장되어 있는 정보로서, 시장에서 소비자의 기능과 관련된 모든 정보를 소비자 지식이라고 한다. 소비자가 의사결정을 위해 무엇을, 어디에서, 언제 구매하느냐 하는 것은 소비자들이 가지고 있는 지식에 의해 영향을 받는다.

2) 개성

개성이란 자신의 환경에 대하여 상대적으로 일관성 있고, 지속적인 반응을 초래하게 하는 심리적인 특성이다. 소비자들은 각각 상이한 상황에 따라 개인의 행동은 다르게 나타난다. 그러나 그러한 행동에는 일관성이 존재하며 이것을 개성이라 할 수 있다. 개인의 개성이 자신의 독특한 사회적 상호작용을 반영하는 것이라고 할지라도 모든 개성에는 공통적인 요소가 있다.

3) 라이프스타일

사람들이 살아가는 방식을 라이프스타일이라고 하는데 Engel 등(1990)은 라이프스타일을 '사람이 생활하고 시간과 돈을 소비해 나가는 유형'이라고 정의했다.

라이프스타일은 개인이 속한 사회, 문화, 준거집단, 가족의 영향을 받아 형성되며 소비자의 개성과 가치를 반영하기 때문에 소비자행동에 중요한 영향을 미치게 된다(이학식 외, 2001). 라이프스타일을 조사하는 방법 중의 하나는 AIO(activity, interest, opinion) 방법으로 특정제품의 사용자와 비사용자의 차이, 또는 다량사용자와 소량사용자의 차이를 행동, 관심, 의견의 측면에서 구분하여 설명할 수 있다.

4) 관여도

소비자는 어떤 제품을 구입할 때 대안 상표 간의 차이에 대하여 잘 모르더라도 대충 선택을 하는 반면, 또 다른 어떤 제품을 구입할 때는 선택에 보다 신중을 기하게 된다. 동일한 제품군에서 선택을 할 때도 자신이 사용하기 위하여 제품을 구매할 때와 선물하기 위해 제품을 구매할 때는 신중을 기하는 정도가 다르다. 이러한 차이를 설명해 주는 개념이 관여도이다. 관여도란 '특정상황에서 자극에 의해 유발되어 지각된 개인적인 중요성이나 혹은 관심도의 수준'을 말한다. 관여도는 개인, 대상, 상황에 따라 다르며, 엄밀히 말하면 연속적이며 상대적인 개념이지만 보통 고관여도(high involvement)와 저관여도(low involvement)로 구분된다.

요약

소비자욕구는 무한하나 그 욕구를 충족시켜 줄 수 있는 자원은 제한되어 있으므로 소비자는 개인(가족)의 우선적 욕구가 무엇인지를 파악한 후 선택을 하는 것이 중요하다. 욕구란 개인소비자의 생활방식에서 나오지만 개인의 생활방식은 자신의 속한 사회제도에 의해서도 영향을 받는다. 이런 측면에서 소비는 그 사회를 반영한다고 할 수 있다. 또한 소비자의사결정을 어렵게 하는 요인은 빠른 속도로 변화하는 시장환경과 소비에 대한 새로운 가치 출현 등을 들 수 있다. 기존의 소비자의사결정은 경제적 의사결정에 초점을 맞추어 소비자는 기본적으로 효율적 의사결정을 추구한다는 가정 하에서 시작되었다면 오늘날은 개인의 윤리적 신념이나 자기표현에 기초한 가치지향성 소비에 초점을 두고 있다. 따라서 앞으로 소비자들은 기업과 사회적 윤리에 대한 개인 견해, 건강, 프라이버시, 정치, 세계무역, 환경 등 훨씬 더 많은 요인을 고려하여 의사결정을 하게 될 것이다. 소비자의사결정과정은 소비자의사결정 유형에 따라 다르며, 복잡한 의사결정(complex decision making)의 경우 문제인식, 정보 탐색, 대안평가, 구매(소비), 구매 후 평가(소비 후 평가) 단계를 거친다. 소비자의사결정에 영향을 미치는 환경적 요인으로는 문화, 사회계층, 준거집단 등을 들 수 있으며, 개인적 요인으로는 지식, 개성, 라이프스타일, 관여도 등을 들 수 있다.

활동과제

1. 소비에 대한 가치관을 '소유'에서 '사용(접속)'으로의 전환은 무엇을 의미하는가? 사례를 찾아서 이에 대해 논의해보자.

2. 문화, 사회계층, 준거집단에 따라 소비자선택이 차이를 보이는 것을 사례를 중심으로 설명해보자.

3. 소비자불평행동의 중요성을 개인적 차원과 사회적 차원에서 설명해보자.

CHAPTER

7

소비자정보의 활용

CHAPTER 7

소비자정보의 활용

학습목표

1. 소비자정보의 개념 및 특성을 설명할 수 있다.
2. 효과적인 소비자정보 활용 방안을 적용할 수 있다.
3. 정보사회에서 새롭게 제시된 소비자정보 문제를 설명할 수 있다.

소비자선택은 제한된 자원의 범위 내에서 자신(가족)의 욕구를 충족시키기 위해서 이루어지므로 소비자는 신중을 기해 합리적 선택을 하고자 한다. 그러나 소비자시장에는 매일 새로운 상품이 쏟아져 나오며, 상품도 전문화, 다양화되어 있어서 소비자는 항상 선택의 어려움을 겪게 된다. 21세기는 소비자주권시대로 소비자주권을 실현하기 위한 조건은 역량 있는 소비자이며, 역량 있는 소비자가 되기 위해서 소비자는 정보역량, 즉 정보 탐색 능력 및 정보에 대한 이해력인 정보 리터러시(information literacy) 등이 요구된다.

1. 소비자정보의 개념

1.1 소비자정보

일반적으로 소비자정보(consumer information)란 소비자가 의사결정을 할 때 불확실성 정도를 감소시켜주는 것으로, 소비자의 욕구를 충족하고 목표를 달성하는 데 유용하고 의미 있는 가치를 지닌 것이라고 정의할 수 있다(이은희, 1993).

최근 디지털의 기술적 발전은 아날로그 형태의 정보를 디지털 형태로 바꾸어 놓았고, 이에 따라 '정보'에 대한 개념도 보다 확장되었다.

디지털방식은 컴퓨터의 정보처리 부문과 통신기술의 정보전송 부문이 상호 결합될 수 있는 이진법에 따른 공통 언어 시스템에 의해 가능해진 것이다. 아날로그정보는 정보형태에 따라 각기 다른 저장방식과 재생방식을 필요로 하는 데 반해, 디지털정보는 정보형태에 관계없이 동일한 저장방식과 재생방식을 필요로 한다. 그러므로 영상, 소리, 문자 중 외형상 다른 형태의 정보라도 전송이나 인출방식이 컴퓨터라는 동일한 매체를 통하여 재생될 수 있다. 따라서 디지털정보는 '디지털코드로 환원되어 저장, 처리, 전달될 수 있는 모든 자료 연관'으로 파악될 수 있다. 이러한 디지털정보는 기존의 미디어에 새로운 컴퓨터 및 통신기술이 결합되어 종래와는 다른 새로운 형태의 정보수집, 처리와 가공, 전송, 분배, 이용 등이 가능해진 '뉴미디어'를 통해 자유롭게 전달될 수 있다.

디지털의 특성을 고려할 때 디지털 소비자정보란 '소비자가 의사결정을 내릴 때 다양한 선택 대안 가운데서 가능한 불확실성을 감소시켜 줄 수 있는 대안을 선택하게 하는 유형화된 물질이나 에너지'로 정의할 수 있다(김기옥 외, 2001).

1.2 소비자정보의 평가기준

소비자정보가 정보로서의 기능을 다하고 있는지의 판단 기준은 무엇인가?

Maynes(1976)는 정보평가 기준을 다음과 같이 제시하고 있는데, 제시된 평가기준이 충족되어 소비자정보로서의 기능을 수행할 수 있을 때 정보는 정보로서의 가치가 있다고 할 수 있다.

① 적시성 (timeliness): 소비자들은 정보를 필요로 할 때 정보에 주의를 기울인다. 그러므로 필요한 시점에 정보가 제공되는 정보의 적시성은 중요하다.
② 명확성(intelligibility): 정보는 이해가 가능해야 하며, 정보제공자의 의도가 소비자

에게 왜곡됨이 없이 명확해야 한다.

③ 관련성(relevance): 특별한 상황 및 그 제품의 속성에 맞는 관련된 정보가 제공되어야 한다.

④ 진실성(truthfulness): 정보는 사실에 근거한 진실성이 있어야 한다.

⑤ 적절성(appropriateness of segments): 정보는 필요로 하는 소비자에 따라 적절한 정보가 주어져야 한다. 예를 들면, 컴퓨터에 대한 전문적인 지식이 있는 소비자와 그렇지 않은 소비자를 위한 정보는 달라야 한다.

2. 소비자정보의 특성

정보화사회에서 소비자정보는 중요하고 가치 있는(valuable) 재화로, 일반적인 재화와는 다른 몇 가지 특성을 보인다. 소비자정보의 특성을 일반적 특성과 디지털정보로서의 특성을 구분하여 살펴보면 다음과 같다.

2.1 소비자정보의 일반적 특성

소비자정보가 갖는 일반적 특성은 다음과 같다.

① 비소비성과 비이전성: 소비자정보는 아무리 사용해도 소진되지 않는 비소비성과 다른 사람에게 정보를 전달해도 자신에게는 그대로 남아 있는 비이전성의 특징을 보인다.

② 공공재적 특성: 소비자정보는 일반적인 재화와는 달리 그것이 얼마만큼 공급되든지 간에 일단 공급되기만 하면 공급자가 누구든지 관계없이 모두가 아무 불편이나 효용의 감소 없이 공동으로 이용할 수 있는 공공재적 특성을 가지고 있다. 이러한 소비자정보의 공공재적 특성은 소비자정보에 대한 무임승차의 문제로 연결되기도 한다.

③ 비대칭성: 정보의 비대칭성이란 한 사람이 가지고 있는 정보를 다른 사람이 정확하게 파악할 수 없는 현상을 말한다.

④ 비귀속성: 정보의 비귀속성이란 정보를 제공받은 사람이 반드시 정보를 제공한 사람에게 그 결과를 귀속시키지 않는 현상을 말한다. 예를 들면 판매자가 소비자에게 상품 특성에 관한 정보를 제공했다고 하더라도, 소비자가 반드시 정보를 제공받은 그 판매자의 상품을 사는 것은 아니라는 것이다.

2.2 디지털 소비자정보의 특성

디지털 소비자정보는 뉴미디어를 통해 시간과 공간의 제약 없이 자유롭게 소비자에게 전달될 수 있게 됨으로써 소비자의 정보력을 높이는 효과가 있다. 일반적인 소비자정보가 갖는 특성과는 달리 디지털 소비자정보가 갖는 특성은 다음과 같다(김기옥 외 3인. 2015).

① 지향성(intentionality): 개별 소비자나 다수의 소비자가 불확실한 환경에 대해 얻고자 하는 어떤 인식이 담겨 있으므로 디지털 소비자정보는 특정 목표 지향적이다.
② 지속성(continuity): 지향성을 지닌 개별 소비자들의 생물학적 존재시간을 뛰어넘을 수 있는 디지털 소비자정보는 그 자체의 지속적인 시간과 생명력을 지닌다.
③ 유연성(flexibility): 디지털 소비자정보는 그 형태와 존재방식이 다양하고 유연하다.
④ 연결성/연계성(connectivity): 디지털 소비자정보는 네트워크를 통해 소비자능력이 결합되고 확대될 수 있는 연결성과 연계성을 가진다.
⑤ 소통성(communicativeness): 정보의 물리적 양뿐만 아니라 처리속도와 능력이 증대되어 정보처리비용이 획기적으로 감소됨으로써 디지털 소비자정보의 순환성과 소통성은 증가된다.
⑥ 이동성(mobility): 컴퓨터와 커뮤니케이션 기기를 통해 디지털 소비자정보는 시간과 공간을 자유롭게 이동할 수 있다.

디지털 소비자정보는 특히 그 형태와 존재방식의 유연성, 그리고 어떤 정보와도 네트워크를 통해 결합될 수 있는 연결성 및 시간과 공간을 초월한 이동성에서 혁신적이라고 할 수 있다.

3. 소비자정보 탐색

소비자정보 탐색은 소비자가 인지한 문제를 합리적으로 결정하는데 적합한 자료를 탐색하는 하나의 과정이다(Solomon, M. R., 2009). 소비자정보 탐색 유형과 소비자정보 탐색량, 소비자정보원의 유형은 다음과 같다.

3.1 소비자정보 탐색의 유형

소비자정보 탐색의 유형은 크게 능동적 탐색과 수동적 탐색, 그리고 내적 탐색과 외적 탐색으로 분류할 수 있다.

1) 능동적 탐색과 수동적 탐색

능동적 탐색이란 정보를 수집할 목적으로 소비자가 의도적으로 직접 정보를 획득하기 위한 행동을 하는 것이다. 예를 들면, 정보 탐색을 위해 의도적으로 상점을 방문하여 문의하거나 인터넷 등에서 관련 내용을 찾아보는 경우(searching)이다. 수동적 탐색이란 특정한 정보를 수집할 목적은 아니나 잡지 등에 게재된 광고 등을 훑어보거나 인터넷 등을 특별한 의도 없이 돌아다니다가 정보가 탐색되는 경우(surfing)를 말한다.

2) 내적 탐색과 외적 탐색

내적 탐색이란 자신의 기억 속에 축적된 정보를 회상하고 검토하는 심리적 과정을 말하며, 외적 탐색이란 현재 자신이 가지고 있는 정보가 부족하다고 느낄 경우 외부 정보원(information sources)을 통해 새로운 정보를 획득하는 것을 말한다. 일반적으로 내적 정보 탐색을 통해 정보가 충분하지 못할 때 외적 정보 탐색을 하게 된다.

3.2 소비자정보 탐색량

소비자가 원하는 선택을 위해 정보 탐색은 어느 정도 하는 것이 좋은가?

소비자가 문제해결을 위해 정보를 어느 정도 탐색하면 좋을지를 결정하기 위해서는 정보 탐색으로부터 얻는 기대이득과 정보비용을 비교분석하는 것이 필요하다. 비용측면을 고려한다면 적절한 정보 탐색량은 일반적으로 탐색으로부터 기대되는 총 이득이 탐색하는데 들어갈 것으로 예상되는 총비용보다 크거나 같을 때까지라고 할 수 있다.

① 기대 이득: 정보 탐색을 통해 기대되는 이득이란 시장 탐색을 통하여 보다 낮은 가격을 발견하게 됨으로서 얻게 되는 경제적 이득이나 동일한 가격에 비해 좋은 품질(혹은 소비자가 기대한 품질)을 선택할 수 있는 이득을 말한다.

② 탐색 비용: 정보 탐색 시 예상되는 비용은 정보 탐색 시 수반되는 금전적 비용뿐만 아니라 시간, 노력, 피로감이나 정보처리에 대한 부담감 등과 같은 심리적 비용까지를 뜻한다.

③ 정보 과부하: 소비자정보 탐색량은 소비자의 정보처리능력 측면에서 본다면 어떤 정보를 한정된 시간 내에 처리하는데 드는 인지적 노력에 부하(load)가 걸리지 않는

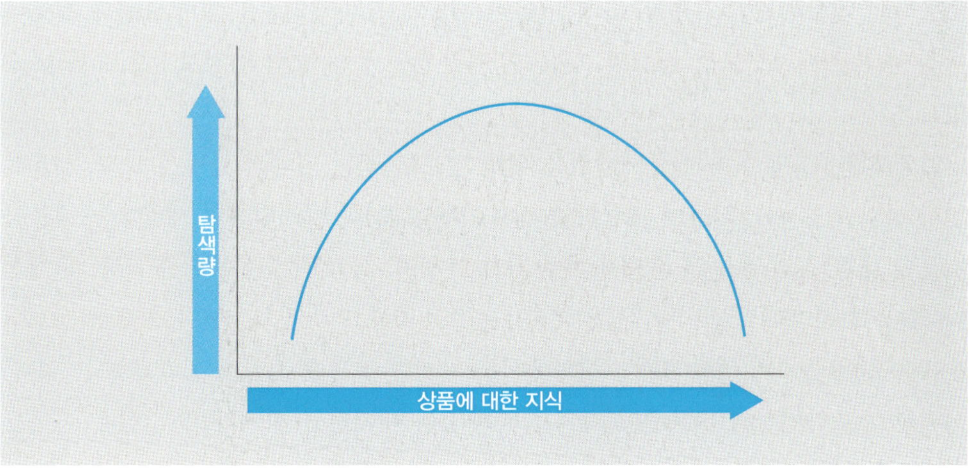

그림 7-1 정보 탐색과 지식과의 관계

자료: Solomon M. R.(2009). Consumer Behavior, personal education, Inc. 360

양만큼의 정보를 탐색하는 것이 바람직하다. Jacoby, Speller, Kohn(1974)은 정보 과부하(information overload)의 여러 원인 중 정보의 양에 초점을 두고 연구한 결과 소비자에게 정보가 과도하게 많이 제공된 상황에서 소비자는 자신의 선택에 만족을 느끼고 심리적 안정을 얻기는 하지만 실제 구매 선택의 질은 오히려 저하된다고 밝혔다. 이는 소비자에게 무조건 많은 정보가 주어지면 좋은 것이 아니라 소비자 선택에 역기능 효과를 가져올 수도 있다는 것을 증명해주는 것이다. Solomon(2009)은 이와 관련하여 정보 탐색과 상품에 대한 지식과의 관계를 〈그림 7-1〉과 같이 설명함으로써 적정량의 정보를 탐색하는 것이 중요함을 강조하였다.

3.3 소비자정보원

소비자가 문제해결을 위해 정보를 얻는 원천인 정보원(information sources)은 채널을 기준으로는 온라인과 오프라인 정보원으로 구분할 수 있으며, 특성을 기준으로는 마케터주도적 정보원, 중립적 정보원, 소비자주도적 정보원으로 나눌 수 있다(표 7-1).

1) 오프라인 정보원

오프라인 정보원천의 유형은 크게 기업이 제공하는 마케터주도적 정보원과 친구나 이웃 등의 소비자주도적 정보원, 신문, 정기간행물 등의 중립적 정보원으로 나눌 수 있다.

일상생활에서 소비자가 문제해결을 위해 정보를 얻는 일차적 방법은 광고, 제품설명서 등과 같은 마케터들이 제공하는 정보이다. 그러나 마케터들이 제공하는 정보는 제품에 대한 장점 위주의 정보가 제공되기 쉬우며, 신뢰성이 결여될 수 있는 문제점이 있다. 소비자의 구전이나 신문기사 같은 소비자주도적 정보원이나 중립적 정보원은 신뢰성은 높으나 정확성과 적시성에서는 완벽한 정보를 제공한다고 볼 수는 없다. 이러한 오프라인상의 정보원이 가지는 문제점은 디지털 사회에 오면서 많은 변화를 가져오고 있다.

표 7-1 정보원천 채널과 특성에 따른 분류

구분	마케터주도적	중립적	소비자주도적
오프라인	• 매장 판매원 • 카탈로그 • 광고판촉물	• 신문 및 뉴스기사 • 소비자시대, 월간 소비자 등 중립적 간행물	• 지인(가족, 친구) 조언
온라인	• 제조사 홈페이지 • 온라인쇼핑몰	• 가격비교 사이트 • 인터넷신문, 뉴스 • 정부, 소비자 관련 단체 홈페이지	• 온라인쇼핑몰의 후기 • 지식인 등 지식 검색 • 온라인 커뮤니티, 블로그의 소비자 평가 • SNS

자료: 최아영, 나종연(2012). 멀티채널 환경에서 소비자는 어떻게 정보를 탐색하는가?-선호하는 정보원천에 따른 소비자유형화와 관련 요인. 소비자학 연구 23(2). 144. 재구성

2) 온라인 정보원

디지털사회에서 제공되는 온라인 정보는 마케터들이 제공하는 정보와 소비자들의 경험을 바탕으로 소비자들의 의견을 서로 공유하는 커뮤니티 등 무수히 많은 정보원이 있다. 특히 제품사용자들이 커뮤니티를 통한 상품구입과 사용에 대한 경험 전달은 그동안 오프라인상에는 주로 주변 사람들에게만 전해지던 구전효과를 시간, 장소, 인원에 제한 없이 가능하게 함으로서 소비자들에게 중요한 정보원으로서의 역할을 한다.

최근 인터넷과 모바일 인터넷 기기인 스마트폰과 태블릿 PC 사용 증가에 따라 정보획득의 많은 부분이 소셜미디어와 SNS를 통하여 이루어지고 있다. 특히 소셜미디어를 대표하는 SNS는 소셜미디어의 발전과 진화에 맞춰 활발하게 활용되고 있으며, 소비자들은 정보의 생산 및 소비, 전달자로서 강력한 힘을 가지게 되었다(이영희 외 3인. 2015).

소셜미디어란 사람들이 자신의 의견이나 생각, 경험, 관점 등을 다른 사람들과 공유하기 위해 사용하는 온라인 틀이나 플랫폼을 의미한다. 이것은 문자나 그림, 동영상, 음원 등을 전송하거나 제작할 수 있게 해주는 웹 기반의 응용 소프트웨어를 이용해 참여자들이 정보와 지식, 의견을 공유할 수 있게 해주며 대화형 미디어라는 의미에서 단순히 정보전달이 강조되는 일반 미디어와는 차별화되고, 소비자에게 전달되는 정보의 영향력도 크다(박성호, 2011). 이러한 소셜미디어는 유동적인 형태로 서비스를 제공하며, 그 중 소셜네트워킹 서비스를 제공하는 SNS가 이용률이 가장 높다고

생각해보기 7-1

부모의 권위보다 소셜네트워크를 더 신뢰

현재 학령기 부모들은 X세대이고, 자녀들은 Z세대이다. Z세대의 학생들은 특히 부모와 권위기관의 조언에 관심이 없으며, 차라리 소셜네트워크의 친구가 쓴 글을 더 신뢰할 수 있다. 또 글보다는 동영상이 더욱 영향을 끼치며 최신의 데이터가 아니면 신뢰하지 않는다.

요즈음 명문대의 웹사이트를 방문해보면, 교수들의 조언보다는 동년배 선후배의 동영상이 더 많다. 8초가 지나면 집중하지 않으며, 게임이나 멀티태스킹은 필수 능력이다. 모든 것과 누구나에게 상당한 기대치를 가지고 있으며, 그것에 도달하지 못하면 쉽게 버린다. 개인적이거나 유니크한 것은 당연한 것이며 글로벌한 것이 자연스럽다.

자녀가 쉽게 집중하지 못하는 것 같은 모습에 당황해하는 부모들은 요즘 자녀세대를 있는 그대로 받아들이고 그들에게 적절한 교육법과 도움이 될 만한 것들을 적극적으로 배우려는 노력이 필요하다. 예전 세대보다 특히 벌어진 세대 차이를 단지 '세대 차이-그 자체의 책임'으로 넘기기에는 부모가 배워야 할 것이 너무나 많아졌다. (후략)

자료: LA중앙일보(2017.3.4.)

할 수 있다(이영희 외 3인, 2015).

SNS 이용자들의 소통은 정보를 통하여 이루어지고 있으며, SNS 정보의 생산 주체와 유통채널의 급증은 사람들이 이해하고 접근할 수 있는 정보의 과잉과 유사서비스의 범람을 초래하기도 한다. 정보가 과잉됨에 따라 최근의 SNS는 정보필터링의 역할과 함께 콘텐츠 생산과 소비의 용이성을 돕기 위한 큐레이션 서비스가 함께 제공되는 추세이다. 이를 통해 비슷한 취향과 선호를 가진 사용자들이 폐쇄된 네트워킹에서 콘텐츠를 공동 생산하고 유통하는 구조로 진화하고 있다(한국정보화진흥원, 2012).

4. 소비자정보 내용 및 활용

오늘날 '정보'는 생활의 핵심이라고 할 수 있다. 매일매일 새로운 정보가 쏟아져 나오고 있으므로, 소비자는 정보가 없어서 문제해결을 못 한다기보다는 자신이 원하는 관련 정보를 어디에서 얻고, 어떻게 활용해야 할지 고민해야 한다.

소비자가 상품선택과 관련하여 요구되는 정보는 개별성을 갖지만, 여기에서는 보편적으로 상품선택 시 고려되는 가격, 품질, 환경정보 내용과 정보활용에 대해 살펴보고자 한다.

4.1 가격표시제도

가격은 소비자가 상품을 선택할 때 가장 중요하게 고려하는 정보 중의 하나로, 우리나라는 소비자에게 가격 정보를 의무적으로 제공하기 위해 가격표시제도를 적용하고 있다. 가격표시제도는 일반 공산품을 제조, 판매하는 자에게 공정한 거래를 도모하기 위해 유통단계의 거래가격을 표시할 것을 명령하는 제도이다. 「물가안정 및 공정거래에 관한 법률」은 소비자에게 정확한 가격정보를 제공하기 위하여 가격표시 대상품목을 선정하여 상품의 판매가격을 표시하도록 의무화하고 있으며, 특성에 따라 권장소비자가격표시제, 판매자가격표시제, 단위가격표시제 등으로 분류할 수 있다.

가격표시제는 소비자에게 가격정보를 제공하여 소비생활이 합리적으로 이루어지게 할 뿐만 아니라 제조업자와 유통업자들 간에 적정마진을 설정함으로서 유통질서를 확립한다는 데 의의가 크다(김기옥 외 2012).

1) 권장소비자가격표시제

권장(희망)소비자가격이란 제조업자가 표시하는 희망소매가격으로, 제조업자가 유통업자에게 가격상한으로 제시하는 경우가 많았다. 과거에는 사회 전체적으로 공급이 부족하고 유통체계가 확립되지 못한 상태에서 흥정에 따라 가격이 달라지는 일이 많아 가격질서가 문란하였다. 이러한 문제를 보완하고 제조업자가 유통업자와 소비자 간의 거래에 참고할 목적으로 표시해온 것이 권장소비자가격이다. 그러나 그동안 지속적인 경제발전으로 공급은 충분한 반면, 오히려 수요가 줄어들면서 가격결정권은 유통업체와 소비자에게 넘어가고 있고, 권장소비자가격과 실제 판매가격의 차이가 매우 커서 소비자의 합리적인 선택에 오히려 방해된다고 판단되어 가전제품, 의류 등 일부 품목에 대해서 권장소비자가격표시가 금지되어 있다.

생각해보기 7-2

똑같은 약이 약국마다 가격 차이 최대 2배… 복지부 "표준소매가격표시제는 곤란"

일반의약품 판매가격이 지역·약국별로 최대 2배까지 차이나는 현실을 고칠 수는 없을까?

보건복지부(이하 복지부) 조사에 따르면 똑같은 의약품이 지역과 약국별로 판매가격이 천차만별인 것으로 드러난 가운데 '표준소매가격(권장소비자가격)표시제'를 적용해야 한다는 여론이 거세게 일고 있다. 하지만 복지부는 현행 '판매자가격표시제'를 고수하겠다는 입장이다. 표준소매가격제의 문제점인 경쟁제한조치 역기능 등의 개선을 위해 도입한 제도라는 이유에서다.

◇영진구론산바몬드·베아정 등 판매가격 차이 최대 2배

복지부가 지난 8일 발표한 '2016년 다소비 의약품 가격 조사결과'에 따르면 소화제, 피로회복제 등 일반의약품의 판매 가격이 지역별·약국별로 크게는 2배까지 차이나는 것으로 나타났다. 조사대상은 전국 2,470여 개 약국. 약국에서 대중적으로 많이 팔리는 일반의약품 50품목의 평균가격, 최저가, 최고가, 최고가·최저가별 분포비율을 조사한 결과이다.

자료: 스포츠서울(2016.12.14.)

2) 판매자가격표시제

판매자가격(open price)표시제도는 제조업자가 판매가격을 정하는 기존의 권장소비자가격제도와는 달리 최종판매자가 상품의 실제 판매가격을 스스로 결정하여 표시하는 제도를 말한다. 이 제도는 공장도가, 권장소비자가, 판매가 등으로 나누어진 가격표시체계를 하나로 통일하여 소비자 보호 및 거래상의 혼란을 줄이자는 취지로 도입되었으며, 판매가격표시 의무 점포의 판매자는 판매하는 전 품목에 정확한 판매가격을 표시해야 한다.

표시방법은 단순명료하고 쉽게 알아볼 수 있는 크기로 표시하거나 라벨, 스탬프, 꼬리표 등의 방법으로 개별상품에 표시하거나 개별상품에 표시가 곤란한 경우 소비자가 쉽게 알아보기 쉬운 위치인 진열대 상, 하단에 가격을 표시하는 것이다.

3) 단위가격표시제

단위가격(unit price)표시제도는 수량 또는 중량 단위로 판매되는 상품에 대해 g당 혹은 mL당 가격정보를 제공함으로써 상품에 대한 가격비교를 쉽게 할 수 있도록 하는 제도이다. 단위가격 표시의무 품목으로는 햄, 커피, 치즈, 설탕, 참기름 등이 있다.

4.2 품질표시제도

우리나라는 소비자정보정책에 의한 정보공개(information disclosure) 정책을 실시하고 있는데, 이는 소비자가 쉽게 판별할 수 없는 제품정보를 제공하도록 의무화하는 것이다. 대표적인 정보공개 정책으로는 표시제도와 품질인증제도를 들 수 있다.

1) 표시제도

표시제도란 생산자나 공급자가 상품이나 서비스에 관한 기본적인 정보를 상품의 포장이나 용기에 표시하도록 법으로 정한 것이다. 이는 생산자나 공급자 등 표시의무자가 소비자에게 상품에 대한 정보를 제공함과 동시에 표시한 내용에 대해 책임을 지겠다는 의사표시라고 할 수 있다.

표시를 의무적으로 하게 되어 있는 주요 정보는 소비자가 쉽게 판별할 수 없고 상품의 품질을 판단하는데 도움을 주는 정보들로 성분, 효능 및 성능, 제조일자 및 유효기간, 사용방법, 수리보증 등이며 서비스 상품의 경우는 약관의 표시를 의무화하고 있다. 사업자는 제품의 판매 시 품질보증에 관한 내용, 즉 품질보증 기간, 보증 조건 및 부품 보유기간을 기재한 증서를 교부하거나 그 내용을 제품에 표시하고 품질보증서에 관한 물품 및 용역에 관한 소관의 중앙행정기관의 장이 정하는 바에 따르게 되어 있다.

2) 품질인증제도

품질인증제도란 정부 또는 공인기관이 지정제품의 품질이나 기능 등의 특정 표준이나 규격에 적합한가를 심사하여 생산자에게 제품에 인증마크를 붙이게 하는 제도로, 공산품규격인증제도와 품질인증제도 등을 통합한 국가통합인증마크제도와 국제품질보증제도 등이 있다.

생각해보기 7-3

한국소비자원의 스마트컨슈머

한국소비자원은 소비자에게 신뢰할 수 있는 가격정보를 제공하는 포털사이트 '참가격'을 운영하고 있다. 한국소비자원은 가격정보원의 하나인 스마트컨슈머의 '참가격' 사이트를 이용하여 농수축산물 25개, 가공식품 72개, 공산품 38개 등 135개 품목, 402개 상품의 가격정보를 제공하고 있다.

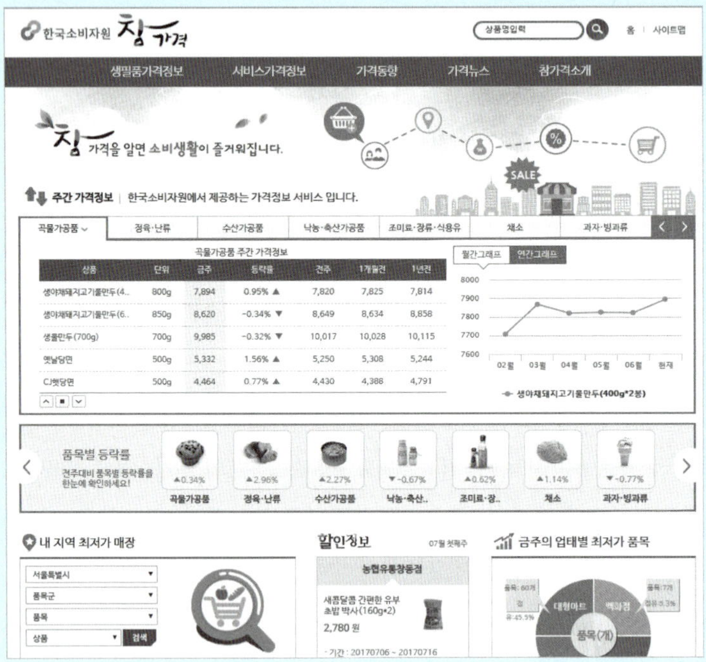

자료: 스마트컨슈머(http://www.smartconsumer.go.kr)

① 국가통합인증마크

우리나라에서 운영되는 품질인증제도는 법정인증제도와 민간인증제도가 있는데(표 7–2), 그동안 제품안전이라는 똑같은 목적이라도 부처마다 인증마크가 달라 중복해서 인증받아야 하는 불편함이 있었다. 이러한 불편함을 해소하기 위해 2009년 7월 1일부터 지식경제부에서는 13개 법정강제인증마크를 국가통합인증마크인 KC마크(Korea Certification) 하나로 통합시켜 운영하였고, 2011년 1월 1일부터는 환경부, 방송통신위원회 등 8개 전 부처로 확대 실시되었다(http://www.

표 7-2 인증제도의 분류

<table>
<tr><th colspan="2">구분</th><th>내용</th></tr>
<tr><td rowspan="2">법정 인증</td><td>강제</td><td>국민안전·품질·환경·보건 등 소비자 권익보호를 위해 관련 제품 출시 전 의무적으로 취득하도록 한 인증제도(공산품 안전인증 등 9개 부처 39개 인증)</td></tr>
<tr><td>임의</td><td>• 환경보호, 에너지 절약 등 특정정책목적 달성을 위해 법에 의해 시행하는 인증(환경마크 등 17개 부처 59개 인증)
• 우선구매, 금융지원 등 인센티브 제공으로 인증 미취득 시 사실상 시장진입이 곤란(준강제 인증)</td></tr>
<tr><td colspan="2">민간인증</td><td>법적 근거 없이 자체 수익사업으로 민간 자율 시행(Q마크 등 60개 인증)</td></tr>
</table>

kats.go.kr).

유럽연합에서는 1993년부터 안전 · 환경 및 소비자 보호와 관련된 강제 인증을 CE로 통합해 사용하고 있으며, 일본의 경우 2003년부터 전기제품 · 공산품 등에 대해 PS마크(제품안전마크)로 단일화하여 사용하고 있다. 중국은 WTO 가입 이후 국내제품(CCEE)과 수입제품(CCIB)에 달리 적용하던 강제인증제도를 2002년부터 CCC 제도로 통합해 사용하고 있다.

국가통합인증마크를 시행함으로써 얻을 수 있는 기대효과는 다음과 같다.

- 소비자의 경우 중복된 인증마크 사용으로 인한 혼란을 피할 수 있다.
- 기업의 경우 one stop 인증시스템 구축으로 중복 인증에 따른 기업의 경제적 부담과 인증소요기간이 단축될 수 있다.
- 정부의 입장에서는 규격 제 · 개정 비용, 물품 및 용역 부문의 낭비요인을 차단할 수 있어 예산이 절감될 수 있다.
- 국제무대에서는 국제 표준화 기준에 맞추어 기술무역장벽에 효과적으로 대응할 수 있으며, 글로벌 브랜드 육성을 통해 인증 관련 산업을 수익 창출 지식서비스 산업으로의 전환이 가능하다(http://www.kats.go.kr).

결론적으로 국가통합인증마크의 도입은 국가의 신뢰도를 향상시킴으로써 우리나라의 경쟁력을 높일 수 있을 뿐만 아니라, 궁극적으로는 국민의 생활의 질을 높이는데 기여할 수 있을 것으로 기대한다.

외국에서도 통합된 인증마크를 사용하고 있는데 이를 정리하면 〈표 7-3〉과 같다.

② 국제품질보증제도

국제품질보증제도란 국제표준화기구(ISO)가 제정한 품질보증 및 품질관리를 위

표 7-3 외국의 인증마크 통합 사례

이름	마크	국가	내용
CE		EU	1993년부터 EU 회원국간 무역의 편리성을 위해 안전환경 및 소비자보호와 관련된 강제 인증을 CE로 통합해 사용하고 있음
PS		일본	2003년부터 전기제품·공산품 등에 대해 PS마크(제품안전마크)로 단일화하여 사용하고 있음
CCC		중국	WTO 가입 이후 국내 제품(CCEE)과 수입 제품(CCIE)에 달리 적용하던 강제 인증제도를 2002년부터 CCC제도로 통합해 사용하고 있음

한 국제 규격으로 ISO 9000 시리즈로 표시된다. ISO 9000 시리즈 규격이 제정된 동기는 국제적으로 인정할 수 있는 품질보증에 대한 기준을 설정하여 국가간 기술 장벽을 제거하고 국가간에 상호 인정할 수 있는 여건을 조성하여 세계시장에서 공급자와 수요자 모두에게 품질에 대한 신뢰감을 제공하기 위해서이다. 업종은 제조업, 서비스, 유통, 정보, 교육 등 산업 전반에 이른다.

ISO 9000 시리즈에는 많은 규격이 있으나 크게 기본규격과 지원규격으로 분류할 수 있다. 기본규격은 품질보증 체제의 인증을 받을 경우 ISO 9001, 9002, 9003 규

생각해보기 7-4

산업부, 냉장고·밥솥 에너지소비효율 등급 기준 상향

산업통상자원부는 냉장고 등 4개 품목의 효율등급 기준을 상향하고 컨버터 내·외장형 발광다이오드, LED 램프를 효율관리기자재로 추가 지정하는 '효율관리 기자재 운영규정'을 다음 달 1일 자로 개정 고시합니다. 에너지소비효율 등급은 1~5등급으로 나뉘며 최저기준에 미치지 못하면 생산·판매가 금지됩니다.

시간이 흘러 특정 품목의 1·2등급 비중이 과도해지면 제품별 변별력을 확보하고 에너지 절약을 위한 꾸준한 기술개발을 유도하기 위해 기준 조정이 이뤄집니다.

이번에 고시된 4개 품목의 1·2등급 비중은 냉장고 59%(1등급 31%), 전기밥솥 57%(48%), 공기청정기 58%(5%), 냉온수기 44%(17%)로 절반을 넘어서거나 거의 육박했습니다. 이에 따라 전기냉장고와 전기밥솥은 1등급 기준을 현행보다 각각 20%와 15% 상향했습니다.

자료: MBN 뉴스(2017.4.30.)

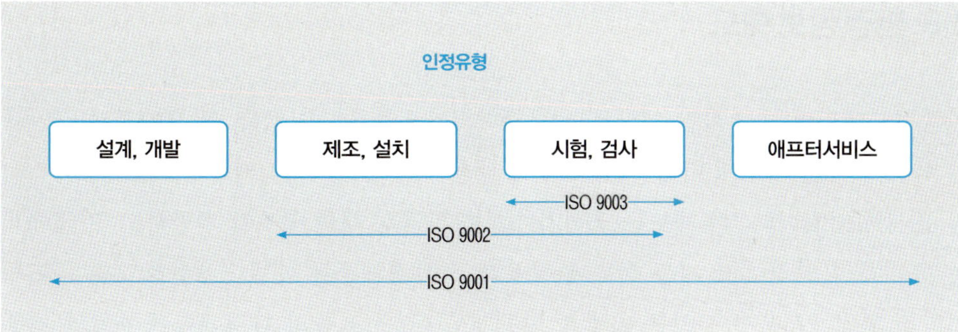

그림 7-2 ISO 9000 인증시리즈의 체계

자료: 안승철(1996). 소비자보호와 피해구제. 중문출판사. 187

격 중 하나를 선택하여 반드시 적용하여야 하는 규격으로서, 간단한 제품은 출하 시 확인만 하면 되는 ISO 9003만으로도 충분하며, 제품의 설계에서부터 출하까지의 전 과정에 대한 체제인증이 필요한 경우는 ISO 9001을 선택하면 된다. 일반적으로는 ISO 9002 규격에 의한 인증이 가장 많다(그림 7-2 참고).

지원규격은 기본규격에 대한 지침서 역할을 하며, 적용을 권유하거나 참고하도록 하는 규격으로 반드시 적용하지 않아도 무방한 규격이다. 그러나 이러한 지원규격의 내용은 기본규격을 탄탄하게 받혀 주는 내용으로 품질보증시스템 수립 시 많은 참고가 되는 사항이다. 품질보증체제 인증기업이란 이러한 ISO 9000 시리즈 규격 요건에 따라 심사하여 품질시스템이 적합하게 운영되고 있다는 것이 국제적으로 인증된 기업을 말한다. 품질규격의 인증은 한국품질환경인증협회의 지정을 받은 품질인증기관에 인증신청을 하면 그 기관에서 자문을 하면서 인증절차를 밟을 수 있도록 도와준다. 품질보증 체제를 인증받게 되면 체제를 운영하면서 얻는 실질적 이득 외에도 국제적인 품질보증 인증표시를 사용할 수 있는 특권을 부여받아 기업 이미지 제고, 신뢰성 증진, 경쟁력 강화 등과 같은 부수적 이익을 얻게 된다. 우리나라는 1993년부터 ISO 9000 인증시리즈를 채택하여 사용하고 있다.

4.3 환경정보제도

환경정보제도의 대표적인 제도로는 환경마크제도를 들 수 있다. 환경마크제도는 같은 용도의 다른 제품에 비해 '제품의 환경성'을 개선한 경우 그 제품에 로고(환경마크)를 표시하는 것이다. 이 제도는 소비자에게는 환경성 개선 정보를 제공하고, 기업에게는 소비자의 환경마크 제품 선호에 부응해 친환경제품을 개발 · 생산하도록 유도해 자발적 환경개선을 유도하는 자발적 인증제도 이다. 제품의 환경성이란 재료와 제품을 제조 · 소비 · 폐기하는 전 과정에서 오염물질이나 온실가스 등을 배출하는 정도 및 자원과 에너지를 소비하는 정도 등 환경에 미치는 영향력의 정도를 말한다. 1979년 독일에서 처음 시행된 이 제도는 현재 유럽연합(EU), 북유럽, 캐나다, 미국, 일본 등 40여 개국에서 성공적으로 시행되고 있으며, 우리나라는 한국환경산업기술원에서 1992년 4월부터 시행하고 있다. 환경마크제도는 기업과 소비자가 환경친화적인 제품을 생산, 소비할 수 있도록 소비자에게는 정확한 제품의 환경정보를 제공하여 환경보전활동에 참여토록 하고, 기업에게는 소비자의 친환경적 구매욕구에 부응하는 환경친화적인 제품과 기술을 개발하도록 유도하여 지속 가능한 생산과 소비생활을 이루고자 하는 것이다. 환경마크 도안은 그동안 사용하던 환경마크, 환경성적마크, 탄소발자국마크

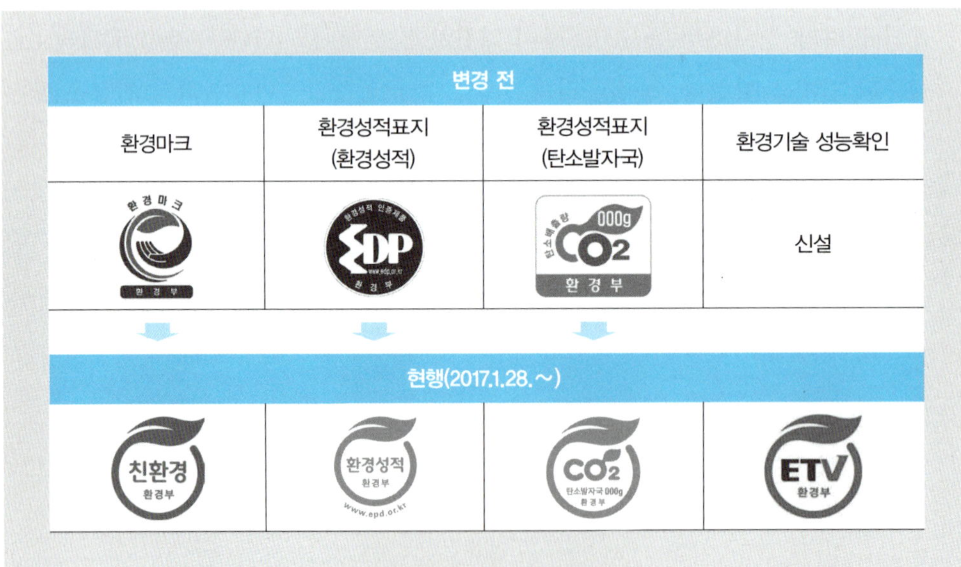

그림 7-3 환경통합인증마크

등을 2017년 1월 28일부터 하나의 환경통합인증마크(그림 7-3)로 사용하고 있다(http://www.keiti.re.kr/home/index.do).

5. 소비자정보 활용

정보적으로 불완전한 시장은 제품에 대해 필요 이상의 돈을 지불하게 함으로서 소비자들의 복지수준을 감소시킨다. 그러므로 효율적인 선택을 위해서는 정보를 적극적으로 탐색하여 활용해야만 한다. 디지털사회에서의 소비자는 보다 유리한 입장에서 쇼핑을 할 수 있는 것으로 보인다. 가격비교가 불가능하거나 어려웠던 과거와는 달리 온라인을 통하여 제품의 객관적 정보를 접하며 가격비교를 손쉽게 할 수 있게 되었기 때문이다. 또한 상품 후기와 부당한 판매 및 제조에 대한 손쉬운 여론 형성으로 과거에는 기업에 비해 상대적으로 열세했던 개인 소비자 집단의 입지도 강화된 것으로 볼 수 있다(박명희 외 5인. 2006). 온라인을 통해 소비자들이 정보를 활용할 수 있는 방안은 다음과 같다.

5.1 가격비교 검색 사이트 활용

가격분산(price dispersion)이란 동일 시점에 동일 제품에 대해 상점마다 가격차이가 나는 현상을 말한다. 가격분산이 존재하면 소비자는 특정 품질에 대해 더 많이 지불할 가능성이 있고, 그 결과 구매력은 그만큼 저하되어 경제적 복지수준도 낮아지게 된다. 소비자 시장에서의 가격분산 정도를 알아보기 위해 인터넷 시장을 중심으로 쇼핑몰에서 비교적 다양하게 판매되고 있는 제품의 가격분산 정도를 조사한 결과 동일 제품임에도 불구하고 쇼핑몰에 따라 최고가격과 최저가격의 차이가 70만 원 이상으로 나타나는 품목도 있었다(박명희 외 2인 2005). 이러한 결과는 소비자가 정보 탐색을 통해 동일제품을 낮은 가격으로 살 수 있는 기회를 가질 수 있다는 것을 의미한다. 특히 전자상거래를 이용한 구매는 대체로 구매하고자 하는 품목을 결정한 이후에 가장 낮은 가격에 판매하는 유통업체를 선택하는 의사결정법을 택하는 경우가 가장 많다.

그림 7-4 스마트컨슈머 홈페이지

자료: 스마트컨슈머(http://www.smartconsumer.go.kr)

그렇다면 소비자는 어떻게 동일제품에 대한 가격을 비교 검색할 수 있는가?

최근에는 앱을 이용한 가격비교 검색이 쉬워지면서 소비자는 스마트 폰을 이용해 손 안에서 동일제품에 대한 가격비교가 훨씬 용이해졌다. 또한 한국소비자원에서는 이러한 개별서비스를 통합하여 소비자가 쉽게 이용할 수 있도록 종합정보 사이트인 스마트컨슈머(http://www.smartconsumer.go.kr)를 운영하고 있다. 이러한 사이트를 활용한다면 동일제품에 대해 높은 가격을 지불할 가능성은 줄어들 것이고, 이는 결국 가격과 품질의 상관성을 높여 효율적 시장구조를 가져올 수 있도록 하는데 한몫을 하게 될 것이다.

5.2 소비경험 정보 사이트 활용

인터넷의 확산은 소비자들이 서로 쉽게 소비경험을 공유할 수 있는 사이트를 활성화시킴으로써 개인 소비자집단의 입지를 강화시켰다. 또한 이러한 인터넷을 통한 소비경험 확산은 소비자를 수동적 소비자에서 능동적 소비자로 그리고 능동적 소비자에서 디지털프로슈머로 진화시키고 있다.

인터넷의 상품거래에서는 소비자가 결정한 가격에 생산자가 응찰하는 역경매 방식이나, 다양한 형태의 경매 및 공동구매 그리고 소비자들이 제시한 상품평이나 상품에 대한 의견 교환 공간 등을 통해 소비자가 생산과 판매에 참여를 하는 것이 일반화되고 있다. 네티즌들의 상품에 대한 평가와 사용 후기 등이 구매에 결정적인 역할을 하면서 제조업체들도 신제품 출시에 앞서 인터넷 등을 통해 사용자의 의견을 수렴하고 사용자의 선평가를 받고 있다(박명희 외 5인, 2006)

6. 변화하는 사회에서의 새로운 소비자정보문제

오늘날의 디지털사회는 정보와 지식이 중심이 되는 지식정보사회로, 정보의 중요성에 대해서는 모두가 공감하고 있다. 그러나 정보기술의 확산에 따른 지나친 정보로 인해 야기되는 정보과잉 문제나 정보격차 문제, 그리고 정보윤리 문제 등은 새로운 소비자문제로 야기되고 있는 부분이다.

6.1 정보과잉

1) 정보공급과 소비의 불균형

정보사회에서 정보의 생산과 유통량이 폭발적으로 증가하고, 다양한 정보에 대한 수요량이 증가함에 따라 정보매체로서의 뉴미디어가 개발 · 보급되고 있다. 다양한 뉴미디어의 등장으로 형성된 새로운 미디어 환경은 소비자들에게 미디어 선택기회를 증폭시키고 전문화된 정보를 얻을 수 있도록 하는 장점을 가지고 있다. 정보과잉이란 원래 개인이나 시스템이 지나치게 많이 유입되는 정보를 처리하지 못하여 발생하는 정보처리의 장애현상을 의미한다. 정보생산량의 증가에도 불구하고 소비자들의 정보소비율은 이를 따라가지 못하므로 정보과잉(information overflow) 현상이 발생하는 것이다. 정보사회에서 정보과잉에 대하여 밀러(J. G. Miller. 1985)는 정보부하량

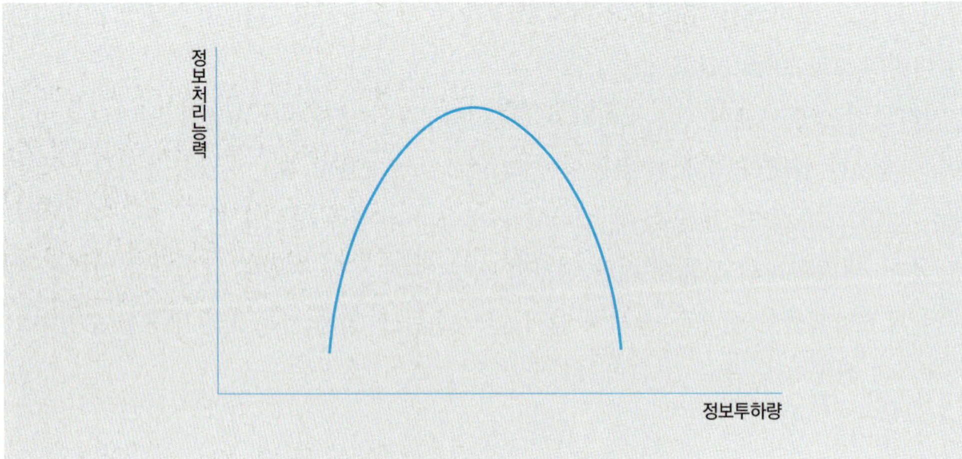

그림 7-5 밀러의 정보부하량에 관한 ∩곡선가설

자료: 최동수(1998), 정보사회론, 법문사, 209

(information load)에 대한 '∩곡선가설'로 설명하고 있다. 〈그림 7-5〉에서 나타난 바와 같이 정보투입이 증가하게 되면 그에 따라 사람이나 조직의 정보처리능력도 함께 증가하지만, 일정수준의 한계점을 지나게 되면 정보수용능력이나 이해력이 감소된다는 것이다.

2) 정보과잉에 따른 문제점

위에서 살펴본 바와 같이 정보생산량의 증가에도 불구하고 소비자의 정보이용량은 상대적으로 한정되어 있다고 할 때, 이러한 정보과잉현상에 따른 불균형은 공급자와 수요자 측면에서 각각 사회경제적인 문제를 야기할 수 있다.

첫째, 공급자 측면에서 정보과잉현상은 미디어 산업 간의 무한경쟁을 유발한다. 즉, 새로운 미디어가 등장하면 소비자들이 이용할 수 있는 시간적 · 경제적 여건이 한정적이므로, 제한된 시장을 두고 치열한 경쟁을 해야 하는 것이다. 새로운 커뮤니케이션 기술을 도입하거나 서비스의 질을 개선하기도 하면서 전문화되어가는 수요자의 기호에 부응하고자 노력한다. 이러한 미디어 시장의 경쟁에서 기존의 거대한 소수의 미디어 기업이 다수의 이질적인 대상에 대하여 미디어를 운영할 수 없게 되고, 수요자의 특성별로 분화현상이 나타난다. 대표적인 예로 케이블 TV가 다양한 채널별로 뉴스, 스포츠, 영화, 오락, 교육 등 전문화된 프로그램을 제공함으로써 특성화하고 있다. 이는 다시금 정보과잉현상을 초래하는 과정이 반복된다.

둘째, 수요자 측면에서 정보과잉현상은 미디어의 선택 폭이 증대되는 긍정적인 면도 있으나, 다른 한편으로는 특정 전문 채널에 극도로 치우치거나 배제함으로써 수용자의 극화현상을 촉진시킬 수 있는 원인이 될 수도 있다. 이를 지적 편중이라고도 한다. 그 결과 한 사회의 구성원으로서 공유해야 할 가치관, 경험, 인식의 기반이 약화될 수 있으며, 이는 사회적 합의나 여론의 형성 등 사회적 활동이 위축될 가능성이 있다.

셋째, 정보과잉현상으로 인한 단위정보의 한계효용성이 감소함으로써 사회 전체적으로 자원의 낭비가 발생할 가능성이 있다. 과잉생산되어 소비되지 않는 정보는 시의성이 없어져서 가치가 떨어지게 되며, 결국 사회 전체적인 측면에서 자원낭비가 발생하게 되는 것이다.

3) 정보격차

정보사회는 우리에게 많은 혜택을 제공하지만, 한편에서는 정보격차로 인한 정보의 부익부 빈익빈 현상이 발생한다. 정보사회에서의 정보격차(디지털 디바이드: digital divide)란 끊임없이 등장하는 뉴미디어의 환경이 소득, 지역, 학력 등에 따라 정보화 정도에 차이가 있으며, 그것으로 인한 경제·사회적 소외 및 격차가 있음을 일컫는 말이다. 정보사회에 있어서 정보재의 소비는 소비자, 기업 모두에게 있어서 경쟁력을 결정하는 중요한 역할을 하기 때문에 정보격차 문제를 이해하고 이를 해결하기 위한 방안을 모색하는 것은 중요하다.

(1) 개인별 사회경제적 차이

정보격차는 소득수준, 개인의 사회생활 태도, 가치관, 학력, 지역, 연령, 성별 차이에 의해서 발생한다. 정보서비스는 대부분 이용부담자원칙에 의해서 운용되기 때문에 정보기기의 구입과 활용을 위하여 많은 비용을 필요로 하고, 상대적으로 소득이 높은 집단에 의해 우선적으로 채택된다. 따라서 정보부자와 정보빈자로 구분되기도 한다. 지역에 따라 정보격차가 발생하는 이유는 농촌보다는 도시에 정보 인프라가 훨씬 더 잘 갖추어져 있기 때문이다. 또한 젊은이들은 중·장년층에 비해 뉴미디어를 잘 수용하고 사용방법을 쉽게 학습하는 경향이 있다. 그 이유로는 연령이 높아질수록 신기술이 개인에게 이익을 가져오지 못할 것이며, 이용능력이 없거나 귀찮게 생각하는 경향이 더 많기 때문이다.

성별에 따라서도 정보격차가 발생된다. 남성에 비하여 여성은 전자미디어 이용능력에 대한 불안감, 전자미디어는 남성에게 적합할 것이라는 고정관념이 있으며, 선호하는 커뮤니케이션의 유형, 정보에 대한 경제적 관념 등이 다르기 때문이다.

(2) 커뮤니케이션 능력과 컴퓨터 해독력의 차이

커뮤니케이션 능력(communication competence)이란 정보기술의 선택과 이용을 수용자의 의도에 따라 능동적으로 실천할 수 있는 포괄적인 심리적 동기와 기초지식을 의미한다. 이는 첨단 정보기술의 보급이 확산됨에 따라 필요한 사회적인 능력으로 간주된다. 커뮤니케이션 능력은 타고난 능력이라기보다는 새로운 미디어환경에 의해 조성되기도 하고, 정보화의 상업화 강도와 방향에 따라 결정될 수도 있다.

또한, 컴퓨터 해독력(computer literacy)에 의해서도 정보격차가 발생된다. 즉, 컴퓨터뿐만 아니라 컴퓨터를 이용한 기능이 내재되어 있는 정보기기의 경우, 이를 실재로 사용하기 위해서는 이용자의 인지적 처리능력이 요구된다는 것이다. 개인에 따라 컴퓨터 학습에 대한 인식과 동기가 다르고 이용 패턴과 효과에서도 차이가 있으며, 이는 정보격차로 이어진다.

정보사회에서 정보를 잘 활용하느냐 하는 것은 개인이나 기업 더 나아가 국가의 경쟁력을 좌우하게 되는 것이며, 정보에서 소외된 계층에게는 점점 더 경제 · 사회적 불평등을 심화시키는 결과가 된다. 결국 정보격차 문제를 적극적으로 해결하기 위해서는 정보소외계층에 대하여 정부와 사회에서 관심을 가지고 정보복지의 차원에서 해결해 나가야 할 것이다. 이를 위한 정부의 정책과제는 다음과 같다. 첫째, 연령, 지역, 소득 등 사회적 여건과 무관하게 정보시스템의 공공접근성 확대를 통해 보편적 서비스를 확대하여야 한다. 둘째, 지식정보활용능력을 강화한다. 계층별 특성에 맞는 정보화교육을 확대하기 위하여 주부, 농어민, 장애인, 노인 등 정보취약계층에게 정보화교육기회를 제공하여 정보이용 능력과 정보마인드를 향상시키도록 한다. 셋째, 창의적 지식정보활용을 위한 학습체제를 구축한다. 특히 정보화 취약계층에 대한 학습기회를 확대한다. 넷째, 민간 지식정보운동을 활성화한다(한세억, 정덕주. 2009).

4) 정보의 진정성

소셜미디어가 사회관계 유지의 핵심 채널로 부상하면서 정보의 홍수 속에 살아가는 소비자들은 제품과 서비스의 관련 정보와 선택 가능한 제품이 넘쳐나면서 합리적인 구매의사결정을 하기가 더 어려워지고 있다. 다시 말해 정보는 넘쳐나는데, 나에게 필요한 진정한 정보를 찾기가 더 어려워지고 있는 것이다. 그래서 넘쳐나는 정보 속에 진정성 있는 정보가 중요한 것이다.

《진정성의 힘》의 저자인 제임스 길모어 와 조셉 파인은 진정성을 '이익을 창출하기 위해 고안되거나 조성되지 않은, 자체의 목적을 위해 존재하는 고유한 형태'로 정의하고, 진정성의 영역을 구체적으로 자연성, 독창성, 특별함, 연관성, 영향력 등 다섯 가지로 구분하였다. 또한 《진정성을 찾아서》의 저자인 리처드 피터슨은 '진정성은 상

생각해보기 7-5

진정성 요소의 확보 '로레알'

세계 최대 화장품 그룹인 로레알은 미국의 화장품 브랜드인 키엘을 2000년에 인수한 후 키엘의 역사와 천연성분을 진정성의 요소로 정하여 키엘을 세계적인 브랜드로 육성하는 데 성공하였다. 로레알의 키엘 마케팅 전략은 브랜드의 진정성을 소비자에게 과장하지 않고 전달하는데 초점이 맞추어져 있으며, 이를 위해 1851년에 뉴욕에서 시작한 약국이라는 탄생 배경을 의식적으로 강조한다. 화려한 용기 디자인을 차별화 요소로 강조하는 업계의 전통과는 달리 수수한 용기에 천연원료를 강조하였으며, 화장품 용기 표면에는 마치 약품의 용기처럼 제품의 재료와 성능을 상세하게 기술하고 있다. 약국이라는 탄생 배경을 강조한 로레알의 키엘 마케팅 전략은 큰 성공을 거두어 인수 10년 만에 전 세계 매출이 5배 이상 의 큰 성장을 이룩하였다.

제품 체험을 통한 진정성의 전달 '러쉬'

체험 기반 진정성 마케팅의 대표적 사례인 영국 화장품 업체 러쉬(Lush)는 2002년부터 2011년까지 10년간 매출이 10배 가까이 성장하여 전 세계 49개국에 진출한 글로벌 브랜드로 자리잡는 데 성공하였다. 러쉬는 자사의 모든 제품에 사용된 원료를 소비자들이 마치 시장에서 식재료를 구입하기 위해 향을 맡고 만져보듯 뚜렷이 느낄 수 있도록 하는데 중점을 둔 진정성마케팅 전략이 성공을 거두었기 때문이다. 러쉬는 첫째, 천연원료를 사용했다는 콘텐츠를 강조하기 위해 소비자들이 제품에 사용된 원료들을 제품 사용과정에서 재미있게 체험할 수 있도록 하였고, 둘째, 매장을 전통 식료품 시장의 콘텐츠로 만들어 가공제품이 아닌 원재료를 구입한다는 느낌이 들도록 하였다. 러쉬의 비누 제품은 낱개로 포장되어 있는 것이 아니라 마치 전통

치즈를 판매하듯 커다란 비누 조각을 소비자가 원하는 양만큼 칼로 잘라 판매하며, 잘라낸 비누는 신문지를 연상시키는 포장지에 포장하여 고객에게 전달한다. 셋째, 러쉬는 광고를 극도로 자제하는 대신, 체험 기반의 입소문 강화를 위해 노력한다. 대부분의 러쉬 매장 앞에는 대형 욕조가 놓여 있고, 점원들은 이 욕조에 주기적으로 비누거품을 만든다. 이는 매장 주위를 지나는 소비자들에게 러쉬 제품들의 강렬한 향을 전달하기 위한 노력의 일환이다.

자료: LG Business Insight(2014)

품의 내적 특성만으로 설명되지 않으며, 상품과 서비스의 카테고리를 둘러싼 생산자, 소비자, 비평가 등 다양한 참여자들의 관계 속에서 이해되어야 한다.'고 주장하였다. 그의 주장에 따르면 특정 브랜드나 상품의 진정성은 기업이 정할 수 있는 것이 아니라 소비자들에 의해 결정된다는 것이다(LG Business Insight, 2014).

이러한 진정성의 특성은 오늘날과 같은 네트워킹 사회에서 더욱 부각된다. 커뮤니케이션 채널이 다양해지고 소통의 횟수가 증가하면서 소통되는 콘텐츠의 중요성이 커지고 있기 때문이다. 제품이나 서비스의 소비 체험을 공유하는 것은 소통의 훌륭한 콘텐츠가 되는데, 진정성 있다고 간주되는 제품은 체험 공유 시 발생할 수 있는 리스크가 낮고 소비자 자신의 취향을 드러낼 수 있다고 여겨지기 때문이다(LG Business Insight. 2014).

요약

소비자정보(consumer information)란 소비자가 의사결정을 할 때 불확실성을 감소시켜주는 것으로서 소비자가 자신의 욕구를 충족하고 목표를 달성하는데 유용하고 의미 있는 가치를 지닌 것으로 정의할 수 있다. 소비자가 원하는 선택을 위해서는 적절한 정보 탐색량이 필요한데, 적절한 정보 탐색량은 일반적으로 탐색으로부터 기대되는 총이득이 탐색하는데 들어갈 것으로 예상되는 총비용보다 클 때까지라고 할 수 있다. 소비자들이 정보를 얻는 원천인 정보원은 채널을 기준으로는 온라인과 오프라인 정보원으로 구분할 수 있으며, 특성을 기준으로는 마케터주도적 정보원천, 중립적 정보원천, 소비자주도적 정보원천으로 나눌 수 있다. 오늘날의 디지털사회는 정보와 지식이 중심이 되는 지식정보사회로, 정보의 중요성에 대해서는 모두가 공감하고 있다. 그러나 정보기술의 확산에 따른 지나친 정보로 인해 야기되는 정보과잉 문제나, 정보격차 문제, 그리고 정보윤리 문제 등은 새로운 소비자문제로 야기되고 있는 부분이다.

활동과제

1. 자신이 관심 있는 특정 품목 5개를 선정하고 각 상품에 표시된 정보내용을 비교분석한 후, 정보의 적합성에 대해서 논의해보자.

2. 앞으로 전개될 4차 산업혁명 시대에 새롭게 제기될 수 있는 소비자정보문제는 무엇인지에 대해 논의해보자.

CHAPTER 8

소비자문제 해결

CHAPTER 8

소비자문제 해결

학습목표

1. 소비자문제의 발생 원인과 특징을 설명할 수 있다.
2. 소비자문제의 해결절차와 기관을 알고 이용할 수 있다.
3. 소비자문제의 해결방법을 알고 합리적으로 해결할 수 있다.

소비자문제는 자본주의 경제가 고도화되면서 사회문제로 등장하게 되었다. 생산과 소비가 분리되어 시장을 매개로 교환이 이루어지게 되면서 발생되기 시작한 현대사회의 소비자문제는 대량생산, 대량판매, 대량소비의 경제구조와 밀접한 관련이 있는 구조적 문제로 보편적으로 발생하고 있으며 광범위하게 확산되고 있다.

소비자문제의 해결은 사후적인 소비자보호 방법으로 소극적인 기능을 한다. 가장 바람직한 방법은 소비자문제가 발생하지 않도록 사전에 예방하는 것이다. 강력하고 효율적인 제도의 정비는 소비자문제 해결은 물론 사업자의 부당한 행위를 사전에 예방할 수 있는 기능을 수행하는 효과도 있다. 이 장에서는 소비자문제의 개념과 특징에 대하여 살펴보고 소비자문제 해결기관과 소비자문제 해결 관련법과 제도에 대하여 살펴보고자 한다.

1. 소비자문제의 개념

자본주의 경제의 고도화, 다양화, 복잡화로 인하여 소비자문제가 보편화, 광역화, 대형화되면서 현대경제사회는 소비자문제라고 하는 사회적 문제를 야기하게 되었다. 소비자문제는 경제사회의 조직 중에서 가족 · 개인이 자기실현을 방해받고 있는 상태를 의미하며(木全敬止, 1996), 소비생활을 영위할 목적으로 구입한 상품이 품질, 가격, 정보 또는 거래방법 등에 결함이 있고 그 결함으로 소비자가 경제적 불이익을 입거나 혹은 사용과정에서 제3자에게 위해를 주는 문제라고 할 수 있다(杉田淳子 외 3인, 1989). 즉, 소비자문제는 소비자권리가 제대로 보장되지 않고 침해되는 것으로서 소비자가 사업자들이 제공한 제품이나 용역을 구매하고 사용하며 처분하는 과정에서 경제적 손해나 신체상의 피해를 입게 되는 것을 의미한다.

현대경제사회에서 소비자는 사업자와 제품이나 용역을 거래함에 있어서 제품의 결함, 부당한 거래조건, 불공정한 거래행위 등으로 피해를 입게 되는 경우가 많다. 특히 기술개발로 새로운 제품이 계속 생산되면서 제품의 안전성 결여로 인한 소비자의 생명 · 신체의 피해 및 경제적 피해는 날로 급증하고 있을 뿐만 아니라 심각해지고 있다. 소비자문제는 대상, 특성, 범위, 성격, 원인 등에서 매우 다양하여 피해의 규모나 범위를 예측하기 어렵다.

소비자문제는 소비자피해나 소비자불만과는 다른 개념이다. 소비자문제는 구조적 · 거시적 문제이고 소비자피해는 소비자문제로 인한 결과를 의미한다(문정숙, 2007). 소비자피해는 소비자가 제품이나 용역을 구매하고 사용하고 처분하는 과정에서 경제적 · 신체적 · 정신적 · 시간적 불이익 내지는 피해를 입게 되는 것을 의미하는 것으로, 소비자불만과 소비자피해는 물론 식품첨가물의 안전성 문제 등 미래에 발생될 가능성이 있는 잠재적인 소비자피해까지 포함하는 개념이다. 소비자불만은 소비자가 제품이나 서비스를 구매하고 사용하는 과정에서 느끼는 주관적인 평가로 인지된 제품의 성과를 사전 기대수준과 비교하여 인지된 성과가 기대수준 이하이면 소비자는 불만족을 느끼게 된다. 소비자피해는 사업자에게 피해보상을 요구할 수 있으나 소비자불만은 표출할 수는 있으나 피해구제 대상에서는 제외되고 있다. 이 경우 소비자는 구입 상품을 사용하지 않게 되는데 이러한 상태를 잠재적 소비자피해라고 할 수 있다.

2. 소비자문제의 특징

2.1 소비자문제의 유형

소비자문제는 그 형태면, 발생면, 성질면, 내용면에 따라 여러 유형으로 분류될 수 있다. 그 유형을 살펴보면 다음과 같다.

1) 형태면에 따른 분류

소비자문제는 피해자 수와 피해금액 등 그 형태에 따라 구분하면 소액다수피해, 소액소수피해, 고액다수피해, 고액소수피해로 분류할 수 있다.

소액다수피해는 전형적인 소비자피해의 형태로 소비자가 입은 피해액은 적지만 피해자 수가 많은 형태이며, 소액소수피해는 소비자가 입은 피해액도 적고 피해자 수도 적은 형태이다. 고액다수피해는 소비자가 입은 피해액도 많고 피해자 수도 많은 형태이며, 고액소수피해는 소비자가 입은 피해액은 많지만 피해자 수는 적은 형태이다.

2) 발생면에 따른 분류

소비자문제는 발생면에 따라 구분하면 내용상 문제와 거래상 문제로 구분될 수 있다.

내용상 문제는 제품이나 서비스의 품질, 구조 등 제품 내용상의 하자나 결함으로 소비자문제가 발생되는 경우로 소비자는 경제적 손실을 입는 것은 물론 인간의 가장 기본적인 가치인 생명이나 신체의 안전을 침해당할 수도 있다. 제품의 하자는 적합성과 관련된 문제로 소비자에게 경제적 손해를 발생시키게 되고, 결함은 안전성과 관련된 문제로 신체상의 피해 및 재산상의 확대 손해를 발생시키게 된다. 상품의 하자로 인한 소비자문제는 민법상 하자담보책임 또는 품질보증계약에 의해 해결될 수 있으며, 결함으로 인한 소비자문제는 제조물책임법에 의해 해결될 수 있다. 내용상 문제로는 결함제품으로 인한 확대손해, 의료과실, 식품이나 의약품의 안전성 문제, 비행기 또는 선박사고 등을 들 수 있다.

거래상 문제는 거래과정에서 사업자의 부당한 가격, 불공정한 약관 또는 거래조건,

기만적인 거래방법, 부당표시나 허위광고, 사업자의 위법행위나 부당권유행위 등으로 소비자피해가 발생되는 경우로 대부분 경제적 손해를 입게 된다. 사업자의 위법행위는 사업자가 계약 체결 후 채무불이행 행위를 하거나 불법행위를 하여 소비자가 손해를 입게 되는 경우로, 민법상 채무불이행이나 불법행위에 의한 손해배상책임과 채무불이행에 의한 계약해지나 해제 등에 의해 해결될 수 있다. 사업자의 부당권유행위는 계약 교섭이나 체결 단계에서 사업자의 부당권유행위에 의해 원하지 않은 계약을 체결하게 되어 피해를 입는 경우이며, 민법상 무효 또는 취소, 청약철회제도 등에 의해 해결될 수 있다.

3) 성질면에 따른 분류

소비자문제는 소비자피해의 성질면에 따라 구분하면 안전 관련 문제, 경제적 문제, 심리적 문제로 구분될 수 있다. 일반적으로 소비자문제가 발생할 경우, 사업자는 경제적 손실만 입게 되지만 소비자는 경제적 손실은 물론 건강이나 신체의 안전이 침해될 수도 있다.

안전 관련 문제는 제품을 구매하고 사용하는 과정에서 소비자가 가장 기본적 가치인 생명이나 건강 및 신체의 안전이 침해되는 경우이다. 소비자의 생명이나 안전의 침해는 소비자문제 중에서 가장 심각한 문제라고 할 수 있다. 소비자의 안전성 문제는 일단 문제가 발생하면 소비자에게 심각한 피해를 유발할 수 있기 때문에 특히 예방적 차원의 조치가 필요하며, 강력한 법적 조치가 선행되어야 한다. 예를 들면 화학제품, 유해식품, 의약품, 결함제품, 의료과실 등으로 인한 문제이다.

경제적 문제는 소비자와 사업자의 거래과정에서 부당한 가격결정이나 거래조건 및 불공정한 거래방법 등으로 소비자가 경제적 피해를 입게 되는 경우이며, 심리적 문제는 거래 후 소비자가 제품에 대해 불만족을 느끼게 되는 경우이다. 심리적 문제는 소비자가 판매자에게 불만을 제기하거나 불평할 수는 있으나 보상을 받을 수 없는 한계가 있다. 그러나 이러한 문제가 해결되기 위해서는 소비자들은 적절한 방법으로 적절한 사람에게 불평할 필요가 있다. 불평할 때는 발생 즉시 정확하게 사실에 입각하여 합리적으로 실제적 해결안을 제시하고 지속으로 해야 한다(Campbel, 1988). 많은 문제들이 지금까지 소비자들이 적절하게 불평하지 않기 때문에 해결되지 않고 있다.

4) 소비자피해의 내용면에 따른 분류

소비자문제를 소비자피해의 내용면에 따라 구분하면 가격 관련 문제, 품질 관련 문제, 정보 관련 문제, 거래 관련 문제로 구분될 수 있다.

가격 관련 문제는 품질에 비해 상대적으로 높은 가격이 책정되어 있을 때 발생하는 문제이며, 품질 관련 문제는 안전성, 기능, 결함 등으로 소비자가 피해를 입게 되는 문제이다. 정보 관련 문제는 허위 · 과장 광고나 기만 광고 또는 잘못된 정보 등으로 소비자가 피해를 입게 되는 경우이며, 거래 관련 문제는 부당한 거래나 약관, 또는 사후서비스와 관련하여 소비자가 피해를 입게 되는 경우이다.

2.2 소비자문제의 특징

현대사회의 소비자문제는 대량생산 · 대량판매로 대표되는 경제구조를 기초로 발생되고 있다. 이러한 구조적 소비자문제는 사업자와 소비자 간의 불평등한 지위하에서 보편적으로 발생되고 있으며, 광범위하게 파급되고 있다. 또한 소비자문제의 발생 원인을 규명하기가 곤란하고 심각한 피해가 발생될 수도 있다(杉田淳子 외 3인, 1989). 소비자문제의 특징을 살펴보면 다음과 같다.

1) 보편적인 발생

생산자들은 고도의 기술혁신제품을 대량으로 생산하여 대량으로 유통시키고 있다. 대량생산 · 대량유통 · 대량판매 체제하에서는 생산공정은 아주 세분화 · 분업화되어 있고 다단계로 구성되어 있으며 유통과정은 매우 복잡하다. 소비자가 구입하는 대부분의 상품은 많은 생산공정과 복잡한 유통과정을 거치게 된다. 이러한 생산 · 유통체제하에서 생산되는 모든 상품은 표본검사로 품질관리가 이루어지기 때문에 여러 단계의 생산공정, 복잡한 유통과정과 판매과정을 거치는 동안 어느 단계에서든 결함상품이 발생될 기능성이 잠재되어 있다. 따라서 오늘날의 구조적 소비자문제는 보편적이고 다발적으로 발생하게 된다. 양적으로는 방대해지고 있고 질적으로는 다종 · 다양화되어 소비자들의 소비생활 속에 일상화되고 있다.

2) 광범위한 파급

기업은 교통 · 통신수단과 유통산업의 발달로 판매 계층 · 장소 · 시간에 구애받지 않고 판매촉진활동을 수행할 수 있으며 넓은 지역에 걸쳐 동시에 소비자에게 대량으로 판매할 수 있다. 대량생산 · 대량유통 · 대량판매체제를 통하여 상품과 서비스가 생산되고 공급될 경우 결함제품이나 서비스가 판매되거나 부당 · 허위표시, 허위 · 과장광고, 유해물질첨가, 식품의 잔류농약 등의 소비자문제가 발생하게 되면 동시에 다수의 소비자에게 발생하게 되므로 그 피해는 광범위하게 파급되어 전국으로 혹은 세계로까지 영향을 미치게 된다. 특히 고도의 기술 집약적인 상품은 그 결함을 발견하거나 예방하기가 어렵기 때문에 그 피해의 범위는 더욱 광범위하게 파급될 수 있다.

3) 심각한 피해 발생

상품이 복잡화 · 고도화된 현대사회에서는 상품이나 서비스의 결함으로 소비자문제가 발생할 경우 소비자에게 경제적 손실은 물론 인간의 가장 기본적인 가치인 소비자의 생명이나 건강에 중대한 영향을 미치는 심각한 피해를 발생시킬 수도 있다. 특히 식품이나 의약품 등에 결함이 생기거나 안정성이 결여될 경우 소비자의 생명과 신체에 중대한 영향을 미치게 될 뿐만 아니라 목숨을 잃을 수도 있다. 심각한 소비자피해가 발생되는 전형적인 예로는 의료사고, 교통사고, 화재사고 등을 들 수 있다.

4) 피해원인 규명의 곤란성

오늘날의 상품과 서비스는 대부분 분업화된 여러 단계의 생산공정과 복잡한 유통단계를 거치는 동안 많은 사업자가 직 · 간접적으로 관여하고 있을 뿐만 아니라 고도의 기술을 이용하여 생산되고 있으므로 내용적으로 복잡화 · 고도화되고 있다. 따라서 소비자문제가 발생할 경우 어느 사업자에게 문제가 있었는지, 생산단계에서 잘못되었는지, 유통단계에서 잘못되었는지, 보관상에 문제가 있었는지 등 어느 단계에서 문제가 있었는지를 정확하게 파악하기 곤란한 경우가 많다. 특히 기술과 지식이 집약된 기술혁신제품은 어떤 결함으로 소비자문제가 발생하였는지 그 원인을 판단하기 어려운 경우도 많다. 정확한 원인과 단계를 파악하기 어렵기 때문에 누가 책임을 져야 하는지 그 책임소재가 불분명해지기 쉽다.

5) 소비자와 생산자의 불평등한 지위하에서 발생

현대경제사회의 구조적 소비자문제는 소비자와 생산자의 불평등한 지위하에서 발생되고 있다. 소비자는 경제력과 전문성을 가지고 있는 생산자에 대하여 무력한 존재이다. 소비자는 상품이나 서비스의 정보 · 경제력 · 전문성 · 시장지배력 · 기술 등의 측면에서 생산자에 비해 열등한 지위에 놓여 있다. 생산자들은 제품과 서비스의 정보와 기술을 독점하고 있으며 경제력과 전문성을 가지고 있다. 소비자들은 상품과 서비스 정보를 가지고 있지 못할 뿐만 아니라 쉽게 획득할 수도 없다. 특히 기술집약적인 상품의 정보는 거의 대부분 생산자가 제공하는 정보에 의존하고 있는 실정이다. 또한, 제품의 가격이나 계약조건도 소비자와 생산자가 상호교섭을 통해 결정하는 것이 아니라 소비자는 생산자가 일방적으로 정한 조건을 수용할 수밖에 없는 경우가 대부분이다. 그러므로 상품의 부당표시, 부당한 계약체결, 과장 · 허위광고 등으로 인한 소비자문제가 발생하기 쉽다.

6) 기업의 경제적 효율성 우선으로 발생

자본주의 체제하에서 기업은 소비자 이익보다는 기업 이익이나 경제적 효율성을 우선으로 상품을 생산하여 공급하고 있다. 대량생산 · 대량판매 · 대량소비의 경제구조하에서 기업은 판매시장에서 격심한 경쟁 상태에 있는 타사보다 우월한 지위를 확보하고 자본의 회전을 촉진하기 위하여 수익성 추구와 경제적 효율성을 상품의 안전성이나 품질 향상보다 우선적으로 고려하고 있다. 상품의 품질이나 안전성 향상을 위한 노력보다는 판매확대를 통해 이윤을 극대화하려고 한다.

급속한 과학기술 발달로 계속 새로운 신제품이 개발되어 공급되고 있다. 기업은 시장을 선점하기 위하여 신제품의 성능이나 성분 및 안전성 등을 철저하게 검사하지 않은 상태에서 상품화하여 유통시키기도 하며, 대체 수요를 유발하기 위하여 불필요한 모델 변경을 빈번하게 하여 상품의 내구성을 경시하기도 한다. 또한 기업은 대량생산된 제품을 대량으로 판매하기 위해 대량전달 수단으로 광고를 이용하고 있으며, 소비자의 구매 욕구를 직접적으로 자극하기 위해 할부거래, 방문판매 및 전자상거래 등 무점포판매를 적극적으로 활용하고 있다. 상품의 내용, 성능 및 품질을 허위 또는 과장하여 광고하는 경우가 많으며, 약관을 이용하여 계약이 체결되는 무점포판매의 경우는 소비자에게 부당한 거래를 강요하는 경우가 많다. 이러한 과정에서 많은 소비자 문제가 발생하게 된다.

3. 소비자문제 해결기관

사업자와의 거래관계에서 소비자문제가 발생할 될 경우 소비자는 그 문제를 해결해야 한다. 소비자가 소비자문제를 해결하는 방법은 사업자와 직접 교섭하여 자주적으로 해결하는 방법과 소비자상담기관이나 행정기관 등 다른 기관의 도움을 받아 해결하는 제3자 조정에 의한 해결방법으로 나눌 수 있다. 소비자가 소비자문제 해결기관을 통해 소비자문제를 해결하는 일반적 절차는 〈그림 8-1〉과 같다.

3.1 사업자

사업자의 소비자문제 해결은 사업자가 능동적으로 소비자문제 해결을 위해 노력하는 것으로 자율적 성격을 가지고 있다. 소비자문제가 발생할 경우, 일반적으로 우선 거래 당사자인 사업자에게 문제해결을 요청하게 되므로 사업자의 소비자문제해결은 가장 쉽게 이용될 수 있는 방법이다. 소비자피해 범위나 규모가 작은 경우에는 거래 당사자들이 상호교섭을 통해 해결되는 경우가 많다. 당사자들 간에 원활하게 합의가 잘 이루어지면 신속하게 소비자문제를 해결할 수 있을 뿐만 아니라 소비자피해의 확산을 방

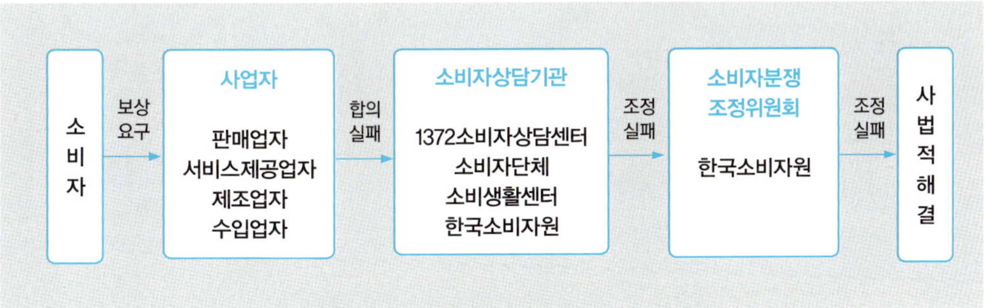

그림 8-1 소비자문제 해결의 일반적 절차

생각해보기 8-1

소비자문제의 해결 대상에서 제외되는 경우

- 사업자부도 · 폐업 등으로 연락이 불가능하거나 소재파악이 안 되는 경우
- 신청인(소비자)의 주장을 입증할 수 없는 경우
- 소비자와 사업자 사이의 분쟁이 아닌 경우(영리활동, 임금, 개인 간 거래 등)
- 국가 · 지방자치단체가 제공한 물품 등으로 발생한 피해
- 소비자분쟁조정위원회에 준하는 분쟁조정기구에 피해구제가 신청되어 있거나 그 절차를 거친 경우
- 법원 소송이 진행 중인 경우

지할 수 있으며 기업의 이미지를 제고할 수 있는 장점이 있다. 거래관계에서 발생되는 소비자문제는 당사자들인 소비자와 사업자 간에 해결되어야 할 문제이기 때문에 소비자가 적절하게 보상을 받을 수 있으면 가장 바람직한 해결방법이라고 할 수 있다.

정부는 기업의 경쟁력 강화와 소비자의 권익 증진을 목적으로 소비자중심경영(CCM) 인증제도를 도입하여 기업이 상품 및 서비스를 기획하고 판매하는 모든 활동에서 소비자를 중심으로 생각하는지, 소비자를 위해 얼마나 노력하는지를 평가하여 인증하고 있다. 2017년 2월 현재 167개 기업이 인증을 받았으며, 이 중 중소기업은 59개 기업이다. 소비자중심경영 체계와 인증마크는 〈그림 8-2〉와 같다.

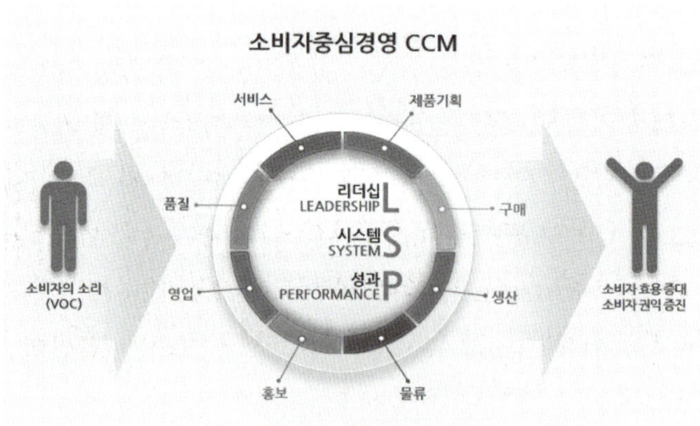

그림 8-2 소비자중심경영(CCM) 체계와 인증마크

자료: 소비자중심경영 인증제도(http://ccm.kca.go.kr)

생각해보기 8-2

소비자중심경영 인증제도

소비자중심경영 인증제도(CCM: Consumer Centered Management)는 기업이 수행하는 모든 활동을 소비자 관점에서, 소비자 중심으로 구성하고 관련 경영 활동을 지속적으로 개선하고 있는지를 평가하여 인증하는 제도이다. 기관 및 기업의 소비자 지향적 경영 문화 확산과 소비자권익 증진 노력을 통한 경쟁력 강화 및 소비자후생 증대에 기여함을 목적으로 하고 있다.

소비자 측면에서는 상품 및 서비스 선택기준이 되는 정보를 제공받고, 인증기업과 소비자문제 발생 시 CCM 운영체계에 따라 신속하고 합리적인 해결이 가능하며, 기업 측면에서는 CEO와 임직원의 소비자권익에 대한 인식을 제고하고, 상품과 서비스 수준을 소비자 관점으로 끊임없이 개선함으로써 대내·외 경쟁력을 강화할 수 있다. 공공 측면에서는 사후 분쟁해결 및 행정조치로 인한 사회적 비용을 절감하고, 소비자중심의 선순환 시장을 조성함으로써 기업-소비자 상생문화 확산에 기여할 수 있다.

인증기관은 공정거래위원회이며, 운영기관은 한국소비자원으로 담당부서는 대외홍보실 기업협력팀이다. 2005년에 공표된 소비자불만 자율관리 프로그램(CCMS: Consumer Complaints Management System)이 2010년에 '소비자만족 자율관리 프로그램'으로 한글 명칭이 변경되었으며, 2011년 9월 1일에는 '소비자중심경영'으로 명칭, 인증마크, 운영기준, 평가기준 등이 모두 개선되었다.

자료: 소비자중심경영인증제도(http://ccm.kca.go.kr)

3.2 1372 소비자상담센터

1372 소비자상담센터는 정부, 지방자치단체, 소비자단체가 공동으로 참여하는 소비자상담센터로, 소비생활과 관련된 문제가 발생할 경우 전국 어디서나 국번 없이 단일 대표전화 1372로 전화를 걸면 상담기관으로 연결이 된다. 상담 분야는 자동차, 병원·의료, 금융·보험 등 전문 분야와 전문 분야 외의 모든 상담이 가능한 일반 분야로 구분되어 있다. 2010년 1월 4일부터 4주 동안 시범서비스를 실시한 후 2월 5일부터 정식서비스를 개시하였다. 1372 소비자상담센터 누리집(http://www.1372.go.kr)을 이용해 인터넷상담을 신청할 수도 있다.

1372 소비자상담센터는 신속한 전화연결로 상담 편의성을 높이고 질 높은 상담서비스 및 정보제공을 통해 상담효율성과 소비자 만족도를 높이기 위해 구축된 소비자상

생각해보기 8-3

1372 소비자상담센터의 상담 대상이 아닌 분야

- 전월세를 포함한 개인 간 임대차 관련 분쟁
- 상가, 사무실 등 비주거용 건축물 관련 분쟁
- 화물운송 차량, 영업용 택시, 버스 등 관련 분쟁
- 프랜차이즈 계약 등 대리점과 본사와의 분쟁 등 하도급분쟁
- 임금 등 근로자와 고용인 사이의 노동분쟁
- 개인과 개인 간의 분쟁

자료: 1372 소비자상담센터(http://www.1372.go.kr)

담서비스이다. 주요 특징으로는 구매 전·후 물품/서비스 구매가이드, 소비생활 안전정보, 소비자 관련 법률 등 다양한 소비자정보 제공, 모범상담 사례 조회, 상담 속보, 소비자상담 동향 등 고품질 상담자료 제공, 소비자상담 정보의 통합관리 등을 들 수 있다.

참여기관은 한국소비자원, 지방자치단체 16개 소비생활센터, 한국소비자단체협의회의 10개 소비자단체 등이다. 10개 소비자단체는 녹색소비자연대, 소비자공익네트워크, 소비자시민모임, 소비자교육중앙회, 한국YMCA전국연맹, 한국YWCA연합회, 한국부인회, 한국소비자교육원, 한국소비자연맹, 한국여성소비자연합이다. 1372 소비자상담센터의 소비자상담 절차는 〈그림 8-3〉과 같다.

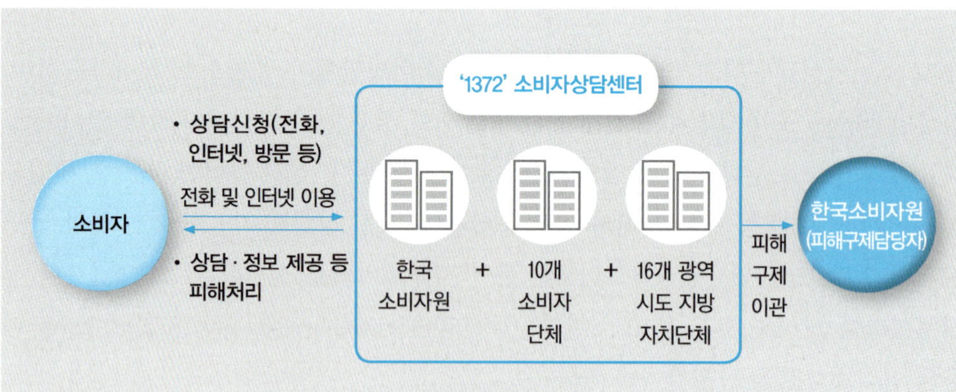

그림 8-3 1372 소비자상담센터의 소비자상담 절차

자료: 1372 소비자상담센터(http://kca.go.kr)

3.3 소비자단체

소비자단체의 소비자문제 해결은 소비자단체가 소비자 대리인이 되어 소비자문제를 해결하는 방법이다. 당사자들 간의 상호교섭에 의해 소비자문제가 해결되지 못할 경우 소비자단체가 개입하여 중재하게 된다. 소비자 개인이 사업자를 상대하는 것보다는 소비자단체가 표면에 나서서 의사 표시를 할 경우 효과적으로 해결될 수 있다.

소비자단체는 소비자들이 스스로 권익을 보호하기 위해 자주적으로 결성한 단체로 소비자들에게 피해에 적절히 대처할 수 있는 법률적 정보 등을 제공하고 사업자들이 자율적으로 소비자문제를 해결하도록 유도하는 역할을 한다. 전문적인 시험, 검사, 조사 등이 필요할 경우에는 한국소비자원에 그 처리를 의뢰하기도 한다. 소비자단체는 결함제품이나 부당한 서비스 · 거래방법 · 제도 등에 대해 해당기업에게 시정을 요구하고, 여론을 통해 사회적 제재를 가하며, 정부에 정책건의를 함으로써 동일한 피해가 발생하는 것을 예방하는 데 기여하고 있다. 소비자들의 능동적인 고발은 소비자문제를 사전에 예방하고 소비자권리를 실현하는 원동력이 될 수 있다.

3.4 행정기관

행정기관을 통한 소비자문제 해결은 중앙행정기관이나 지방자치단체 등이 개입하여 중재 · 조정하는 방법이다. 행정기관은 각종 행정규제 등 행정적 통제를 통해 소비자문제가 발생하기 전에 예방적 조치를 취할 수 있는 장점이 있다. 각종 관련법의 규정에 따라 사업자에게 구체적인 의무를 부과하고 그 의무를 위반하였을 경우에는 행정명령, 제조 또는 허가 취소 등으로 처벌할 수 있으며, 인가의무를 통해 의약품 등 특정제품이나 거래약관으로 인한 소비자문제를 처음부터 제거하거나 실질적으로 제한할 수 있다.

중앙행정기관의 경우 공정거래위원회는 부당한 표시 · 광고, 약관 등에 관한 사항을 담당하고 있으며, 식품의약품안전청은 식품 등의 안전에 관한 사항을 담당하고, 건설교통부에서는 건축과 관련된 사항을 담당하고 있다.

지방자치단체에서는 소비생활센터를 설치하여 소비자불만이나 소비자문제를 해결하기 위해 노력하고 있다. 그러나 1372 소비자상담센터의 출범으로 그동안 소비자상담과 피해처리에 중점을 두어 왔던 소비생활센터의 역할이 모호해졌다(강성진, 2012).

3.5 한국소비자원

한국소비자원은 소비자권익을 증진하고 소비생활 향상을 도모하며 국민경제의 발전에 이바지하기 위하여 국가에서 설립한 법인으로 소비자전문기관이다. 「소비자보호법」에 의하여 1987년 7월 1일 한국소비자보호원으로 설립되었으나 「소비자보호법」이 「소비자기본법」으로 전면 개정되면서 2007년 3월 28일 한국소비자원으로 기관명이 변경되었다.

「소비자기본법」 제35조에서 한국소비자원의 설립목적을 실현하기 위한 업무 중 하나로 한국소비자원에 소비자불만 처리 및 피해구제 업무를 수행할 수 있는 기능을 부여하고 있다. 한국소비자원의 소비자피해 구제절차는 〈그림 8-4〉와 같다.

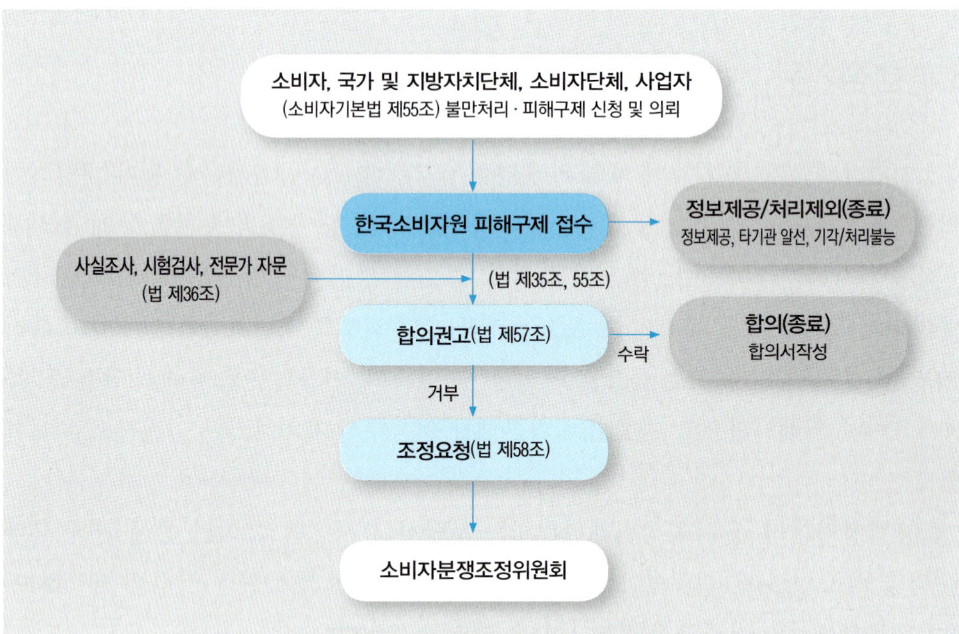

그림 8-4 한국소비자원의 소비자피해 구제 절차도

자료: 한국소비자원(http://www.kca.go.kr)

소비자는 사업자가 제공하는 물품 등을 구매 · 사용하는 과정에서 피해가 발생할 경우에 피해구제 신청서를 작성하여 계약 관련 증빙서류(계약서, 영수증 등)와 함께 방문, 우편, 팩스 등의 방법을 이용하여 한국소비자원에 피해구제를 신청할 수 있다. 피해구제 신청서는 한국소비자원 누리집(http://www.kca.go.kr)에서 다운로드 받을 수 있다. 한국소비자원은 소비자로부터 피해구제 신청을 받으면 일차적으로 양 당사자에게 합의를 권고하고, 합의가 이루어지지 않으면 소비자분쟁조정위원회에 분쟁조정을 신청한다.

3.6 소비자분쟁조정위원회

소비자분쟁조정위원회는 소비자와 사업자 사이에 발생한 분쟁을 조정하기 위하여 「소비자기본법」(제60조)에 의해 한국소비자원에 설치 · 운영되고 있는 준사법적 기구이다. 소비자분쟁조정위원회는 위원장 1인을 포함하여 50인 이내의 위원으로 구성되며, 분쟁조정은 신청을 받은 날부터 30일 이내에 마쳐야 한다. 부득이한 사정으로 그 기간을 연장해야 할 경우는 사유와 기한을 명시하여 당사자에게 통지하여야 한다. 분쟁조정 내용을 통지받은 당사자는 통지를 받은 날부터 15일 이내에 분쟁조정 내용에 대한 수락 여부를 조정위원회에 통보하여야 한다. 15일 이내에 의사표시가 없으면 수락한 것으로 본다. 당사자가 분쟁조정 내용을 수락할 경우, 분쟁조정 내용은 재판상 화해와 동일한 효력을 갖게 되므로 조정 내용을 이행하지 않으면 강제로 집행할 수 있다. 당사자 일방이 분쟁조정 내용을 수락하지 않으면 분쟁조정 절차는 종료된다.

소비자분쟁조정위원회의 분쟁조정은 법원에 의한 사법적 구제 절차 이전에 소비자 분쟁을 해결할 수 있는 마지막 수단이다. 분쟁조정제도는 소송 대체적 분쟁해결방법의 하나로, 당사자 사정을 배려하고 상호 양보를 통해 해결 방안을 제시한다. 법률에 의해 엄격한 판단을 내리는 소송보다 더 유연하게 분쟁을 처리할 수 있으며, 분야별 전문가가 직접 참여함으로써 전문성을 확보할 수 있고 비용이 거의 들지 않는 장점이 있다. 2015년에는 118회(지방 39회) 분쟁조정 회의를 개최하여 개별사건 3,771건, 집단사건 2건을 처리하였다(http://www.kca.go.kr).

생각해보기 8-4

소비자분쟁조정사례: 직장유암종에 대한 암보험금 지급 요구

사건개요: 신청인은 1996. 5. 25. 피신청인의 '무배당OOOO보험'에 가입한 후, 2016.1.12. 신경내분비세포종(유암종)으로 OO대병원에서 3일간 입원하면서 내시경하 용종절제술을 시행한 뒤, 같은 해 1.26. 직장의 행동양식 불명 또는 미상의 신생물로 최종 진단받아 피신청인에게 일반암 보험금을 청구했으나 피신청인은 암이 아닌 경계성종양이라며 일반암 보험금의 20%인 2,000,000원만 지급함.
결정사항: 피신청인은 2016.10.31.까지 신청인에게 8,000,000원을 지급하고, 만일 피신청인이 지급을 지체하면 2016.11.1.부터 다 갚는 날까지 연 6%의 비율에 의한 지연손해금을 가산하여 지급한다.

자료: 한국소비자원(http://www.kca.go.kr)

3.7 기타 기관

1) 한국의료분쟁조정중재원

의료분쟁 당사자나 그 대리인은 한국의료분쟁조정중재원에 분쟁조정을 신청할 수 있다. 한국의료분쟁조정중재원은 의료분쟁을 신속·공정하고 효율적으로 해결하기 위하여「의료사고 피해구제 및 의료분쟁조정 등에 관한 법률」(제6조)에 의해 2012년 4월에 설립된 법인이다.

한국의료분쟁조정중재원은 의료분쟁과 관련하여 무료 상담 업무를 실시하고 있으며 일반상담과 전문상담으로 분류하여 체계적으로 진행하고 있다. 상담 전화는 1670-2545이며, 방문하여 상담을 받을 수도 있다. 온라인 상담은 한국의료분쟁조정중재원 누리집(https://www.k-medi.or.kr)에서 24시간 상시로 신청할 수 있으며, 접수된 내용을 검토하여 다음 날(공휴일에는 그 다음 날까지)까지 답변해 준다.

또한, 한국의료분쟁조정중재원은 의료분쟁을 조정하거나 중재하기 위하여 의료분쟁조정위원회를 두고 있으며, 의료분쟁의 신속하고 공정한 해결을 지원하기 위하여 의료사고감정단을 두고 있다. 의료분쟁조정위원회는 분쟁사건의 조정절차가 개시된 날부터 90일 이내에 조정결정을 하여야 하며, 필요하다고 인정하는 경우 그 기간을

생각해보기 8-5

손해배상금대불제도

손해배상금대불제도는 의료사고로 인한 피해자가 한국의료분쟁조정중재원의 조정결정, 소비자분쟁조정위원회의 조정 결정, 법원 판결 등으로 손해배상금이 확정되었음에도 손해배상의무자로부터 배상금을 지급받지 못하였을 경우, 한국의료분쟁조정중재원에 미지급금에 대한 대불을 청구하면 한국의료분쟁조정중재원이 우선 지급하고 추후 손해배상의무자에게 구상하는 제도이다. 2012년 4월 8일 이후 최초로 종료된 의료행위 등으로 발생한 의료사고 손해배상금 대불 청구부터 적용되고 있다.

자료: 한국의료분쟁조정중재원(https://www.k-medi.or.kr)

1회에 한하여 30일까지 연장할 수 있다. 이 경우 그 사유와 기한을 명시하여 신청인에게 통지하여야 한다. 의료분쟁조정위원회는 해당 사건에 대한 의료사고감정단의 감정의견을 고려하여 조정결정을 한다.

2) 금융감독원

금융기관과 예금자 등 금융 수요자와 그 밖의 이해관계인은 금융과 관련하여 분쟁이 발생했을 때에 금융감독원에게 분쟁조정을 신청할 수 있다. 금융감독원은 분쟁조정 신청을 받은 날부터 30일 이내에 관계 당사자에게 그 내용을 알리고 합의를 권고할 수 있으며, 당사자들 간에 합의가 이루어지지 아니하면 지체 없이 이를 금융분쟁조정위원회에 회부하여야 한다.

금융분쟁조정위원회는 금융기관과 예금자 등 금융 수요자와 그 밖의 이해관계인 사이에 발생하는 금융 관련 분쟁의 조정에 관한 사항을 심의·의결하기 위해 금융감독원에 설치된 분쟁조정기구로, 위원장 1인을 포함한 30인 이내의 위원으로 구성된다. 금융분쟁조정위원회는 분쟁조정의 회부를 받으면 60일 이내에 이를 심의하여 조정안을 작성하여야 하며, 당사자들에게 그 내용을 통지하고 합의를 권고할 수 있다. 당사자들이 조정안을 수락할 경우 재판상의 화해와 동일한 효력을 갖는다.

생각해보기 8-6

금융감독원

금융감독원은 금융기관의 감사·감독 업무를 수행하는 감독기관으로, 1997년 12월 31일 제정된 「금융감독기구의 설치 등에 관한 법률」에 의거 은행감독원, 증권감독원, 보험감독원, 신용관리기금 등 4개 감독기관이 통합되어 1999년 1월에 설립되었으며, 그 후 2008년 2월에 개정된 「금융위원회의 설치 등에 관한 법률」에 의거하여 현재의 금융감독원으로 거듭났다. 설립목적은 금융기관에 대한 검사·감독업무 등의 수행을 통하여 건전한 신용질서와 공정한 금융거래 관행을 확립하고 예금자 및 투자자 등 금융수요자를 보호함으로써 국민경제 발전에 기여하는 데 있다. 서민의 금융생활을 지원하고 불법금융피해를 예방하기 위하여 서민금융종합포탈서비스 '서민금융 1332(http://s1332.fss.or.kr)'를 운영하고 있으며, 금융상품과 금융거래 관련 정보를 제공하기 위해 '금융소비자정보포털 파인(http://fine.fss.or.kr/fine)'을 운영하고 있다.

자료: 금융감독원(http://www.fss.or.kr)

3) 대한법률구조공단

모든 소비자들은 민사 · 형사 · 행정 등 법률 관련 문제 전반에 대하여 대한법률구조공단을 통해 법률상담을 받을 수 있다. 대한법률구조공단은 국민들을 위한 무료법률상담, 저소득층을 위한 소송대리 · 형사변호 지원 등의 법률구조사업을 수행하고 있다. 대한법률구조공단은 국민의 기본권 옹호와 법률복지 증진을 위한 법률구조를 효율적으로 추진하기 위하여 1987년 9월 「법률구조법」(제8조)에 의하여 설립된 법인이며, 국가예산으로 운영되는 공공기관이다. 법률구조사업을 통한 국민의 기본권 옹호와 법률복지 증진을 위해 노력하고 있으며, 법률구조제도에 관한 조사 · 연구, 준법정신의 양양을 위한 계몽 사업을 하고 있다. 본부는 김천에 두고 있으며, 전국의 법원, 검찰청 소재지마다 지부와 출장소 · 지소가 있다(http://www.klac.or.kr).

대한법률구조공단의 법률상담은 방문, 전화, 온라인 등의 방법으로 이루어지고 있다. 방문상담을 원할 경우는 홈페이지, 132 전화, 방문 등을 통해 반드시 사전에 예약해야 하며, 예약 없이 대한법률구조공단을 방문하면 10분 정도의 간단한 상담만 받을 수 있다. 긴급하게 법률문제의 해결방안을 찾고자 할 때에는 국번 없이 132번을 누르면 132 법률상담콜센터와 연결된다. 전화상담은 간단한 내용에 대해서만 상담이 가능하므로 단정적 판단이 쉽지 않은 복잡한 법률상담은 공단 사무실을 방문하여 상담

생각해보기 8-7

법률구조제도

법률구조제도는 경제적으로 어렵거나 법을 모르기 때문에 법의 보호를 충분히 받지 못하는 국민들에게 법률상담, 변호사 또는 공익법무관에 의한 소송대리 및 형사변호 등의 법률적 지원을 함으로써 정당한 권리를 적법한 절차에 의하여 보호하고 국민의 기본적 인권을 옹호하는 법률분야의 사회복지제도이다.

사회의 발전과 더불어 점점 복잡하고 다양해진 각종 법률제도의 혜택을 모든 국민들이 고루 누릴 수 있도록 하기 위해서는 경제적인 이유나 법률지식의 부족으로 사실상의 법의 보호에서 소외되어 있는 국민을 지원할 수 있는 제도적 장치가 필요하다.

자료: 대한법률구조공단(http://www.klac.or.kr)

하는 것이 바람직하다. 온라인 상담의 경우는 보다 신속하고 정확한 상담을 위해 1일 상담접수건수를 230건으로 제한하고 있다. 당일 상담을 접수하지 못하면 다음날 신청하거나 전화나 면접 상담을 신청해야 한다.

3.8 법원

법원은 소송을 통하여 사법적으로 소비자문제를 해결하는 기관으로, 소송을 통한 소비자문제 해결방법은 최종적인 강제적 방법이다. 법원의 판결 내용은 다른 방법에 의한 소비자분쟁 해결방법에 기준을 제시하게 된다. 소비자문제 해결기관을 통해 적절하게 소비자문제를 해결하지 못할 경우에는 소비자는 마지막으로 법원의 판결에 의존할 수밖에 없다. 그러나 전통적인 민사소송의 경우, 소송절차가 까다롭고 복잡할 뿐만 아니라 비용과 시간이 많이 걸리고 소비자문제의 발생 원인과 피해결과를 입증하기 어려워 대부분의 소비자들은 사법적 구제를 포기하는 경우가 많다. 일반적으로 소비자피해는 동일한 피해를 입은 소비자는 다수이지만 개인 소비자의 피해액은 적은 소액다수의 전형적인 특성을 가지고 있기 때문에 개인 소비자가 소송을 통해 해결하기는 현실적으로 어렵다.

4. 소비자문제 해결 관련법과 제도

소비자피해의 전형적인 모습은 소비자개인이 받은 피해액은 소액이지만 피해자의 수는 많은 소액다수의 피해로, 소송절차가 까다로운 전통적인 민사소송을 통해서는 적절하게 구제되기 어렵다. 그러므로 다수의 피해자들이 집단적으로 피해구제를 받을 수 있는 집단피해구제제도가 필요하다.

4.1 소비자분쟁해결기준

「소비자분쟁해결기준」은 소비자와 사업자 간의 분쟁해결의 합의 또는 권고에 적용하는 가이드라인으로(강창경 · 박희주, 2010) 「소비자기본법」 제16조에 근거하여 제정된 공정거래위원회 고시이다. 일반적 소비자분쟁해결기준에 따라 품목별 소비자분쟁해결기준을 정함으로써 소비자와 사업자 간에 발생한 분쟁이 원활하게 해결될 수 있도록 구체적인 합의 또는 권고 기준을 제시하는 데 목적이 있다.

소비자분쟁해결기준은 소비자피해 보상에 관한 일반원칙과 품목별 보상기준으로 구성되어 있다. 품목별 보상기준에는 업종별, 품목별로 소비자가 사업자에게 피해보상을 요구할 수 있는 불만 유형을 비롯해 물품이나 용역의 품질 · 가격 · 표시상의 불일치 · 거래 조건 등 사실상 소비자와 사업자 간에 발생하는 거의 모든 문제를 수용함으로써 소비자가 피해를 보다 쉽게 보상받을 수 있는 기준이 되고 있으며, 소비자상담기관이 소비자문제 해결을 위한 상담업무를 수행하는 기준이 되고 있다. 공정거래위원회는 대상 품목을 확대하거나 분쟁유형별 해결기준을 조정할 필요가 있을 경우 사업자단체, 소비자단체, 관계부처 등과 협의를 거친 후 최종 확정 · 고시한다.

「소비자분쟁해결기준」은 「소비자보호법」에 근거하여 1985년 12월 「소비자피해보상규정」으로 제정 · 고시되어 1986년 2월부터 시행되었으나 2007년 3월 28일 「소비자보호법」이 「소비자기본법」으로 전면 개정되면서 현재의 명칭으로 변경되었으며, 2008년 2월 29일 「정부조직법」 개정으로 기획재정부에서 공정거래위원회로 이관되었다. 1989년 1차 개정을 시작으로 계속 개정되어 2016년 10월 22차 개정이 이루어지는 동안 40개 업종 194개 품목에서 142개 업종 620개 품목으로 확대되었으며, 2016년 1월

1일을 기준으로 3년이 되는 시점(매 3년째의 12월 31일까지)마다 그 타당성을 검토하여 개선 등의 조치를 하도록 하는 재검토기한을 두었다.

소비자가 정당하게 소비자문제를 제기할 경우, 사업자는 원칙적으로 소비자분쟁해결기준에 따라 보상해야 한다. 그러나 다른 법령에 근거한 별도의 기준이 소비자분쟁해결기준의 기준보다 소비자에게 유리한 경우는 유리한 법령을 우선적으로 적용하도록 하고 있다. 사업자들은 제품에 "본제품은 공정거래위원회 고시 소비자분쟁해결기준에 의거 교환 또는 환불을 받을 수 있습니다."라는 내용을 제품에 표시하고 있다.

4.2 청약철회제도

청약철회제도(Cooling Off)는 충동구매로 인한 소비자피해를 예방하기 위한 제도로 할부구매나 방문판매 시에 쉽게 구매를 결정하는 소비자에게 냉정을 되찾고 이를 되돌릴 수 있는 기회, 즉 숙고기간을 주는 것이다. 소비자가 물건을 구매한 후 물건에 하자나 결함이 없음에도 불구하고 자신의 구매결정이 잘못되었다고 판단되면, 일정기간 내에 구매한 물건을 매도인에게 돌려주고 대금을 돌려받을 수 있는 권리이다. 청약이란 '구매하려는 의도'를 의미하며 계약과는 다른 의미이다. 그러나 「할부거래에 관한 법률(할부거래법)」이나 「방문판매 등에 관한 법률(방문판매법)」에서는 계약을 했어도 이를 청약으로 간주하여 물건을 구매한 소비자가 계약서를 받은 후 일정기간이 경과할 때까지 청약을 철회하지 않아야 계약한 것으로 간주하는 것이다.

소비자가 정당하게 청약철회권을 행사하면 계약이 성립되지 않은 것으로 되어 거래당사자는 원상회복의무를 부담한다. 소비자는 구입상품을 반환해야 하고 판매자는 계약금이나 할부대금을 반환해야 한다. 할부거래는 양 당사자가 동시에 반환해야 하나 방문판매는 상품을 반환받은 날로부터 3영업일 이내에 환급해야 한다. 대금 환급을 지연한 때에는 지연기간에 따라 지연배상금(연 24%)을 지급해야 한다. 반환에 필요한 비용은 판매자가 부담하며 소비자에게 위약금이나 손해배상을 청구할 수 없다.

청약철회권을 행사할 수 있는 기간은 판매방법에 따라 다르다. 할부거래는 계약서를 교부받은 날 또는 계약서를 교부받지 아니한 때에는 목적물을 인도받은 날부터 7일 이내, 방문판매나 전화권유판매는 계약서를 교부받은 날부터, 상품을 공급받거

○○○○ 청약철회(계약해제) 통지서

▶ 수 신
　○ 업체명: ○○○○(전화 : 000-0000-0000)
　○ 주　소:
▶ 발 송 인
　○ 계약자: ○○○(전화 000-0000-0000)
　○ 주　소:
▶ 물품 구입 내역
　○ 계약일자: ○○○○년 ○○월 ○○일
　○ 구입물품: ○○○○
　○ 구매금액: 000,000원
▶ 사유
　–
　–

본인은 이러한 사유로 위 계약을 철회하고자 함.

○○○○년 ○○월 ○○일
발신자 : ○ ○ ○ (인)

그림 8-5 청약철회 통지서

나 공급이 개시된 날부터, 주소변경 등의 사유로 청약철회 기간 이내에 청약철회를 할 수 없는 경우에는 그 주소를 안 날 또는 알 수 있었던 날부터 14일 이내, 통신판매는 7일 이내에 청약을 철회할 수 있다. 상품 등의 내용이 표시·광고나 계약 내용과 다를 경우에는 상품을 공급받은 날부터는 3개월 이내, 또는 그 사실을 안 날 또는 알 수 있었던 날부터는 30일 이내에 청약을 철회할 수 있다. 양 당사자 간에 다툼이 있는 경우에는 판매자가 이를 입증하여야 한다.

할부거래는 반드시 서면으로 청약철회를 해야 되나 방문판매는 서면 외에 구두 또는 전자문서 등 전기·통신매체를 이용할 수도 있다. 이는 보다 쉽게 청약철회를 할 수 있도록 소비자의 편의를 도모하기 위한 것이나 의사표시 유무에 관하여 다툼이 있을 수 있고 예측하지 못한 피해를 입을 수도 있다. 서면으로 청약을 철회할 경우에는 청약철회 의사가 표시된 통지서를 우체국의 내용증명우편을 이용하여 판매자에게 발송하면 된다. 청약철회 통지서 양식은 〈그림 8-5〉와 같다.

4.3 리콜제도

리콜(recall)제도는 시장에 유통 중인 제품에서 소비자의 생명 · 신체 또는 재산에 위해를 끼치거나 끼칠 우려가 있는 결함이 발견된 경우에 소비자문제가 발생되기 전에 사업자가 정부 조치에 의하거나 자발적으로 그 제품을 공개적으로 회수해 수리 · 교환 · 환급 · 파기 등의 방법으로 시정하는 행위를 취하는 제도로, 소비자피해가 발생하기 전에 소비자문제를 해결하는 성격을 가지고 있다.

리콜 유형으로는 자진 리콜, 리콜 권고, 리콜 명령 등이 있다. 자진 리콜은 물품 등이 소비자의 생명 · 신체 · 재산에 위해를 끼치는 등 리콜사유가 발생할 경우, 사업자 스스로 당해 물품을 수거하여 파기하거나 소비자에게 수리 · 교환 · 환급 등의 조치를 취하는 것이다. 리콜 권고는 리콜 사유가 발생할 경우, 중앙 행정기관의 장 또는 시 ·

생각해보기 8-8

청약철회권이 인정되지 않는 목적물

- 방문판매와 통신판매

① 소비자에게 책임 있는 사유로 상품이 멸실 또는 훼손된 경우(내용 확인을 위한 포장 훼손 제외)
② 소비자의 사용 또는 일부 소비로 상품의 가치가 현저히 감소한 경우
③ 시간의 경과에 의하여 재판매가 곤란할 정도로 상품의 가치가 현저히 감소한 경우
④ 복제가 가능한 상품의 포장을 훼손한 경우
⑤ 소비자주문에 의하여 개별적으로 생산되는 상품
⑥ 방문판매자 등에게 회복할 수 없는 중대한 피해가 예상되는 경우로 사전에 그 사실을 고지하고 소비자로부터 서면에 의한 동의를 얻은 경우

- 할부거래

① 사용으로 그 가치가 현저히 감소될 우려가 있는 것으로 다음 목적물을 사용한 경우
 – 자동차, 냉장고 · 세탁, 낱개로 밀봉된 음반 · 비디오물 · 소프트웨어
② 설치에 전문 인력 및 부속자재 등이 요구되는 것으로서 다음 목적물을 설치한 경우
 – 냉동기, 전기냉방기(난방겸용 포함), 보일러
③ 할부가격이 10만 원 이하인 할부계약(신용카드를 사용한 경우에는 20만 원 이하)

생각해보기 8-9

내용증명우편제도

내용증명우편은 누가, 언제, 누구에게 어떤 내용의 문서를 발송했다는 사실을 우체국이 공적으로 증명하는 제도로 서면내용의 정확한 전달은 물론 보낸 사실에 대한 증거자료로 활용된다. 어떤 내용을 서면으로 알려야 할 경우 분실되거나 수신자가 받은 사실을 부인하거나 수취거절하는 등의 문제가 발생하여 입증이 불가능하게 되는 것을 예방하기 위한 것이다.

내용증명서는 3부를 작성하여 1통은 수신자에게 발송하고 발신인과 우체국이 각각 1통씩 보관한다(우체국은 3년간 보관). 신용카드 결제, 통신회사 대금 청구, 중간결제대행업체 결제 등의 경우에는 신용카드사, 통신회사, 결제대행업체에도 발송한다. 일반적으로 도달된 때부터 효력이 발생하나(도달주의) 청약철회의 경우에는 발송한 날부터 효력이 발생한다(발신주의).

내용증명우편제도 이용 사례

- 전화권유판매, 방문판매, 인터넷 쇼핑몰, TV홈쇼핑, 통신판매, 할부거래 등으로 물품이나 서비스상품을 구입한 후, 청약철회기간 이내에 청약철회를 요구할 때
- 일정기간 동안 구독 또는 이용계약을 하고 그 기간 중에 구독 또는 이용을 중단하거나 계약을 해지하고자 할 때
- 할부로 물품 등을 구입한 후, 매도인의 채무 또는 하자담보책임 불이행으로 매도인과 신용제공자에게 항변권을 행사하고자 할 때

도지사 등이 사업자에게 당해 제품의 리콜을 권고하는 것이며, 리콜 명령은 중앙 행정기관의 장 또는 시·도지사가 해당 사업자에게 리콜을 실시하도록 명령하는 것이다.

리콜제도는 소비자 입장에서 보면 결함제품으로 인한 소비자문제를 예방할 수 있으며, 기업 입장에서 보면 안전사고를 미연에 방지함으로써 소비자문제로 인한 손해배상 부담을 줄일 수 있고 자사 제품에 대해 끝까지 책임진다는 인식을 소비자에게 줄 수 있으므로 기업 이미지를 제고시킬 수 있다. 정부 각 부처에서는 누리집(홈페이지)에서 소관 법률에 따른 품목별 리콜 정보를 제공하고 있다(생각해보기 8-10 참조). 주요 품목의 리콜실적은 〈표 8-1〉과 같다.

표 8-1 주요 품목의 리콜 실적

(단위: 건수, %)

품목	리콜 유형	2014년	2015년	증감(전년비)
공산품 (전기용품 포함)	자진 리콜	52	92	40(77)
	리콜 권고	256	140	△116(△77)
	리콜 명령	170	422	252(148.2)
	소계	478	654	176(36.8)
식품	자진 리콜	59	152	93(157.6)
	리콜 권고	6	8	2(33.3)
	리콜 명령	210	215	5(2.4)
	소계	275	375	100(36.4)
의약품 (한약재· 한약제제 포함)	자진 리콜	22	24	2(9.1)
	리콜 권고	4	–	△4(△100)
	리콜 명령	711	188	△523(△73.6)
	소계	737	212	△525(△71.2)
자동차	자진 리콜	177	187	10(5.6)
	리콜 권고	11	12	1(9.1)
	리콜 명령	–	4	4(–)
	소계	188	203	15(8)

자료: 공정거래위원회 보도자료(2016.8.16.). 2015년 리콜 총 1,589건, 공산품·식품 리콜 증가

생각해보기 8-10

품목별 리콜 정보 확인

- 통합: 공정거래위원회·한국소비자원 스마트컨슈머(https://www.smartconsumer.go.kr)
- 식품: 식품의약품안전처(https://www.mfds.go.kr), 식품의약품안전처 식품안전정보포털 식품안전나라(https://www.foodsafetykorea.go.kr)
- 의약품: 식품의약품안전처(https://www.mfds.go.kr)
- 공산품: 기술표준원 제품안전정보센터(https://www.safetykorea.kr)
- 자동차: 교통안전공단의 자동차리콜센터(https://www.car.go.kr)

4.4 제조물책임법

제품을 사용하는 과정에서 소비자문제가 발생할 경우, 현행의 민사책임 법리로는 고의 또는 과실이 있어야 손해배상책임을 지는 과실책임원칙에 의해 소비자가 제조자의 고의 · 과실을 입증해야 하기 때문에 충분한 정보와 지식이 없는 소비자가 현실적으로 소비자피해를 구제받기가 매우 어렵다. 제조물의 결함으로 발생한 손해로부터 피해자를 보호하기 위하여 「제조물책임법(PL, product liability)」은 사업자에게 결함책임을 지우는 법률로, 제조물의 결함으로 발생한 생명 · 신체의 손상 또는 재산상의 손해에 대하여 물품을 제조 · 가공 · 수입한 자에게 무과실책임의 손해배상의무를 지우고 있다. 제조업자를 알 수 없는 경우에는 공급업자가 손해배상책임을 진다. 소비자는 통상적 사용에서 발생한 손해임을 입증하면 된다.

「제조물책임법」은 2000년 1월 21일에 제정되어 2002년 7월 1일부터 시행되었다. 제조물책임에서 결함이란 그 제조물이 제조, 설계, 또는 표시 등을 포함하여 통상적으로 기대할 수 있는 안전성을 결여한 것을 의미하고 있으며, 제조물이란 다른 동산이나 부동산의 일부를 구성하는 경우를 포함한 제조 또는 가공된 동산을 가리킨다.

제조업자가 그 제조물을 공급하지 아니하였거나 공급한 때의 과학기술 수준으로는 결함 존재를 알 수 없었던 경우, 제조물의 결함이 제조업자가 당해 제조물을 공급할 당시의 법령이 정하는 기준을 준수함으로써 발생한 경우 등은 그 사실을 입증한 때에는 손해배상책임을 면할 수 있다. 제조물책임법에 의한 제조업자의 배상책임을 배제하거나 제한하는 특약은 무효이며, 손해배상청구권의 소멸시효(책임기간)는 손해 및 제조업자를 안 때부터는 3년이며 공급한 날부터는 10년이다.

「제조물책임법」은 가습기 살균제 사건을 계기로 소비자의 권익을 보호하기 위해 제조업자에게 징벌적 손해배상책임을 부과하도록 개정되었다(2017.4.18.). 제조업자는 제조물의 결함을 알면서도 필요한 조치를 취하지 않은 결과로 생명 또는 신체에 중대한 손해를 입은 자가 있는 경우에는 발생한 손해의 3배를 넘지 않은 범위에서 배상책임을 져야 한다. 피해자가 제조물을 정상적으로 사용하는 상태에서 손해가 발생하였다는 사실 등을 증명하면 제조물을 공급할 당시에 해당 제조물에 결함이 있었고 그 결함으로 인해 손해가 발생한 것으로 추정한다는 내용도 적시하였다.

생각해보기 8-11

가습기 살균제 사건

1994년부터 2011년까지 10년 동안 판매된 가습기 분무액에 포함된 가습기 살균제 영향으로 기도 손상, 기침, 호흡 곤란 등의 폐손상 질환에 걸리거나 그로 인해 임산부, 영유아, 노인 등이 사망한 사건이다. 2011년부터 가습기 살균제 사용자들의 발병 및 사망 사실이 알려지기 시작했다. 의료기관의 신고로 역학조사를 실시한 결과, 보건복지부와 질병관리본부는 폐손상 원인이 가습기 살균제로 추정된다는 중간조사 결과를 발표하고 살균제 판매 중단 및 수거 명령을 내렸다. 이어 2012년에 인체독성을 최종 확인했다. 질병관리본부는 1차 조사에서 168명을 가습기 살균제로 인한 피해자로 인정했다. 이후 2015년 4월 23일 환경부가 2차 조사결과를 발표하면서 사건이 재조명되었다. 2차 조사는 1차 조사 때 신청하지 못한 폐질환자들을 대상으로 했으며, 53명을 추가 피해자로 확정했다. 그 결과 정부가 인정한 피해자 수는 총 221명이 되었으며 그중 사망자는 92명이다. 2014~2015년 정부가 세 차례 진행한 피해조사 신청접수 건수와 2016년 4월 25일 이후 가습기 살균제 민간신고센터에서 접수한 피해사례를 합하면 가습기 살균제 피해자는 2016년 5월 기준 사망 266명을 포함 1,848명이 넘는다. 정부와 민간센터에 접수되지 않은 피해사례는 훨씬 더 많을 것으로 추정된다.

4.5 집단분쟁조정제도(일괄적 분쟁조정제도)

집단분쟁조정제도는 물품 등으로 인한 소비자피해가 같거나 비슷한 유형으로 발생한 소비자가 50명 이상이거나 사건의 중요한 쟁점이 사실상 또는 법률상 공통된 사건일 경우에 국가·지방자치단체·한국소비자원·소비자단체의 분쟁해결 내지 합의권고 절차를 거치지 않고 바로 소비자분쟁조정위원회의 분쟁조정을 통하여 일괄적으로 소비자분쟁을 해결하는 제도이다.

집단분쟁조정을 신청할 수 있는 자는 국가·지방자치단체, 한국소비자원, 소비자단체, 소비자, 사업자 등이다(소비자기본법 제68조). 집단분쟁조정은 한국소비자원을 직접 방문하여 신청할 수도 있고 신청서를 작성한 후 증빙서류를 첨부하여 우편으로 신청할 수도 있다. 신청서는 한국소비자원 누리집(http://www.kca.go.kr)에서 다운로드 받을 수 있다. 집단분쟁조정 신청에서 제외되는 경우는 자율적 분쟁조정, 한국소비자원장의 권고, 그 밖의 합의가 이루어진 경우, 분쟁조정기구에서 조정이 진행 중인

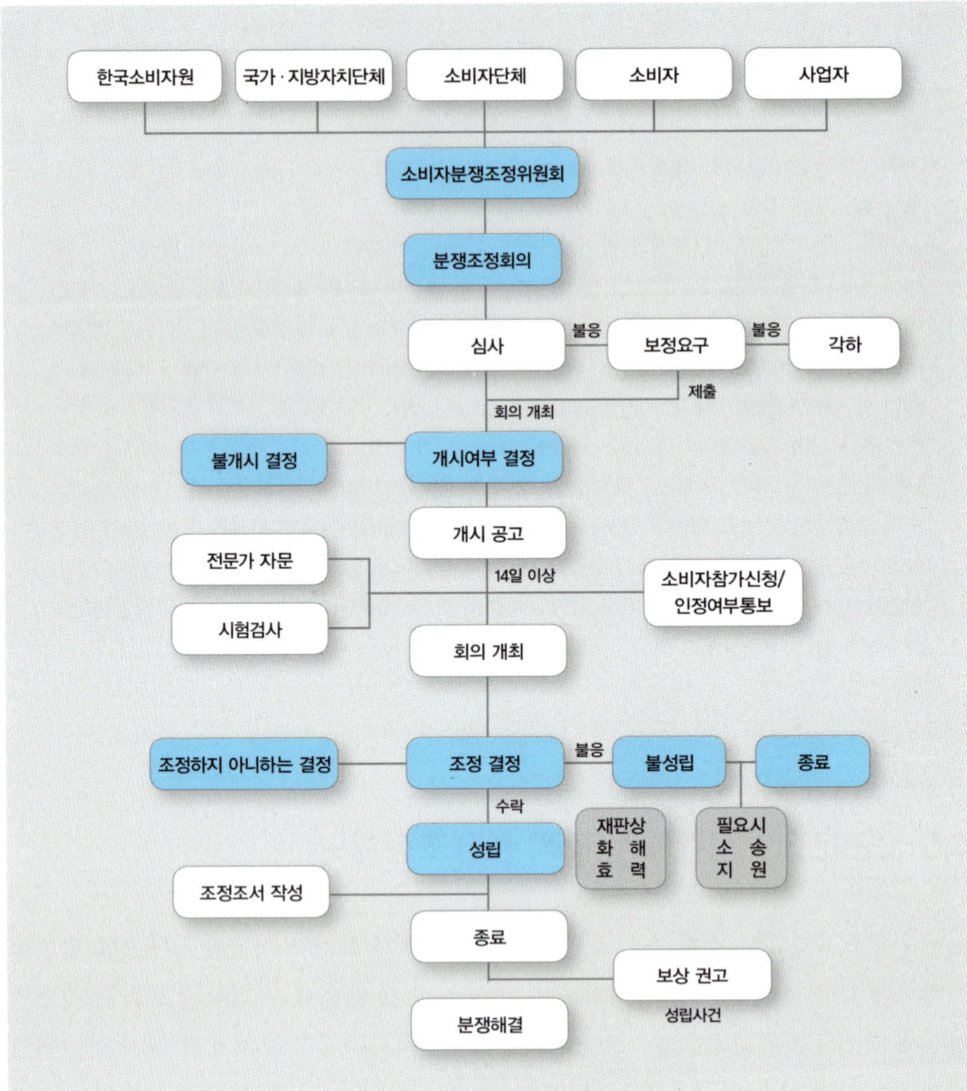

그림 8-6 집단분쟁조정 절차

자료: 한국소비자원(http://www.kca.go.kr)

경우, 법원 소송이 진행 중인 경우 등이다. 집단분쟁조정 절차는 〈그림 8-6〉과 같다.

소비자분쟁조정위원회는 집단분쟁조정을 의뢰 · 신청받으면, 14일 이상의 기간을 정하여 집단분쟁조정 절차의 개시를 공고하여야 한다. 공고 기간 동안 동일한 피해를 입은 소비자를 추가로 신청받을 수 있다. 공고는 한국소비자원 누리집 및 전국을 보급지역으로 하는 일간신문에 게재한다. 분쟁조정은 집단분쟁조정 절차의 개시 공고가 종료된 날의 다음날부터 기산하여 30일 이내에 완료해야 하며, 그 의결과 효력은 일반분쟁조정과 동일하다. 부득이한 사유로 해당 기간 내에 분쟁조정을 마칠 수 없는 경우에는 2회에 한하여 각각 30일의 범위에서 그 기간을 연장할 수 있으며, 이 경우 그 사유와 기한을 당사자 및 그 대리인에게 통지하여야 한다.

4.6 소비자단체소송제도

소비자단체소송제도는 사업자가 국가가 정한 기준에 위반되는 물품 등을 제조·수입·판매하거나 국가가 정한 표시기준·광고기준·개인정보 보호기준 등 소비자의 권익증진 관련 기준을 위반하여 소비자의 생명·신체 또는 재산에 대한 권익을 직접적으로 침해하고 그 침해가 계속되는 경우에 법원에 소비자권익침해행위의 금지·중지를 구하는 소송을 제기할 수 있는 제도이다.

다수의 소비자가 손해를 입거나 입을 가능성이 높은 경우에 소비자문제를 예방하기 위하여 소비자가 소송을 제기하는 것은 불가능하므로 소비자문제 예방에 대처하기 위하여 일정한 자격을 갖춘 단체에게 당사자적격을 부여하여 사업자의 위법행위나 부당행위에 대하여 금지청구소송을 제기할 수 있는 권한을 인정하고 있다. 소비자단체소송을 제기할 수 있는 단체는 소비자단체, 한국소비자원, 경제단체, 비영리민간단체이다. 소비자단체소송의 원고는 변호사를 소송대리인으로 선임하여야 한다.

소비자단체 등은 소비자의 권익증진 관련 기준 규정을 위반하여 소비자의 생명·신체 또는 재산에 대한 권익을 직접적으로 침해하고 그 침해가 계속되는 경우 법원에 소비자권익침해행위의 금지·중지를 구하는 소송을 법원에 제기할 수 있다. 그러나 소비자피해를 구제하기 위한 손해배상을 청구할 수는 없다.

4.7 소액사건심판제도

소액사건심판제도는 대여금·물품대금·손해배상청구 등 3,000만 원을 초과하지 아니하는 금전, 기타 대체물이나 유가증권의 일정한 수량 지급을 목적으로 하는 개인 간

생각해보기 8-12

소비자분쟁 관련 소액사건 대상

- 명백한 공산품 하자에 대한 수리를 사업자가 거절하여 수리비를 요구하는 경우
- 전화 권유 판매로 정기간행물의 구독계약 후 중도해지하였으나 구독료 환불을 거절하는 경우
- 패키지 여행 중 일정을 이행하지 않아 손해배상을 요구하는 경우
- 1년 과정 학원수강 중 잔여 개월 수강료 환불을 요구하는 경우
- 보험회사에 보험금 지급을 요구하는 경우
- 전자상거래 또는 방문판매로 물품을 구입한 후 철회하였으나 대금을 반환하지 않아 대금반환을 요구하는 경우
- 의사의 과실로 발생한 환자의 손해에 대하여 배상을 요구하는 경우 등

자료: 한국소비자원(http://www.kca.go.kr)

의 소액 민사분쟁이나 전세분쟁을 신속하게 해결하기 위해 마련된 재판제도이다. 2016년 11월 19일「소액사건심판규칙」개정에서 물가와 국민소득 수준의 상승을 고려하여 소송목적의 값을 2,000만 원에서 3,000만 원으로 확대하였다. 금액과 관계없이 전세분쟁 당사자에게도 준용됨으로써 임대차 분쟁도 빠르게 해결할 수 있게 되었다. 민사소송은 소송절차가 복잡하고, 비용도 많이 들며, 시일도 오래 걸리기 때문에 금액이 적은 경우 재판을 포기하는 경우가 많다. 이런 소액채권자들을 구제하기 위하여 신속하고 간편하게 적은 비용으로 재판을 받을 수 있도록 한 것이다.

소액사건심판제도는 간편한 소송절차, 신속한 재판, 저렴한 비용, 소송대리 특칙의 특징을 가지고 있다. 법원의 허가 없이도 배우자, 직계혈족, 형제자매가 소송대리인으로 재판에 참여할 수 있으며, 소송비용은 청구금액의 5/1,000에 해당하는 인지대와 송달료만 지불하면 되고 소송기간은 2~3개월 정도 소요된다. 소송을 제기하는 사람은 관할법원의 민사과에 비치된 소장서식용지에 해당사항을 기입하거나 임의로 서류를 작성하여 제출하면 되고, 법원사무관에게 구술하거나 원고와 피고 쌍방이 법원에 출석하여 진술하는 방법으로도 소송제기가 가능하다

소장이 접수되면 즉시 변론기일을 지정하여 알려주고, 재판도 단 1회로 끝내는 것을 원칙으로 한다. 당사자는 증거자료를 변론기일(첫 재판일)에 제출해야 한다. 재판에 불출석하면 불리한 결과를 가져오게 된다. 원고가 2회 이상 출석하지 않으면 재판

을 취하한 것으로 보고, 피고가 특별한 답변서 없이 1회라도 출석하지 않으면 원고의 청구내용을 인정하는 것으로 처리한다. 재판장이 당사자 간에 조정을 붙이거나 결정으로 재판을 끝내며 당사자가 결정 고지를 받은 날로부터 1주일 이내에 이의신청을 하지 않으면 결정 내용을 강제 집행할 수 있다.

4.8 기타 소비자문제 해결 관련 제도

1) 소비자소송지원제도

소비자소송지원제도는 소비자분쟁조정위원회의 조정 결정 내용을 당사자들이 수락하지 않으면 강제력이 없는 분쟁조정제도의 약점을 보완할 수 있는 제도로, 소비자분쟁조정위원회의 조정 결정이 거부되었을 때 소비자소송을 지원하는 법률구조제도의 일종이다.

한국소비자원은 사업자가 소비자분쟁조정위원회의 조정결정을 수락하지 않는 사건 중에서 다수 소비자가 피해를 입었거나 소비자권익 침해가 크거나 취약계층으로 보호가 필요한 경우 등 사회・경제적 영향력이 큰 사건이나 동일한 유형의 피해가 반복되는 사건 등을 대상으로 소비자소송지원을 통해 실질적인 소비자피해 구제 및 권익이 실현될 수 있도록 하고 있다. 현재 30명의 변호사가 소비자소송지원변호인단에 소속되어 소송대리를 수행하고 있다. 소송지원변호인단에 의한 소송대리의 경우, 한국소비자원이 소송 진행 변호사에게 소송지원금을 지급하고, 소비자는 인지대와 송달료 등 실비와 승소 시에 한해 일정비율의 성공보수를 부담하면 되므로 큰 경제적 부담 없이 소송을 통해 소비자권익을 실현할 수 있다.

2) 지급명령제도

지급명령제도는 금전 그 밖에 기타의 대체물(代替物) 또는 유가증권의 일정한 수량의 지급을 목적으로 하는 청구에 대하여 법원이 채권자의 신청에 따라 채무자를 심문하지 않고 채무자에게 그 지급을 명령할 수 있는 제도(민사소송법 제462～474조)로 독촉절차라고도 한다. 즉, 채무자에게 확인하는 절차 없이 채권자의 신청에 따라 채무를 갚으라는 명령을 내리는 제도이다. 채무자가 지급명령을 송달받은 날부터 2주 이내에 이의신청을 하면 지급명령은 효력을 잃는다. 지급명령에 대하여 이의신청이 없거나 각하결정이 확정된 때에는 지급명령은 확정판결과 같은 효력을 가지게 되므로 채권자는 강제집행을 신청하여 자신의 채권을 변제받을 수 있다. 지급명령을 신청한 때에는 소를 제기한 것으로 보기 때문이다.

법정에 양자(원고와 피고)가 출석해야 하는 통상의 소송절차와 달리 지급명령은 지급명령을 신청한 채권자가 제출한 신청서류만 가지고 간편하게 심사하기 때문에 법원에 출석하지 않아도 되며, 통상적으로 1개월에서 2개월 정도로 신속하게 진행되는 장점이 있다. 또한, 각종 증빙서류 없이 신청서 작성만으로 간단하게 신청할 수 있으며, 일반소송의 10% 수준의 비용으로 진행할 수 있다.

3) 의약품 부작용 피해구제제도

의약품 부작용 피해구제제도는 의약품 부작용으로 발생하는 피해를 구제하기 위해 「약사법」 제86조를 근거로 도입된 제도이다. 정상적인 의약품 사용에도 불구하고 의약품 부작용으로 사망하거나 장애가 발생하거나 질병에 걸리는 피해를 입은 유족 및 환자에게 피해유형에 따라 사망일시보상금, 장애일시보상금, 진료비 및 장례비 등을 지급하는 제도이다. 의약품은 정상적으로 사용하더라도 부작용이 발생할 수 있다. 의약품에 본질적으로 내재하는 이러한 부작용의 위험을 사회적으로 인정하고 아주 낮은 확률로 누구에게나 발생할지 모르는 심각한 피해에 대하여 사회적 갈등을 줄이고 피해자, 의료인, 제약사 모두에게 경제적 · 심리적 손실을 최소화하기 위해 도입되었다.

신청대상은 2014년 12월 19일 이후부터 발생한 의약품 부작용으로 인하여 질병에 걸리거나 장애가 발생한 사람 및 사망한 사람의 유족이다. 신청기간은 진료비는 해당

표 8-2 의약품 부작용 피해구제 접수 및 처리현황(2014.12.19.~2016.12.31.)

구분		계	사망일시보상금	장애일시보상금	장례비
접수		85	44	5	36
심의위원회 상정		67	36	3	28
심의 결과	지급	48	23	2	23
	미지급	19	13	1	5

자료: 식품의약품안전처 한국의약품안전관리원 의약품부작용피해구제팀(2017.2.). 의약품부작용피해구제 '16년 하반기 현황공개. 1

진료가 있은 날부터 5년 이내이며. 사망일시보상금, 장애일시보상금, 장례비 등은 장애가 발생하거나 사망한 날부터 5년 이내이다. 의약품 부작용 신고 및 상담전화는 1644-6233번이다. 한국의약품안전관리원 의약품부작용신고센터를 방문하거나 누리집(http://karp.drugsafe.or.kr)에서 온라인으로도 상담을 받을 수 있다. 의약품 부작용 피해구제 접수 및 처리 현황은 〈표 8-2〉와 같다.

생각해보기 8-13

의약품 부작용 피해 보상이 제외되는 범위

- 전문 · 일반의약품이 아닌 경우
- 암 · 특수질병에 사용되는 의약품인 경우(급여 지급 제외 대상 의약품 지정 고시)
- 국가예방접종으로 인한 경우
- 피해자의 고의 또는 중과실로 인한 경우
- 의료사고인 경우
- 동일 사유로 민법이나 그 밖의 법령에 따라 구제급여를 이미 받은 경우
- 임상시험용 의약품인 경우
- 약국 또는 의료기관 조제실 제제인 경우
- 자가치료용 의약품인 경우

자료: 한국의약품안전관리원 의약품부작용 피해구제(http://karp.drugsafe.or.kr)

생각해보기 8-14

한국의약품안전관리원

한국의약품안전관리원은 의약품 부작용 및 품목허가 · 신고정보 등 의약품의 안전과 관련된 각종 정보의 수집 · 관리 · 분석 · 평가 및 제공 업무를 효율적이고 체계적으로 수행하기 위하여 설립된 공공기관으로, 약사법(제68조의 3)에 따라 2012년 1월 6일에 설립되었다. 주요 사업은 ① 약화사고 등 의약품 부작용 인과관계 조사 · 규명, ② 의약품안전정보의 수집 및 관리를 위한 의약품안전정보관리시스템 구축, ③ 의약품안전정보의 수집 · 분석 · 평가 · 관리 및 제공, ④ 의약품안전정보의 개발 · 활용을 위한 조사연구 및 교육 · 홍보, ⑤ 의약품부작용 피해구제, ⑥ 마약류통합정보관리 등이다.

자료: 한국의약품안전관리원(http://www.drugsafe.or.kr)

요약

소비자문제는 기업과 소비자 간의 상품과 서비스의 거래관계에서 소비자가 경제적·신체적·정신적·시간적 불이익 내지는 피해를 입게 되는 것이다. 현대사회의 소비자문제는 대량생산, 대량판매, 대량유통의 경제구조로 발생하는 구조적 소비자문제로 보편적으로 발생하고, 광범위하게 파급되며, 피해원인을 규명하기 곤란하고, 심각한 피해가 발생하며, 소비자와 생산자의 불평등한 지위하에서 발생하고, 기업이 소비자 이익이나 안전성보다는 기업의 이익이나 경제적 효율성을 우선함으로써 발생한다는 특성을 가지고 있다.

소비자피해의 유형은 내용상 피해와 거래상 피해 및 안전 관련 피해와 경제적 피해로 나눌 수 있으며 소비자문제를 해결하는 방법으로는 소비자와 사업자가 상호교섭을 통해 해결하는 방법과 1372 소비자상담센터, 소비자단체, 행정기관, 한국소비자원, 소비자분쟁조저위원회, 법원 등 제3자의 조정을 통해 해결하는 방법이 있다.

소비자피문제와 관련된 법과 제도로는 소비자분쟁해결기준, 청약철회권, 리콜제도, 제조물책임법, 집단분쟁조정제도, 소비자단체소송제도, 소액사건심판제도, 소비자소송제원제도, 지급명령제도, 의약품 부작용 피해구제제도 등이 있다.

활동과제

1. 집단분쟁조정제도를 통해 해결된 소비자피해 사례를 조사하고 토론해보자.

2. 소비자의 안전할 권리를 침해한 심각한 소비자피해 사례를 조사하여 그 원인과 해결 결과를 분석하고 바람직한 예방방법을 제시해보자.

3. 1372 소비자상담센터 누리집을 방문하여 품목별, 신청이유별, 처리결과별, 악덕상술유형별, 판매유형별, 사업자업종별 통계자료를 조사하고 그 경향을 분석해보자.

참 고 문 헌

CHAPTER 1

국민일보(2017.5.26.). 소비자정책 컨트롤타워 설치를

기획재정부 정책브리핑(2016.10.28.). 페이크슈머 이야기

김기옥 · 정순희 · 허경옥 · 김혜선(2012). 시장경제와 소비자. 경기도: 교문사

김기옥 · 김난도 · 이승신 · 황혜선(2015). 초연결사회의 소비자정보론. 서울: 시그마프레스

김민주 · 이형탁(2007). 프로슈머를 활용한 기업전략. emars.co.kr

김용준 · 옥경영(2004). 디지털아줌마. 광고학연구. 15(5). 423－438

문정숙(2007). 시장과 소비자문제. 경기도: 형설출판사

백혜란 · 이기춘(2009). 프로슈머의 개념화와 성향 측정 도구 개발. 소비자학 연구. 20(3). 035－161

소비자가 만드는 신문(2017.5.10.). 문재인 당선. 소비자들 기대 만발 기업들 초긴장

시빅뉴스(2017.5.29.). 소비자 주권이 만든 트라이슈머 뜬다... "광고도 못믿겠다"

오승건(2008). 정말 그런거야?. 서울: 비즈니스맵

정재영(2010). 미래의 소비자는 선택권을 원한다. Weekly포커스. LGBusinessInsight

정준(1997). 소비사회의 실상과 바람직한 소비문화의 모색. 서울: 한국소비자원

지디넷코리아(2017.5.3.). '디지털 소비자 주권 강화 위원회' 발족

채정숙 · 김정숙 · 김인숙 · 유두련 · 김정희 · 박명숙(2013). 생활경제와 소비자트렌드 개정판. 서울: 신정

천경희 · 홍연금 · 윤명애 · 송인숙(2010). 착한소비 윤리적소비. 서울: 시그마프레스

환경법률신문(2017.4.5.). 신기후 체제의 새로운 비즈니스. 에너지프로슈머

공정거래위원회 www.ftc.go.kr

한국소비자원 http://www.kca.go.kr

한국전기안전공사 http://www.kesco.co.kr

CHAPTER 2

권용현(2016). 4차 산업혁명을 이끌 지능정보사회. 미래창조과학부 지능정보사회추진단

김기옥 · 김난도 · 이승신 · 황혜선(2015). 초연결사회의 소비자정보론. 서울: 시그마프레스

김기옥 · 정순희 · 허경옥(2012). 시장경제와 소비자. 경기도: 교문사

김난도 · 전미영 · 이향은 · 이준영 · 김서영 · 최지혜(2015). 트렌드코리아 2016. 서울: 미래의 창

김난도 · 전미영 · 이향은 · 이준영 · 김서영 · 최지혜(2016). 트렌드코리아 2017. 서울: 미래의 창

김영신 · 서정희 · 송인숙 · 이은희 · 제미경(2012). 소비자와 시장환경(제4판). 서울: 시그마프레스

대경 CEO BRIEFING(2017). 빅데이터로 과학적 시정 펼치자. 대경연구원

대한상공회의소(2013). 1인 가구 증가가 소비시장에 미치는 영향 조사

대한상공회의소(2016), 1인 가구의 소비행동, www.korcham.net

매일경제(2016.11.18.), 페이스북+인스타그램···이런 결합은 '득보다 실'

벤 웨이버, 배충효 역(2015), 구글은 빅데이터를 어떻게 활용했는가, 서울: 북카라반

서정희(2005), 소비트렌드 예측의 이론과 방법, 서울: 내하출판사

송인숙(2005), 소비윤리의 내용과 차원정립을 위한 연구, 소비문화연구, 12(3), 21-45.

신한트렌드연구소(2017.2.28.), 나 홀로 소비, 누가 하는 걸까요?

연합뉴스(2016.7.12.), '나홀로 소비 대중화'

유창조(2016), 사회공헌 활동의 새로운 방향: 의무에서 선택으로 그리고 성장 동력으로, 매일경제

임언영(2017), 행복지수 1위 덴마크식 '휘게 라이프', 여성조선

허정연(2016), [소비 주체로 떠오르는 1인 가구] 세 집 건너 한 집 '솔로' '나' 위한 지출엔 화끈, 이코노미스트

장윤종(2016), 4차 산업혁명과 한국산업의 과제, KIET 산업경제

정완진·김양하·이석근·민승기(2008), 1인 미디어의 힘, 서울 : 매일경제신문사

주간조선(2016.7.11.), 스페셜 리포트 2016 신가족보고서

중앙시사매거진(2016.10.3.), 소비주체로 떠오르는 1인 가구

채정숙·김정숙·김인숙·유두련·김정희·박명숙(2013), 생활경제와 소비자트렌드 개정판, 서울: 신정

천경희·홍연금·윤명애·송인숙(2014), 윤리적 소비의 이해와 실천, 서울: 시그마프레스

최계영(2016), 4차 산업혁명 시대의 변화상과 정책 시사점, KISDI

클라우스 슈밥, 송경진 역(2016), (클라우스 슈밥의) 제4차 산업혁명, 서울 : 새로운 현재

통계청(2015), 우리나라 1인 가구 비율, www.kosis.kr

통계청(2015), 장래가구추계, www.kosis.kr

한국일보(2017.4.28.), 성인남녀 75% "4차 산업혁명이 일자리 빼앗아 갈 것"

한정민·이용호(2013), 1인 가구 증가가 소비지출에 미치는 영향 분석, 산업경제분석, 산업연구원

함유근(2015), 이것이 빅데이터 기업이다, 서울 : 삼성경제연구소

허경옥·이은희·김시월·김경자·차경욱(2006), 소비자트렌드와 시장, 경기도: 교문사

홍연금(2009), 우리나라 윤리적 소비자의 사례에 관한 연구, 가톨릭대학교 박사학위 논문

윤정록(2016), 4차 산업혁명, 소프트파워, KBS 1TV 명견만리(2016.2.26.)

공정거래위원회 www.ftc.go.kr

General Electric https://www.geindustrial.com

CHAPTER 3

고득성(2009), 마법의 돈 관리, 경기도: 국일증권경제연구소

고경호(2009). 4개의 통장. 서울: 다산북스
김재경 · 이세후(2008). (부부와 함께 만들어가는) 가정재무설계. 서울: 이너북
김재성CFP(2014). 재무설계 2.0 사람이 돈보다 아름답다. 서울: 도서출판 티움
데일리한국(2015.04.14.). 은퇴 후 생활비 월 380만 원 필요하다
박광수 · 양재영 · 주소현(2016). 개인재무설계-개정판 3. 서울: 경문사
삼성생명 FP센터(2015). 인생의 행복을 그리는 재무설계. 삼성생명 재무설계총서 01. 서울: 주식회사 새로운 제안
송지영 · 구자삼(2015). 100세 시대의 재무설계와 자산관리. 서울: 삼영사
아시아투데이(2014.7.21.). 한국 2036년 생산인구 2명이 노인 1명 부양
이기춘 · 박명희 · 윤정혜 · 손상희 · 성영애(2009). 개인과 가계의 소비자재무설계-이론과 전략 제2판. 서울: 학현사
이수연 · 이동헌 · 조정완(2015). 65세 이상 노인진료비 지출 중장기 추계연구. 국민건강보험. 연구보고서 2015-1-0004
이희숙(2011). 신용관리와 소비생활. 경기도: 교문사
제프리 H. 래티너 지음. 김선호 · 이형종 · 김사헌 역(2005). 개인재무설계 컨설팅 I. 경기도: 서울출판미디어
주소현(2009). 재무설계를 위한 행동재무학. 서울: 한국FP협회
최현자 · 이희숙 · 양세정 · 성영애(2003). 재무비율을 이용한 가계재무상태 평가지표개발에 관한 연구. 소비자학연구. 14(1). 99-121
KB국민은행(2003). 스무살 이제 돈과 친해질 나이. 미래의창
통계청(2015). 인구동향조사. 시도/이혼사유별 이혼. www.kosis.kr
통계청(2015). 간이생명표. www.kosis.kr
통계청(2017). 주요 인구지표. www.kosis.kr
하창룡(2016). (재테크보다 중요한) 월급쟁이 재무설계. 서울: 작은서재
홍은주(2011). 생애재무설계. 지금 당장 시작하라. 서울: 삼성경제연구소
한국경제신문(2017.6.11.). 고령화가 재앙? 우리 하기에 달렸다

CHAPTER 4

강병호 · 김석동(2010). 금융시장론. 제10판. 서울: 박영사
금융감독원(2011). 금융소비자보호백서. www.fss.or.kr
김병연(2009). 금융소비자보호제도의 주요이슈와 개선방안. 정책조사보고서 2009-04. 한국금융연구원
박광수 · 양재영 · 주소현(2016). 개인재무설계 개정판 3. 서울: 경문사
방영민(2010). 금융의 이해 -금융시장 · 금융기관 · 금융상품 · 금융정책-. 경기도: 법문사
송지영 · 구자삼(2015). 100세 시대의 재무설계와 자산관리. 서울: 삼영사
이기춘 · 박명희 · 윤정혜 · 손상희 · 성영애(2009). 개인과 가계의 소비자재무설계-이론과 전략. 제2판. 서울: 학현사

채정숙 · 김정숙 · 김인숙 · 유두련 · 김정희 · 박명숙(2013). 생활경제와 소비자트렌드(개정판). 서울: 신정
한국은행(2012). 한국의 금융시장. 한국은행 통화정책국

CHAPTER 5

금융감독원 보도자료(2013.4.26.). 제2금융권 연대보증 폐지
신용회복위원회(2016). 성공적인 신용상담 제4과목 다양한 채무자구제제도
이희숙(2011). 신용관리와 소비생활. 경기도: 교문사
금융감독원 http://www.fss.or.kr
대한민국법원 전자민원센터 http://help.scourt.go.kr
서울신용평가(주) http://www.scri.co.kr
신용회복위원회 https://www.ccrs.or.kr
올크레딧(AllCredit) http://www.allcredit.co.kr
전국은행연합회 http://www.kfb.or.kr
코리아크레딧뷰로(주) http://www.koreacb.com
크레딧포유 http://www.credit4u.or.kr
한국기업평가(주) http://www.korearatings.com
한국자산관리공사 http://www.kamco.or.kr
KISLINE https://www.kisline.com
NICE신용정보 http://creditlaw.alltheway.kr
NICE지키미 https://www.credit.co.kr
NICE평가정보 http://www.niceinfo.co.kr
SCI평가정보 http://www.sci.co.kr

CHAPTER 6

김영신 · 서정희 · 송인숙 · 이은희 · 제미경(2004). 새로 쓰는 소비자와 시장 환경. 서울: 시그마프레스
김외숙 · 이기영(2007). 가정생활과 관리. 서울: 한국방송통신대학교 출판부
로버트 B · 셰틀파멜라 L · 알렉(2003). 소비의 심리학. 서울: 세종서적
류가연 · 손영석(2013). "선택대안의 수가 선택연기에 미치는 영향: 모바일 영화예매 시 선택전략 유형과 조절모드의 조절효과를 중심으로". J. of Korean Marketing Association Vol. 28(December) 69−92
박동배(2007). 소비자 시장의 2010 메가트랜드. 서울: 한국경제신문

박명희(2002). 소비자 의사결정론. 경기도: 학현사

박명희 · 송인숙 · 박명숙(2005). 토론으로 배우는 소비자 의사결정론. 경기도

박명희 · 송인숙 · 손상희 · 이성림 · 박미혜 · 정주원(2006). 생각하는 소비문화. 경기도: 교문사

박종필 · 최영은(2016). "소셜네트워크서비스에서의 신뢰형성 메커니즘을 활용한 블랙컨슈머 식별전략 제안". 소비자문제연구 제47권 제1호. 27-43

송인숙(1999). 자발적으로 간소화하는 생활방식에 관한 연구. 서울: 대한가정학회지. 37(11). 85-95

성영신 · 이진용 · 유창조 · 박은아 · 신은희 · 백인기(2013). "소비활동이 행복에 기여할 수 있을까? -소비유형별 소비활동. 소비행복. 삶의 행복의 관계에 관한 연구". 마케팅 연구 December. 185-217

안서원(2000). 의사결정의 심리학. 서울: 시그마프레스

안서원(2014). 사이먼&카너먼 심리학. 경제를 말하다. 경기도: 김영사

안서원. 안광호(2015). 행동적 의사결정론. 경기도: 법문사

이랑주(2016). 좋아보이는 것들의 비밀. 서울: 인플루엔셜

이학식 · 안광호 · 하영원(2001). 소비자 행동 제2판. 경기도: 법문사

채정숙 · 유두련 · 김정희(2004). 정보사회의 소비자와 시장. 서울: 신정

최경숙 · 박명숙(2016). 협력적 소비에 대한 대학생 소비자교육의 효과 분석: 지식-태도-의도. 참여동기. 소비가치를 중심으로. 소비문화연구 19권 3호. 175-196

하영원(2000). "소비자 의사 결정 -정보처리적 접근을 중심으로". 소비자학 연구 11(2). 1-38

한상만(2015). "시장 환경 변화에 다른 마케팅 전략 연구의 변화 : 2004-2014년 국내 학술지를 중심으로". J. of Korean Marketing Association Vol. 30(February) 31-52

홍성태(1999). 소비자 심리의 이해. 경기도: 나남출판

Ahuvia. Aaron C. (2002). "Individualism/Collectivism and Cultures of Happiness : A Theoretical Conjecture on the Relationship Between Consumption. Culture and Subjective Well-being at the National Level". J. of Happiness Studies. 3(1). 23-36

Andreasen. A. R.(1977). "A Taxonomy of Consumer Satisfaction / Dissatisfaction Measures". Conceptualization and Measurement of Consumer Satisfaction and Dissatisfaction. P.14

Assael. Henry(1992). Consumer Behavior and Marketing Action. 4th ed. Pws-kent. Publishing Co. p.100

Bearden. W. O. and J. E. Teel(1983). Selected Determinants of Consumer Satisfaction and Complaint Reports. Journal of Marketing Research. Vol. 20(Fed). 22

Bettman. J. R . M. F. Luce & J. W. Payne(1998). "Effects of Prior Knowledge and Experience and Phase of the Choice Process on Consumer Decision Processes : A Protocol Analysis". J. of Consumer Research. 25. 187-217.

Blackwell. R. D.. Miniard. P. W..& Engel J. E.(2001). Consumer Behavior 9th ed. Harcount College Publishers. p. 85

Solomon. M. R.(2009). Consumer Behavior. 8th ed. Pearson Education. Inc. p.66

Richins, L. Marsha(1982), Word-of-mouth as an Expression of Product Dissatisfaction, in Hunt J. K. and R. L. Day ed. International Fare in Consumer Satisfaction and Complaining Behavior (The University of Tennessee), 100-104

CHAPTER 7

김기옥 · 김난도 · 이승신(2004), 디지털사회의 소비자정보론, 서울: 시그마프레스

김기옥 · 김난도 · 이승신 · 황혜선(2015), 초연결사회의 소비자정보론, 서울: 시그마프레스

김기옥 · 정순희 · 허경록 · 김혜선(2012), 시장경제와 소비자, 경기도: 교문사

김영신 · 서정희 · 송인숙 · 이은희 · 제미경(2004), 새로 쓰는 소비자와 시장환경, 서울: 시그마프레스

박명희 · 송인숙 · 박명숙(2005), 토론으로 배우는 소비자 의사결정론, 경기도: 교문사

박명희 · 송인숙 · 손상희 · 이성림 · 박미혜 · 정주원(2006), 생각하는 소비문화, 경기도: 교문사

박명희 · 박명숙 · 제미경 · 박미혜 · 정주원 · 최경숙(2013), 가치소비시대의 소비자의사결정, 경기도: 교문사

안승철(1996), 소비자보호와 피해구제, 중문출판사

LG Business Insight(2014.1.15.), Weekly 포커스, 25-31

이영희 · 이승신 · 이석형 · 박정근(2015), 소셜네트워크서비스 정보 특성을 통한 소셜미디어의 가치와 사용의도에 관한 연구, 소비문화연구 18권 4호, 27-48

이은희(1993), 소비자정보의 요구에 관한 연구, 서울대학교 박사학위논문

채정숙 · 유두련 · 김정희(2004), 정보사회의 소비자와 시장, 서울: 신정

최동수(1998), 정보사회론, 경기도: 법문사

최아영 · 나종연(2012), 멀티채널 환경에서 소비자는 어떻게 정보를 탐색하는가? -선호하는 정보원천에 따른 소비자유형화와 관련 요인, 소비자학 연구, 23(2), 135-164.

한세억 · 정덕주(2009), 정보격차 해소정책의 가치와 전망: 균형과 통합의 정보사회, 한국정책학회 동계학술대회, 259-277

한국정보화진흥원(2012), 모바일 시대의 사회소통 패턴 변화와 쟁점, 정책연구

Geistfeld L.V., S.E. Maynes and G. Duncan(1980), "Informational Imperfection in Local Consumer Markets : A Preliminary Analysis", Advances in Consumer Research, 180-185

Maynes, E. S.(1976), Decision making for Consumers : An Introduction to Consumer Economics, N.Y.: MacMillan

Miller J. G.(1985), Living System, Behavioral Science 10, 3371-3412.

Solomon M. R.(2009), Consumer Behavior, personal education, Inc.

CHAPTER 8

강성진(2012), 2012년 지방 소비자행정 현황 조사, 정책연구 12-06, 한국소비자원

공정거래위원회 보도자료(2016.8.16.). 2015년 리콜 총 1,589건, 공산품 · 식품 리콜 증가
김영신 · 이희숙 · 강상진 · 유두련 · 김성숙(2015). 소비자와 함께 하는 소비자법과 정책. 경기도: 교문사
문정숙(2007). 시장과 소비자문제. 경기도: 형설출판사
식품의약품안전처 한국의약품안전관리원 의약품부작용피해구제팀(2017.2). 의약품부작용피해구제 '16년 하반기 현황공개
木全敬止(1996). 消費者保護の必要性の自覺. 日本消費者教育學會編. 新消費者保護論: 新しい消費者問題に向けて. 東京: 光生館.
杉田淳子 · 鳥越良光 · 三宅耕三 · 森貞陸三(1989). 現代消費生活論. 建皇社.
Campbel, Sally R.(1988). The Confidentent Consumer. Illinois: The Goodheart-Willcox Company, Inc..
1372 소비자상담센터 http://www.1372.go.kr
공정거래위원회 http://www.ftc.go.kr
금융소비자정보포털 파인 http://fine.fss.or.kr/fine
기술표준원 제품안전정보센터 https://www.safetykorea.kr
대한법률구조공단 http://www.klac.or.kr
소비자중심경영인증제도 http://ccm.kca.go.kr
스마트컨슈머 https://www.smartconsumer.go.kr
식품안전정보포털 식품안전나라 https://www.foodsafetykorea.go.kr
식품의약품안전처 https://www.mfds.go.kr
자동차리콜센터 https://www.car.go.kr
제품안전정보센터 https://www.safetykorea.kr
한국소비자원 http://www.kca.go.kr
한국의료분쟁조정중재원 https://www.k-medi.or.kr
한국의약품안전관리원 http://www.drugsafe.or.kr
한국의약품안전관리원 의약품피해구제 http://karp.drugsafe.or.kr

찾 아 보 기

저자 소개

김정숙

영남대학교 대학원 가정학과 졸업(박사, 소비자학 전공)
현재 제주대학교 생활환경복지학부 교수

유두련

독일 Justus-Liebig Universitaet Giessen 졸업(박사, 소비자학 전공)
미국 The University of Georgia 객원교수
현재 대구가톨릭대학교 사회·복지학부 교수

김정희

경북대학교 대학원 졸업 (박사, 소비자경제학 전공)
현재 안동대학교 생활과학대학 생활환경복지학과 교수

박명숙

동국대학교 대학원 가정학과 졸업(박사, 소비자학 전공)
미국 Ohio State University 객원교수
현재 동국대학교 사범교육대학 가정교육과 교수

생활경제와
소비트렌드

2017년 8월 31일 초판 인쇄 | 2017년 9월 7일 초판 발행

지은이 김정숙·유두련·김정희·박명숙 | **펴낸이** 류제동 | **펴낸곳** **교문사**

편집부장 모은영 | **책임편집** 모은영 | **디자인** 김경아 | **본문편집** 벽호미디어
제작 김선형 | **영업** 이진석·정용섭·진경민 | **출력** 현대미디어 | **인쇄** 동화인쇄 | **제본** 한진제본

주소 (10881) 경기도 파주시 문발로 116 | **전화** 031-955-6111 | **팩스** 031-955-0955
홈페이지 www.gyomoon.com | **E-mail** genie@gyomoon.com
등록 1960. 10. 28. 제406-2006-000035호
ISBN 978-89-363-1676-1(93330) | 값 17,500원

* 저자와의 협의하에 인지를 생략합니다.
* 잘못된 책은 바꿔 드립니다.